教育发现书系·人物

校长之道

姚文俊教育档案

姚文俊 著

aowenjun Jiaoyu dangan

山东文艺出版社

图书在版编目(CIP)数据

校长之道：姚文俊教育档案 / 姚文俊著. —济南：山东
文艺出版社，2010.8
ISBN 978-7-5329-3239-9

Ⅰ.①校… Ⅱ.①姚… Ⅲ.①中小学—校长—学校管
理—文集 Ⅳ.①G637.1-53

中国版本图书馆 CIP 数据核字(2010)第 125587 号

主管部门	山东出版集团	
集团网址	www.sdpress.com.cn	
出版发行	山东文艺出版社	
电子邮箱	sdwy@sdpress.com.cn	
地　　址	济南市英雄山路189号	
印　　刷	山东人民印刷厂泰安厂	
版　　次	2010年8月第1版	
	2011年6月第2次印刷	
规　　格	开本/170×240毫米　16开	
	印张/23.5　插页/2　千字/315	
定　　价	36.00元	

一种感动正穿越内心

李炳亭

　　这么多年来一直甘心当先生的学生，当得幸福且快意。我在先生面前可以敞开心扉，平时不太敢说的话可以尽情说与先生，先生每每都听得认真仔细。他会含笑望着我，目光里充满了慈爱，我沐浴在这样的目光里，犹如颓萎的矮墙洒满了阳光，有时候他的宽容会让我觉得很不好意思。

　　对先生的崇敬不仅是让我在面对先生时照见了自己"皮袍下的小"，先生的宽厚、大度、敏察和始终于内心葆有着的人生哲学思考，超然于其不俗的资历和成就之上，却能不因年寿的增长而起皱发皲，殊令人可敬可佩。我常惊讶于先生生命里始终藏有的那个"秘密"，突然就想到了庞德的那句诗，"湿漉漉黑色枝条上的花瓣"，也许正是因为先生生命的"枝条"不老，他的"花瓣"才会愈开愈新。

　　读先生，便是读一部纯净生命的大书。

前几日先生嘱我为他的新书作序，即便我有胆且不自量地写一点文字，也断然不敢称之为"序"。我只当阅读先生的"读后感"，算作一个晚生遵命递交的一份不及格的"作业"。

读这部书便是读先生的教育人生。

先生年届70，从事教育工作50个年头，在先生激情燃烧的教育岁月里，他倾心做了5件事，创造了5个全国第一。

先生1959年高中毕业即留校参加工作，1978年开始被派往安阳市人民大道小学出任校长，一直干到2001年退休，至今仍然兼任着这所小学的"终身校长"。

在人民大道小学当校长的23年，是先生成名成家的重要阶段。1984年，胡锦涛同志亲临人民大道小学视察，与师生们一起在校园里栽下成长树，并亲笔题词："立志做祖国的小主人，学习的小主人，少先队的小主人"，"多读书，读好书，立志做有知识的人，对人民有用的人"。

谁都知道先生最初的成名是靠"德育"，但却少知道先生为什么偏偏要选择德育。先生说，那时的德育空话、大话、假话、套话充斥课堂，如何"落地"则成为现实教学的难题。先生看在眼里、急在心里，他说：德育是一种做人的教育，应该教育学生做什么样的人和怎样做这样的人。德育不仅要教人真、善、美，而更应教人求真、求善、求美。于是先生组织学校相关人员，开创了他人生中第一件大事——制定了《少年儿童思想品德教育提纲》。他的实实在在"可操作"的德育，引起了上级的重视，并因此获《半月谈》1989年"思想政治工作创新奖"，先后当选为中共十三大和十四大代表、九届全国人大代表。从此中国基础教育界刮起"大道旋风"，先生和大道小学一起成为中国小学教育界的一座山峰。

先生是中国最早提出"主体教育"这个教育概念的人，先生做的第二件事就是开展"主体教育"实验研究，后来先生和北师大合作的主体教育实验成为我国素质教育六大成功模式之一，该课题连续被列为"八五"、"九五"、"十五"、"十一五"国家级重点课题，至今仍影响着我国当代基础教育。

先生人生的第三件事是发动组织安阳市的老领导、老红军，成立了全国第一家"关心下一代协会"。他做的第四件事是参与成立了全国第一家地方"中小幼教师奖励基金会",时任国家副主席的王震亲聘先生为中华人民共和国教师奖励基金会理事。第五,先生联合国内一大批优秀的小学校长,在人民大道小学发起成立了中国教育学会小学教育研究会,20多年来,先生数度请辞而不得,一直担任理事长到现在。

读这部书便是读先生的思想。

先生的教育思想始终是围绕一个"人"字用心来建构的。

先生说,教育要首先解决"育人"的问题。先生是个敢于讲真话的人,他说中国教育最大的弊端是不尊重学生,不能"诚心诚意地让学生做主人",结果培养出来的学生依赖性、被动性、模仿性十足,社会适应能力差,究其实质,最缺乏的是一种内在的精神。他说咱教育人就得求真向善,他大声鼓呼:教育必须致力于发展"人的主体性",回归到富有"人性"和充满"个性"上来,让每一颗生命具有内在的积极性、主动性、创造性。

读这部书,便是读先生这个人。

先生又是怎样一个人?

先生是个崇尚"行动研究"的人。他说"问题即课题",多年来先生养成了"问题围剿"、"捻针尖"的研究方法,从中有了这样的"发现":学校一切人员所从事的一切活动都是"为了育人"。先生还有句常说的话叫"发展即成果",他还从不断的实践中总结出这样鲜活的经验,他说教师的育人途径是从"人——人",通过直接的、具体的教育教学活动来实现育人之目的;校长育人是"人——人——人",即组建以人为核心的"四支队伍":以校长为核心的管理育人队伍、以教师为主体的教书育人队伍、以职工为主力的服务育人队伍、以环境为载体的家庭育人队伍。校长要"知人善用",要满足教师不同时期的"合理需要",把主要精力花费在"用人"上。

先生激情不老,他对创新的"狂热"远非一般人可比。在担任殷都区教育顾问的这些年里,先生手把手地带了一批"徒弟",先生言传身教,大家都亲切地称他为"老爷子"。老爷子也和徒弟们一起,长期"浸泡"在课堂里。先生今年又"老树新花",在其多年主体教育实验理论的基础上,通过课堂教学实践，总结出高效课堂的双向五环模式，解决了学生厌学、教师厌教、课堂效益不高的诸多问题。有专家评价说，双向五环模式紧扣"学"字，是对主体教育的具体阐释，真正实现了从知识本位到素质教育的飞跃。目前，双向五环模式已在殷都区各学校全面铺开。

当然，既然是因先生的新书遵命而作，我还是要回到先生将要出版的这本书上来，作为第一读者，谈一点读后感想。

读先生这部书，便是读先生的生命情怀。

先生的这部书，纪录和浓缩了先生这么多年来对教育从未停止过的本质思考。书中的每一个字，都洋溢和饱含着一个老教育家的教育良知和对教育滚烫的满腔热爱，真实、真诚而少做作，更少卖弄和居高临下的训斥，是语重心长的交流，是听一位老者娓娓道来的教育传奇，是与我们的促膝对话和人生"点化"。

你听，他这样说——

今天从事教育这项神圣工作的人，如果连教育的本质都不能深刻地理解，那怎么能做好教育？他分析说："当今我们进入到知识经济社会，进行的是一场智慧革命。未来的社会是开发人的智慧潜能的社会，因此教育要以人为本，把主要的精力和智慧用在调查了解学生，分析研究学生，从每一个学生的主体性的水平和智慧潜能的实际，面对有差距的学生实施有差距的教育"。我已经到了古稀之年，我愿意在有生之年，看到中国的教育温暖、感动而富有诗意。

你听，他这样嘱咐我们——

要努力争当教育家。我想起码要有三点努力的方向。

一、要有积极的价值取向，培养一种干一行爱一行，干一行专一行的执著追求的精神。有的人想做官；有的人想成名；有的人想挣大钱；有的人一不图名二不为利，就图个清闲。我这个人学的是教育，就想干教育。所以，也想在教育上做一番拼搏。如果努力了拼搏了最后成功了，或者没有成功，也体现了人生的价值。如果经过拼搏没有成功，无非三个原因：第一个原因是爹妈给了一个笨脑袋；第二，自己在教育教学中不学习，不奋进，不研究，不创造；第三，就是没有好的环境，没有名师引领，没有许多机遇。那就老老实实地做人，踏踏实实地办事度过自己的人生。

二、我认为要具有勤学、博才、善识、创新、敢为天下先的品质。在现实生活中，我们常常看到，有些人有胆无识蛮干，有些人有识无胆徘徊。

三、要学会营造环境，利用资源，借助外脑，在精英团队中成长。过去我们好说英雄创造历史，现在大家常讲团队创造辉煌。一个人的成长、成熟、成功、成名都需要环境，都需要机遇，都需要贵人相助，名人引领。因此，要想成家需要在经营团队中发展。

最后我要引用泰戈尔的诗作为我这份"作业"的结尾："一种感动正穿越内心。"这就是我读这部书的真实感觉。

目录

第三部分　德育实践

第四部分　科研探索

Part1
第一部分

思想荟萃

价值观念

1. 人各有志，但志向往往不同。有的人想做官；有的人想成家；有的人想挣大钱；而有的人一不为名，二不图利，一生求个清闲、平安；还有的是通过拼搏来体现人生价值。

2. 生命是爹娘给的，但人生价值要靠自己来创造。人的一生如果不求进取，那是虚度光阴，浪费人生。人应该自尊自信，自强自立，执著拼搏，体现人生价值。如果奋力拼搏也没有成功，那就相信"人是命，天管定，胡思乱想不管用"，那就老老实实地做人，踏踏实实地干事，平平安安地度过自己的人生。

3. 人能走向成功，不外乎三个原因：一是爹娘给了一个好脑袋，有灵气，有悟性；二是勤奋刻苦，执著拼搏；三是你要"翻跟头"总有人给你"搭台子"。

4. 一个人只要干一行，爱一行，专一行，创一行，行行都能体现人生价值。我心无大志，平生就想办好一所学校，当好一名校长。

5. 勤学、博采、善思、创新，敢为天下先。

6. 人有胆无识——盲干，有识无胆——徘徊，有胆有识——成功，胆识过人——成名。

7. 现代化建设好比一架马车，需要两个轮子同时运转，一个好比官，一个好比家，缺一不可。但现在官有清官也有贪官，家没有真才实学成不了家。我愿成为后者。活是教育的人，死是教育的鬼。

8. 爱校胜似家庭，事业重于生命，一切为了学生。

9. 团结奉献，勤奋求实，科学探索，争创一流。

10. 我要成为最佳的我（学生的话）；因为有了你，我才喜欢当老师（教师的话）；全面发展打基础，个性发展有特长（校长的话）。

11. 做人做到大家喜欢，做事做到别人需要，细微之处见精神，点点滴滴见成效。

校长智慧

12. 学校管理有人、财、物、事、时间、空间和信息七大要素。在实践中要学会科学用人，严格管物，规范理财，正确处事，充分利用时间和空间，学会分析、储存和利用信息。

13. 教育学、心理学、教学论是校长的基础课，学校管理学是校长的主课。注重理论研究、勇于实践探索，这叫好钢用在刀刃上，智慧用在关键处。

14. 校长是领导者、教育者和管理者集合体，主要职能是：计划与决策，组织与指挥，控制与协调，用人与激励。

15. 管理的基本功能是约束与激励的统一，约束是手段，激励是目的。

16. 职权是组织上给的，真正的权力应建立在"威"的基础上形成权威。

17. 校长最大的政治责任是把握好办学方向。方向偏了，走得越快，离目标越远。

18. 管有主见才能办有特色。

19. 校长要学会做说服人的工作：报告要讲道理，谈话要讲艺术，批评要讲方法。

20. 献身教育，甘为人梯；热爱学生，诲人不倦；教书育人，循循善诱；率先垂范，为人师表。

21. 学校的一切人员所从事的一切活动都是为了育人。教师育人是"人——人"，校长育人是"人——人——人"。

22. 计划与决策：计划就是工作或者行动前预先拟定的目标、办法和步骤；决策就是决定策略和措施。

23. 组织与指挥：组织就是把分散的人、事和物集中起来，使其具有整体性；指挥就是发号施令。

24. 控制与协调：控制就是使人和事物按照正常规律，朝着预定的目标前进。控制失调就会乱，就会越轨失向。协调就是使人和事物各方面配合得当，使学校各项工作遵循规律健康发展。

25. 用人与激励：用人就是选择人并且做到知人善任；激励就是激发鼓励调动人的积极性、主动性和创造性。

26. "校长是学校的魂"，是指校长的教育思想、办学理念注入师生血液，并能转化为教育教学行为，进而形成学校文化，实现"以文化人"。

27. 创办优质教育，建设特色学校，打造教育精品。

28. 教育投入主要是政府行为，师资配备主要是教育行政的责任，提升育人质量是学校的责任。

29. 计划决策是校长的领导能力；组织指挥是校长的执行能力；用人激励是校长的智慧能力；有胆有识是校长的创新能力；文化素养是校长的教育能力；教育艺术是校长的专业能力；人格修养是校长的个人影响力；语言表达是校长的说服能力。

30. 学校管理要指挥灵，信息通，效率高，就要做到职、权、责、利统一，实施工作目标制、岗位责任制、考核积分制、浮动奖金制。

31. 管理效益要追求职责与权限的统一，决策与指挥的统一，分工与分权的统一，责任与奖惩的统一。

32. 校长的权力包括：法定权、强制权、奖励权、专长权和个人影响权。前三种是领导权（个人在组织中的地位），后两种是统御权（个人影响力）。有的校长说话没人听，做事没人帮，而有的教师却成为"群众领袖"，看来"权"必须建立在威的基础上。

33. 校长要有爱才之心，识才之眼，求才之渴，用才之能，容才之量，护才之魄，举才之德。

34. 事在人为，人是看人办事的。

35. 管理应坚持精神鼓励与物质鼓励相结合，并以精神鼓励为主。

36. 实事求是、平易近人、办事公道、身体力行、知人善任、理解下级、自知之明、勇于进取、宽容精神是校长应具有的心理品质。

37. 校长要有两本账。一是知人善任，即把每个人安排到最能发挥个性特长的岗位上；二是满足教工的需要，即满足不同的人不同的合理需要。

德育实践

38. 德是一个人的灵魂。在一个人的成长过程中起着保证方向和保持动力的作用。它以其导向性激励着智、体、美、劳的发展，对学生德育的任何忽视，都是重大的原则性错误，都必将造成人才素质上的重大缺陷。

39. 德育是一个独立的实体，有其自身发展的规律和客观规定性，必须坚持"德育为首，思想领先"的原则，但具体到德育任务实施时，还必须认真分析研究小学德育的特点，分析影响学生思想品德形成和发展的诸多因素，探索德育的有效途径。

40. 小学德育具有结合性、贯穿性、渗透性和蕴含性等特点，可以说它是无时不有，无处不在，没有时空界限的。因此，德育计划的实施和目标任务的实现，需要通过有效的组织与协调，使多种渠道（学校、家庭、社会）、多种途径（各科教学、各种活动、各项规章制度、各类人员的言传身教及各种文化建设）有机结合，形成合力，充分发挥整体效应，实现一加一大于二的目的。

41. 德育实践的基本原则：教师为主，全员负责；教学为主，全面渗透；学校为主，协调社会。

42. 学生在接受学校教育之前或同时，总是通过各种渠道接受来自社会各方面的正面或负面的影响。因此，研究学校德育不能脱离社会孤立地进行。由于这种影响具有高度渗透性，因此不仅要对学校内部微观可控作用进行研究，还必须对学校外部开放作用进行研究，使德育的内部可控性和外部调节性形成合力，开创德育工作的新局面。

43. 改革开放和社会主义市场经济体制建立以来，小学生思想品德形成了许多新特点。如：①他们向往未来，有一定理想，但缺乏艰苦奋斗的思想准备。②他们有一定的道德认识，但缺乏良好的行为习惯。③他们视野开阔，思想活跃，有一定主见，但辨别荣辱是非、美丑善恶的能力不强。④他们学习条件好，学习机遇多，智力发展快，但缺乏良好的个性心理品质，非智力因素较差。⑤他们精力充沛，喜欢交往，自尊心强，但多有娇骄二气，独立生活能力锻炼不够。

44. 学生的道德观、价值观也在发生变化。①金钱意识增多了，想有钱，会弄钱，敢花钱；②攀比意识增多了，比吃穿、比富有、比家长官位高低权力大小；③竞争意识增多了，在学习活动、荣誉面前勇于竞争，但竞争过程中自私心理增多了，集体意识淡薄了；④崇拜对象发生变化，过去崇拜领袖、英雄、解放军，现在有的转向崇拜有钱的、有势的、有名的；⑤职业选择也有变化，有的想当官，有的想成名成家，有的想挣大钱，很少选择平凡岗位的职业；⑥交往意识增强了，喜欢社交，爱交朋友，同学间互相祝生日，送礼品，还有认干亲，甚至拜把子结团伙；⑦自主意识增强了，有的敢说敢做，不愿受约束，光想找机会表现自己。这说明人的思想品德的形成和发展具有一定的时代特色，是社会的影响和时代的反映。

45. 德育效果不能令人满意的原因是多方面的，既有社会大环境的影响，也有学校德育不到位问题，但更为重要的原因是现在学校德育忽视深入研究教育对象，不去下功夫弄清市场经济条件下学生思想品质的现状与特点，以及如何克服"唯书唯上"，从实际出发使德育真正做到"入脑入心"。实效性来源于针对性，对牛弹琴的德育是很难收到理想效果的。

46. 建立以中华民族优秀道德传统为源头，吸收世界优秀文化遗产，形成以马克思主义道德为主流的小学德育理论体系。

47. 形成以"五爱"为基本内容，以集体主义教育为核心的思想品德教育；以良好行为习惯和正确的礼仪规范为重点的养成教育和以修养人格为中心的品德心理教育。

48. 坚持以"情"为中轴，培养学生的爱惜生命、孝敬父母、关心他人、热爱集体、报效祖国的五爱情感；坚持以行为重点，培养学生的勤学好问，勤劳节俭，文明礼貌，遵纪守法，整洁健身的五好习惯；坚持以"修炼"为中心，培养学生的独立自主、自觉自理、自我表现、自我调控、自我评价的五自能力。

教育认识

49. 教育家是融教育思想和教育实践为一体的人，当今教育家甚少，一是"理论脱离实践"，二是"实践缺乏理论"。

50. 成长中的小学教育家应该是：

①终身从事教育，具有心甘情愿的志向，爱岗敬业的精神，科学探索的勇气；

②是一个集知识、学问、学识为一体的专业化人才；

③创造适合每个学生发展的教育。

51. 义务教育进入一个以提升育人质量为核心的新阶段：义务教育已基本普及，但均衡问题尚待解决；素质教育已基本形成共识，但还没有真正转化为相应的教育教学行为；孩子上学的问题已基本解决，但上好学的问题没有得到满足；教师的数量已基本到位，但整体素质亟待提升；校长队伍已基本稳定，但教育家型校长为数不多。

52. 目前，提升教育质量呈现两种途径：一是通过应试教育，二是通过课程改革实现。如果把质量锁定在考试分数、升学率上的话，这两种途径都能使"质量"得到提升。但前者付出的牺牲生命，得到的是高分低能，后者付出的是智慧才能，得到的是幸福人生。

53. 知识经济的全球化必然带来教育的国际化。西方教育与东方教育的交融与竞争，传统教育与现代教育的传承与扬弃，素质教育与应试教育的矛盾与斗争致使我国教育还没有完全走上一个科学健康发展的道路。

54. 今天的教育是昨天、前天教育的延续，不能割断历史，也不能否定过去。要学会历史地发展地看问题。

55. 当前那种"非此即彼"的思想方法非常严重。把本来两个相辅相成或相反相成的东西看成完全对立的东西，强调这个就要排斥另一个，不会辩证地、联系地看问题。

56. 为什么素质教育步履艰难，应试教育愈演愈烈，择校之风屡禁不止，学生负担越减越重呢？问题出在教育，但"板子打在学校，根源追到高考"这是不符合实际也是不公平的。我们要学会透过现象看本质，只有挖根求源，对症下药，问题才能根本解决。

57. "应试教育"是对传统教育和现实教育存在弊端的概括。它是一种面向少数人实施的一个不完备的选拔性教育，培养出来的是片面而又被动发展的人，这是一种与马克思全面发展教育相对立的教育思想。

58. 教育是个系统。应把学校的系统教育、良好的家庭环境教育和优化的社会实践教育有机结合起来，形成三位一体的合力。

59. 四条活动宗旨：组织起来，活动起来，在参与中受教育，在表现中求发展。

60. 过去是英雄创造历史，现代是团队创造辉煌。在一所学校实施素质教育，需要组建一个素质较高的结构合理的相对稳定的精英团队。

61. 教师的爱心需要建立在童心的基础上，实现用欣赏的眼光看人，理解的心态待人，宽容的精神爱人，善待的方法育人。

62. 身教重于言教，实践胜于说教，威信大于权力，人格影响力能弥补知识才能上的缺陷。

63. 四种教育观念：

①相信每个学生都有特殊的个性，需要尊重和关怀，中心点在于理解学生；②教育应促进学生主动发展，给每个学生提供思考、创造、表现及成功的机会，中心点是促进发展；③相信所有学生都会学习，不存在绝对意义上的差生，需要耐心与指导，中心点是区别对待；④实施有特色的教育，使每

个学生都能主动发展自我，中心点是特色教育。

64. 四种专业能力：

①能根据社会和学生的发展需要，自觉转变教育思想，更新教育观念，为了孩子的发展，主动调整教育、教学内容，改革教学方法、手段；②能勤学博采，将已有的科研成果创造性地运用到自己的教育教学实践；③具有组织与协调各种教育力量的能力，把学校的系统教育与优化的社会教育和良好家庭教育结合起来形成合力；④不仅具有科研意识，还会选课立项，独立地开展教育科研，撰写经验论文和熟练运用现代教育技术的能力。

65. 小学教师专业成长具有周期性：

成长期　时间：2—5 年

　　　　任务：过三关，即教育关、教学关、师德关

　　　　途径：拜人为师

　　　　目标：合格教师

成熟期　时间：5—10 年

　　　　任务：能干又能说，能说又能写

　　　　途径：团队成长

　　　　目标：骨干教师

成名期　时间：10—20 年

　　　　任务：勤学、博采、善思、创新

　　　　途径：科研兴教

　　　　目标：专业化

成家期　时间：20 年左右

　　　　任务：理论研究，实践探索

　　　　途径：导师引领

　　　　目标：教育专家

66. 校本培训新举措：进修研读，导师引领，课题研究，教师论坛，学术沙龙，主题漫谈，头脑风暴，教学策略研讨会。

67. 智育重自学，体育重自强，德育重自治。没有自我教育的教育不是真正的教育。

68. 质量是一果多因。受物质条件、教师素质、学生来源三大要素所制约。但要素相同，质量确有高有低，说明要素组合能实现一加一大于二。

教学认识

69. 六条教学策略：创设情境、鼓励合作（合作），激发兴趣、主动参与（参与），严格要求、教学相长（严格），尊重个性、注重差异（差异），勇于表现、自我调控（创新），大胆创新、体验成功（成功）。

70. 四条教学原则：学生主动，老师主导，问题主线，活动主轴。

71. 课堂的本质是育人。现实中有：负效课堂＝摧残伤害人，无效课堂＝目中无人，低效课堂＝知识本位，有效课堂＝学生本位，高效课堂＝主体多元发展。

72. 调整教学计划，优化课程结构。创建高效课堂，研制评价体系，形成学科与活动、必修与选修、显性与隐性有机结合的三维交叉的课程结构。

73. 主体多元"双向五环"教学模式

双向是指课堂要遵循教学过程的递进和学生认识发展的规律，是由教师与学生双边，通过教与学的互动，既发展学生主体性又开发学生的多元智能，进而达到教学相长、合作共好的育人效果。

五环是指课堂教学实践过程中五个相连的基本环节，即学生学习·教师导学，学生合作·教师参与，学生展示·教师激励，学生探究·教师引领，学生达标·教师测评。在教学过程中建立起民主、平等、合作的师生关系，通过师生互动、生生互动形成师生"学习共同体"。

74. "双向五环"教学内容设计

　　"双向"是沿着教与学的发展方向设计内容的，学的一方是：预习——合作——展示——探究——达标；教的一方是：导学——参与——激励——引领——测评。

　　"五环"是按照教学过程设计内容的。第一环：学生预习与教师导学；第二环：学生合作与老师参与；第三环：学生展示与教师激励；第四环：学生探究与教师引领；第五环：学生达标与教师测评。

　　75. "双向"是按纵向构建设计教与学的内容，其核心是发展。五环是按横向构建设计教与学的内容，其核心是结构。"双向五环"组合在一起就是使教与学的内容形成了一个纵成线、横成面的网络化结构。

主体教育

76. 主体教育是一种不仅承认并尊重人的主体地位，更注重发展人的主体性，即自主性、主动性和创造性的实践活动。

77. 主体教育大纲设计：

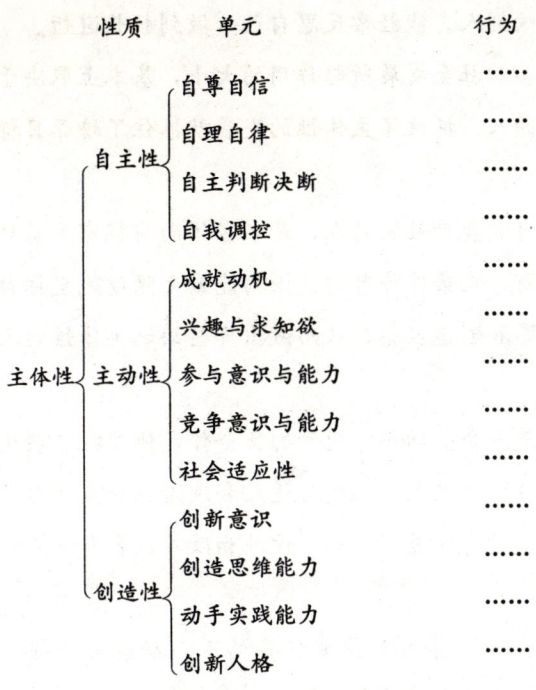

性质	单元	行为
	自主性 自尊自信	……
	自理自律	……
	自主判断决断	……
	自我调控	……
主体性	**主动性** 成就动机	……
	兴趣与求知欲	……
	参与意识与能力	……
	竞争意识与能力	……
	社会适应性	……
	创造性 创新意识	……
	创造思维能力	……
	动手实践能力	……
	创新人格	……

78. 诚心诚意地让学生做主人的精神实质是尊重，严肃严格地基本训练

的精神实质是规范。

79. 自主性是对自我的认识和实现自我的不断完善，主动性是对现实的选择和对外界适应的能动性，创造性是对现实的超越，是主体性最高表现。

80. 自主选择能力包括有主见，不盲从，善于独立思考，在客观分析判断的基础上做出正确选择。

81. 参与表现能力包括能积极主动地观察、思考、出谋划策，抓住甚至创造机遇，大胆地展示自我才能并从中体验实现自我价值的愉悦。

82. 合作竞争能力包括学会尊重欣赏别人，伙伴之间善于倾听、交流、协作，喜欢比赛，勇于竞争，总爱和别人比着干。

83. 实践创新能力包括好奇心强，接受新生事物并不满足现状，善于把知识与生活联系起来，想象丰富，视角独特，爱标新立异发表不同意见，爱观察，好问为什么，有勤于实践的习惯。

84. 自我调控是按照规则要求，自觉调整自己的言行，善于调控自己的情感，以积极健康的情感影响别人。能经常反思自己，做到扬长避短。

85. 教育对人的发展从而对社会发展所起作用的大小，基本上取决于它在多大程度上培养主体性强的人。抓住了主体性的发展就抓住了培养目标的核心。

86. 主体性强的人就是自觉能动性强的人，是在客体面前拥有主动权和自由的人。这种人在客体面前，在条件许可的范围内能最大限度地发挥自身的力量去认识世界、改造世界和创造世界，从而做出那些缺乏主体性的人认为做不到的事情。

87. 学生在教育过程中是一个受动——能动的集合体，他能把自然生存条件置于自己的控制之下做自然的主人，他能把适应和改造社会置于自己的控制之下做社会的主人，他能对自我进行解剖、设计和改善做自身发展的主人。

88. 学生是发展中的人，是以学习为主要任务的人，在老师指导、引导、疏导、劝导和诱导下学习是学生发展和成长的捷径。但如果剥夺了学生成长中犯错误的权利就等于限制了学生的自由选择。

89. 孔子之言:"博学之,审阅之,慎思之,明辨之,笃行之"。我认为 "博学"和"审问"属于"学"的过程,"慎思"和"明辨"属于"思"的过程,"笃行"是属于"习"和"行"的过程。这五步学习法是尊重学生主体地位和注重发展学生主体性的。

90. 我国教育在过去一个相当长的时期内不太注重研究教育对象,也未能充分重视人的个性独立、自由和谐发展,强调人对社会的服从而不是创造。教育要促使人的社会化,被片面的理解为对社会的顺从,忽视了学生的主体地位和主体性的发展,在教育内容上"自上而下的多,自下而上的少",严重脱离了学生的实际。

91. 在"应试教育"中,老师两只眼睛常常盯着学生的"缺点"、"毛病",把批评、训斥、禁堵和惩罚作为常用的教育手段,致使学生的独立人格得不到尊重,自主权力得不到保证,个性差异得不到承认,兴趣爱好得不到发展。结果培养出来的学生缺乏人格精神、创新意识和实践能力。

92. "应试教育"培养出来的学生,在独立性和自主性上,常常表现为处于被人规定、被人指派、被人掌握的境地,不能根据需要主动地选择适合自身的教育;在主动性和能动性上,常常表现为没有明确奋斗目标,缺乏进取精神,害怕困难,回避矛盾,缺乏社会交往、主动参与大胆竞争的意识和能力;在创造性和批判性上常常表现为不善于独立思考,盲目随从别人,办事不灵活,喜欢循规蹈矩,不爱表现自己,缺乏分析问题和解决问题的能力。

智能教育

93. 知识经济社会的标志是创新，进行的是一场智慧革命，教育是高扬人的主体性，开发人的智慧潜能的实践活动。

94. 未来的社会是一个高扬人的主体性和开发人的智慧潜能的社会，进行的是一场智慧革命，教育要回归原点，既要发展学生的主体性，又要开发学生的多元智能。

95. 主体多元发展教育模式的构建

一个中心：以学生的全面和谐主动活泼发展为中心，凸显两个方面，主体性发展和多元智能的开发。

两条原则：诚心诚意地让学生做主人和严肃严格地进行基本训练。

三个重点：创建学习型组织，注重教育思想创新，加强教师培训，促进专业化发展和教育评价制度创新。

四个系列：构建以做人为核心的德育新格局，实施发展性教学系统，开展"三自"特色的实践活动和优化环境为特点的家庭教育系列。

五种成果：出质量、出经验、出理论、出名师、出名校。

96. 主体性的实质是人的一种内在精神，它能使人产生内动力，主体性强的人内动力会变成一种内驱力，表现为一种自觉能动性。

97. 智能教育是一种承认差异、尊重差异、善待差异，进而开发人的智慧潜能的扬长教育。

98. 主体多元发展教育，是主体教育思想和多元智能理论相融合，把主体性这种内在精神作用于学生的智慧潜能长项，使人人成长为最佳的我。

99. 在实施主体多元发展教育过程中，首先要把观察了解学生，分析研究学生放在重中之重，然后根据善待差异的原理，实施扬长教育，实现"全面发展打基础，个性发展有特长"的育人目标。

100. 寻找"严肃严格"和"诚心诚意"的结合点。

严和爱：爱是基础，严是要求。爱要爱得适度，严要严到格上，做到严爱相济。

情和理：情是基础，理是要求。以情动人，以理服人，做到情理交融。

言和行：言是基础，行是要求。言谈文明，举止规范，做到言行一致。

知和能：知识是基础，能力是要求。双基要严肃严格训练，能力要实践锻炼提升，做到知与能协调发展。

Part2
第二部分

管理智慧

校长管理活动
中几个问题的思考

近几年，随着中小学校长负责制的逐步实施，一些中青年同志陆续走上了校长的岗位，担负起对学校"全面负责"的重任。这些同志满腔热情想负好责，但由于缺乏专业理论和实践经验，在实际工作中感到"管理难学，校长难当"，甚至产生走错了路，站错了岗，辞去校长当教师的思想。一些从事校长工作几十年的老同志也感到校长工作越干越难干，越当越不会当，甚至产生"老办法不适应，软办法不管用，硬办法不敢用，新办法不会用"的畏难情绪，想提前下岗，让贤于后生。当然这不是我国小学校长现状的全部，但这些现象启示我们：校长是个专业技术性很强的岗位，不是一般人能够从事的职业、担负的职务。目前部分新老校长在思想上、工作中存在的这些问题，突出的原因就是人到校长岗位，但并不具备校长应有的专业技术知识和品德才能。因此，当前抓紧中小学校长岗位培训是非常重要的。岗位培训可以使大多数中、小学校长的政治、业务素质得到较大提高，能够正确理解和贯彻执行党和国家的教育方针，确立正确的教育思想，掌握教育基本理论与学校管理知识与方法，基本适应学校办学、育人以及基础教育改革与发展任务的需要，还可以通过长期努力培养一批具有较高教育水平和丰富管理经验办校卓有成效的中小学教育专家。

我是一个实务工作者，对小学管理的理论缺乏系统的研究，自己工作中虽获得一些感性材料但也上升不到理性。本文只是就当前校长管理活动中的校长与管理、管人与管己、约束与激励等几个问题和同行们交换一下意见。

校长与管理

在这个问题上主要想谈三点意见：一是校长本质的含义，二是校长的主要职责，三是怎样履行职责。

一、校长本质的含义

有一次我到外地讲课之前进行了一次问卷调查，题目是你对小学校长本质的含义理解。阅卷后我作了一下统计，类同者有，异议者有，但全面理解者甚少。有的认为校长有权，说了就算，是个领导者；有的认为校长是教师的老师，是学生的导师，是个教育者；有的认为小学校长上管"天文地理"下管"鸡毛蒜皮"是个管理者。这些观点虽都从不同角度客观地分析了校长的含义，但在认识上都有一定片面性。我们承认校长是学校的法人代表，党和政府授予他一定职权，他必须保证学校的社会主义方向和党的路线、方针政策的贯彻执行，从这角度讲，校长可称之为一位领导者。但深思一下，是否具备了一个领导者的素质就能成为一位好校长呢，实践中好多事实证明不是这样。党政干部也好，"军代表"、"工宣队"、"贫管会"中多数都没有成为合格校长，个别的后来成了合格校长也是在学习实践中逐步由教育外行变成了教育内行的结果。这就是说校长必须是一个合格的教育者，具有一定教育理论基础知识，懂得教育教学规律，它的前提应该是一个优秀教师和模范班主任。再深思一下，是否优秀教师、模范班主任之类的教育者都能成为一个好校长呢，我看也不一定。近几年不少的优秀教师走上校长岗位后犯了愁，感到校长工作和教师工作不一样"味道"。虽然都是在育人，但教师的工作是通过教育教学活动直接地、具体地育人的，而校长工作是通过各种管理活动，特别是通过对教职工的管理活动来实现育人这一目的的。因此校长还必须是一位优秀的管理者，即学校各项工作的组织者、协调者、指挥者。基于上述的推理分析，我理解校长的本质含义应该是领导者、教育者和管理者的统一。但在一个相当长的时间内，为数不少的校长对这一本质含义缺乏全面理解，导致自身建设乃至工作中不断出现失误。如有的忽视马列主义毛泽东思想的基本理论学习和建设有中国特色的社会主义初级阶段理论的学习，导致在政治风浪中迷失方向，在指导办学上走偏方向；有的忽视教育者功能的发挥，不注重教育教学业务知识学习与能力提高，以至成为指导不了教育教学的门外汉；有的不学管理理论、改进学校管理，仍然是"封闭式"、"辛苦型"管理。

二、校长的主要职责

在现实生活中，常常有这样的情况，临近两所学校，师资设备、经费、生源都差不多，但两校的校风、教风、学风明显不一样，教育质量悬殊。有时就同一学校让不同的校长去办，也常常出现截然不同的管理效果。分析原因，其中主要一条与校长懂不懂管理，会不会管理关系极大。学校的一切工作都是围绕着育人来进行的，校长的工作是通过对教职工的管理和对教育教学及各项工作的组织与协调为实现育人目标服务的。教育学、心理学、教学论是校长的基础课，而学校管理学则是校长的主课。现在还有不少的校长不清楚自己的主要职责是什么，没有把学校管理作为一门科学来认真研究进而掌握基本规律及有效的实施途径。如，学校教育必须适应经济和社会发展的需要；学校管理必须使构成管理诸要素中的人、财、物、事、时间、空间和信息有机结合形成合力；学校的各项工作坚持以教学为中心；办学校要依靠教师集体；学校的系统教育必须与良好的社会和家庭教育有机结合等问题研究不够，有智用不到关键处，好钢用不到刀刃上，整天"两眼一睁，忙到熄灯"，事无粗细，管理不分层次，啥事都管，结果学校没有办好，自己身体也垮了下来。这种凭热情、凭主观随意及个别经验来管理学校，结果常常出现偏离方针，造成工作失误，影响着教育质量的全面提高。

马克思在他的著作中对管理有过许多精辟的论述。当今世界，管理已成为经济发展的三大支柱（科学、技术、管理）之一。学校管理这门应用科学已引起较多校长的高度重视，并提出"向管理要质量"。因此，我认为校长的主要职责是管理，校长的聪明才智应该用在对管理的研究和实践上。这样做了，就叫做好钢用在刀刃上，智慧发挥在关键处，工作抓到了点子上。

三、校长怎样履行职责

校长的职责是管理，要履行职责就必须研究管理本身具有的功能，即管理的职能作用。因时代不同，管理学派的增多，管理学家研究的领域越来越广，对管理职能的认识也各不相同。管理学三大派即古典学派、行为学派、管理科学学派，对管理功能都有不同的研究，不同的认识和表述。近几年，我国一些研究管理的专家对管理职能也有三职能（计划、组织、控制），四职能（计划、实施、检查、总结），五职能（计划、决策、指挥、控制、协调）之说，也有基本职能（计划、实施、检查、总结）与专门职能（教学管理、后勤管理、思想教育管理、体育卫生管理等）之划分。但仔细分析发现有许多共同之处，遵循管理工作的共同规律和学校管理的特点，把传统管理的经验与现代管理理论结合起来。我认为学校管理的基本职能有计划与决策、组织与指挥、控制与协调、用人与激励。校长的主要职责就是如何有效地发挥这些基本职能的作用。下面结合管理实践谈点粗浅认识。

1. 计划与决策

计划，就是工作或行动之前，预先拟定的目标、办法和步骤。决策，就是决定策略和办法。校长的职责之一就是制订计划、规定明确具体的目标，并通过正确的决策使提出的任务付诸实施。国家统一制定的《方针》《条例》《提纲》《大纲》为学校提出了总的教育目标和管理目标。但具体到一个学校校长必须根据这些总目标和总要求，从自己的实际出发，分层次地制定出具体的目标、具体的要求及实施办法，形成一个目标管理体系。如我在学校管理中，1980 年我提出了十年奋斗目标，即把安阳市人民大道小学建设成全面贯彻方针的先进校、科学管理的示范校、整体改革的实验校和社会主义文明校，接着又具体拟定《十条标准》，制定了学校管理十三项暂行规定，提出并致力于培养"文明、勤奋、活泼、创优"的校风，"三严"（严肃的精神、严密的组织、严格的要求）、"四认真"（认真备课、认真上课、认真辅导、认真批改）的教风和"自学、刻苦、灵活、创新"的学风等。计划能否实现，目标能否达到，关键在于校长的决策。在实施计划中，一校之长必须把握全局、确立重心、抓住关键，集中力量以求突破。还以人民大道为例，正当我们全面实施目标管理之时，片面追求升学率的思潮波及学校，严重影响着已定目标的实现。这时，我们从抓德育入手，自编了一个《少年儿童思想品德提纲》（全国第一家），明确规定了小学阶段思想品德教育的任务、原则、内容、方法及考查办法，使学校德育实现了内容系列化、途径网络化、评价方法科学化。抓了德育，大大调动了广大师生教与学的积极性，进而培养了师生共产主义精神和主人翁责任感，有力地推动了学校各项工作，使计划目标全面得到了实现，学校成为全国教育先进单位之一。

2. 组织与指挥

组织，就是把分散的人和事物集中起来，使其具有整体性。指挥，就是发号施令。在这个问题上我们在实践中做了以下探索。

①优化人事机制。学校管理系统中的第一要素是人。人员结构的形式将决定着人员结构的功能。一所学校人员组合优化了整个功能就提高了。优化学校人员组合，首先是优化学校领导班子。过去调整配备领导班子往往重视成员个体素质，而忽视整体结构是否合理。因此，有些领导班子从成员个体素质来看都符合要求，但组合在一起结构极不合理。或是人才门类不全，缺乏领导某方面工作必需的人才；或是配备比例不适当，不适应工作的需要；或是气质不协调矛盾丛生等，不能提高领导的整体效能，工作打不开局面。只有把不同年龄、专业、智能、气质的领导者配套成龙，才能集思广益，依靠集体智慧把学校办好。我在组建学校领导班子时，首先从整体上提出需要多少人，需要什么样的人组成领导班子的方案，然后把所需要的人应具备的基本素质和增效素质印发给教职工，让大家进行民主推荐，最后校长提名经校务委员会审议组建起新的领导班子。这样组建起的班子，每个成员都有特长个性，都能独当一面，班子的整体功能就得到最佳的发挥。其次优化学校群体结构，一个学校教职工的结构如何，将直接影响学校的办学水平。现行人事制度中的调配制是不利于优化学校人员结构的。一是上级主管部门不可能对学校每个人的情况了如指掌，调配来的人谈不上优化组合。二是不正之风的影响，调配制还会干扰学校的优化组合。要实现教工的优化组合必须实行定编聘任制。定编制聘任制是因事设岗，因岗设人，人尽其责。这样定岗

合适，搭配合理，用人所长，尽其所能，就能构成整体优势，产生新的功能。同时，这种有聘有不聘，优者可以连聘，反之，落聘的客观环境必然造成不进则退的压力，迫使各类人员只有奋力拼搏才能获得理想的职业和报酬。在实施定编聘任的方法上可采用个人申报，分级聘任，定岗定责。对管理人员在坚持职、权、责、利的统一，对教师要实行岗位责任制，工作定量制，考核积分制，浮动奖金制。

②优化组织机制。学校管理要实现指挥灵，职责清，信息通，效率高就需要根据系统理论研究并设置结构、层次都趋于合理的内部机构。一般说来，学校管理有决策、指挥和监督反馈三种不同的职权。这三种职权是对立统一的关系，既各有特定的功能，不能互相代替，又共存一个系统。理想的学校内部组织机构的设置应该是决策系统、执行系统、监督系统和反馈系统的有机组合。决策系统是以校长主持的校务会为核心，重大问题校长必须提请校务会审议后校长才能决策。执行系统是按照管理任务和内容的实际需要而组建的各种职能机构，并以权限划分等级层次而形成的指挥系统。小学一般分三级管理，即上层（校长）、中层（处室）、基层（班级、教研组）。小学规模大小，任务繁简不同，内设机构的组建模式也应不同，但都需要遵循职、权、责统一的原则。我校在优化组织机制时，注意了以下四个问题。第一，职责和权限必须一致，既要明确规定每一级管理机构的职责范围，又要赋予相应的权力。有职无权会束缚管理人员的积极性和主动性，出现上推下卸，不能有效地发挥职能部门的作用。有权无责会助长瞎指挥或乱用权力。第二，决策和指挥必须统一。下级组织必须服从上级组织而且只能接受一个上级组织的直接指令或指挥，不能多头指挥。各职能部门都要实行首长负责制。正职领导副职，副职在分管范围内有职有权并对正职负责。在一般情况下，要实行按层次指挥，不可越级。第三，上下级之间要有合理分工和分权。凡属经常化并已有常规处理措施的管理任务，应有相应的下级职能部门去处理。只有特殊情况才有校长亲自处理。对于下级请示的重要问题，首先要看是否由自己主管，凡属其他处室和中层管辖范围的问题应令其直接请示主管。其他领导成员主管范围的事需要请示校长表态时，应要求请示工作的

同志同时提出自己的意见，校长可根据全局情况作出明确决断。这种上下级之间分工与分权有利于校长摆脱日常纷繁事务，可以集中精力思考事关全局的大事，解决关键性的问题，同时也有利于调动下级的积极性，主动性和创造性，提高管理效能。第四，责任制与奖惩制相结合。即工作有成绩要表扬奖励，贻误工作要追究责任，给予适当批评和处分。做到功过赏罚分明，绝不能干好干坏一个样。建立渠道畅通的监督反馈系统，就是要强化党组织的监督保证作用，教职工的民主管理制度，各项工作的视导制度和科学的评估制度。总之优化学校内部组织机制是一项复杂的工作，需要在实践中不断探索。

另外，目前小学行政指挥模式大体分两种，一种是校长主要精力抓教学工作，其他工作由副校长管理；另一种是校长把教学中心工作交得力的副校长主管，校长负责上下左右、校内校外等各项工作的协调及工作中的薄弱环节。至于各个学校采用哪种管理模式可由校长酌定，但必须保证教学工作的中心地位。

3. 控制与协调

控制，就是使人和事物按照正常的规律朝着预定的目标前进。控制失调就会乱、就会越轨、失向。协调，就是使人和事物各个方面配合得当，能使学校各项工作遵循规律健康发展。现代管理强调整体效应。教育质量是一果多因，影响它的因素很多，控制协调得好，就能取得事半功倍的效果，否则将是事倍功半。怎样优化控制与协调功能呢，需要从两方面进行研究。

①学习并掌握一些科学的思维方法。科学技术的迅速发展，对人们的思维方式产生了很大影响，原来的一些思维方式有许多被新的思维方式所代替，校长要科学管理学校，就需要掌握以下四种思维方法。

第一，系统思维方法，这种思维方式认为世界上的一切事物都不是杂乱无章的偶然堆积，而是一个合乎规律的由各个要素组成的有机整体。这个整体的性质和规律，只存于组成系统的各要素的相互作用和相互联系之中，各个要素孤立的特征和活动方式不能视为整体的特征和活动方式。系统思维方法是把一切研究对象都视为整体，它与传统的分解方法截然不同，它不是先把对象分成几部分研究再结合，而是自始至终把对象作为整体对待，从整体与部分相互依赖、相互结合、相互制约的关系中指导系统的特征和运动的规律。整体效应是系统思维的核心。它的基本观点是整体大于它的各个部分简单相加的和，即 1+1>2。如拳头是手掌和五个手指有机的组合，但五个手指加上一个手掌并不等于拳头。我们说的团结就是力量，这个力量来自于系统。系统思维方法还有一个显著特点就是最优化，即部分服从于整体。在一个系统中如果局部效益好，但影响整体的效益，这个方法不可取。反之，如果从某些局部来看效益不怎么好，但从整体上比较好，这种方法仍可以取。最优化要求立足整体，使整体与部分最佳的统一起来。掌握这种思维方法，对于控制学校管理的各个要素，协调各种相互关系，实现优化管理是大有益处的。

第二，层次思维方法。这种思维方法告诉我们，任何复杂的系统都有一定的层次结构。只有研究客观事物，按客观规律办事，才能做好管理工作。学校这个系统也有层次结构，校长在管理活动中，层次分明就可以使各级做各级的事，实现上一层次管好下一层次，下一层次对上一层次负责。但在我们小学管理中，常常是层次混乱，你做我的，我做你的。这样久而久之，就严重地挫伤下级的积极性、主动性和责任心，以至矛盾上交。其结果，校长天天忙于具体事务，而失去一个决策者、指挥者的功能。层次思维方法的一个基本原则叫做职、权、责统一。

第三，控制论的思维方法。它的基本观点是用最准确的信息，实现最优的调控，使之适应于环境的变化，以取得最大的预期效果。控制论思维方法两个明显特征，一是对信息流的控制。要善于获取信息，贮存信息，加工、利用信息。当前信息流的特征是：增长急剧化，手段多样化，传递高速化，贮存微缩化。二是注意信息反馈。控制论中的反馈是指由控制系统把信息输送出去，又把结果返送回来，并对信息再输出发生影响起到控制作用，以达到预定目的。简言之，就是原因产生结果，结果构成新的原因，反馈就是在原因与结果之间架起桥梁。

第四，模糊论思维方法。"精确是好的，模糊则不好"，这是人们习惯的说法。特别是世界进入电子计算机时代，人们对模糊更刮目相看，其实这是一种不全面的思维方式。在现实生活中，人们思考问题和处理问题并非都是唯精确而从事，有好多问题还需要用模糊的方法去处理。特别是学校的管理是育人的管理，校长"管"教师，教师"管"学生，不能硬搬企业管理的办法，比如对教师劳动的评价，对学生的评定，不能全部采用量化，有很多方法还来自模糊论的思想。

②在管理活动中可从三方面进行实践：第一设置目标。通过全面质量管理进行控制；第二加强常规管理，建立健全各项规章制度，使各项工作有章可循，有规可循；第三优化学校的运行机制，充分发挥竞争机制、激励机制、利益驱动机制的导向作用，使全校师生都为实现总体目标而奋斗。

4．用人与激励

用人，就是选择使用人员；激励，就是激发鼓励，这是学校管理的主要职能之一。

知人善任，是用人之道，真正做到这一点并非容易。在"左"的思想横行时，知人最简单不过，翻翻档案，看看出身历史及社会关系就决定了这个人能不能用。现在有些地方在用人上"左"的一套虽不用了，但仍不是知人善任。官僚主义、任人唯亲、任人唯钱、关系学盛行，一些真正的人才仍得不到重用。在用人的问题上，我们有的领导远不如几千年前的帝王将相。如西汉的刘邦统一天下后，有一次大摆宴席庆功，他在宴会上向群臣提出一个问题："列侯诸将无敢隐联，皆言其情。吾所以有天下则何？项氏之所以失天下则何？"席间有人恭维了高祖一番。刘邦听了没有飘飘然，他说："公知其一，不知其二。夫运筹策帷帐之中，决胜于千里之外，吾不如子房。镇国家，抚百姓，给馈饷，不绝粮道，吾不如萧何。连百万之军，战必胜，攻必取，吾不如韩信。此三者，皆人杰也，吾能用之，此吾所以取天下也。项羽有一范增而不能用，此其所以为我擒也。"这段话说明了刘邦对张良、萧何、韩信有深刻的了解，并能充分发挥他们的长处。一个优秀的管理者应具有：爱才之心（没有得力的助手，将是孤掌难鸣），识才之眼（要看德才学识，从实践识才），求才之渴（要有刘备三顾茅庐，萧何月下追韩信的精神），用才之能（敢用人，会用人），容才之量（人才常常是优点突出，缺点明显，大才者而不拘小节，用其之长，容其之短），护才之魄（人才易冒尖超群，往往被人视为出风头，遭嫉妒，英雄志短，都有个性，易受人攻击，校长要力排非议），举才之德（要培养输送人才）。作为一个校长，在管理活动中怎样学会全面正确的识人，知人和用人呢？我认为：首先要知人，就是真正了解这个人的思想、政治、品德、文化水平、业务能力、工作态度和效率，个人爱好和特长等。其次要善任，做到量才用人（既不大才小用，也不小才大用，使能级相符），用其所长（首先看他有什么长处，能做什么工作，在发挥长处中帮助克服缺点），人尽其才（要创造条件，使每个人的聪明才智都能得到最佳的发挥）。

关于激发鼓励，调动人的积极性问题准备放到第三个问题中去讲。

管人与管己

在当前学校管理中，研究大学、中学管理的较多，研究小学管理的比较少；在小学管理中，研究管物、理财、处事的比较多，研究科学用人的比较少；在人的管理上研究管教师和学生的比较多，研究管理者怎样管自己的比较少。中小学实行校长负责制后，校长在学校的地位和作用显得特别重要。作为学校的主要管理者的校长，在管人的过程中首先管好自己就显得更加重要。下面就这个问题谈点看法。

一、地位、权力与影响力

校长在学校处于领导者地位。现代领导科学认为，领导者的权力大致包括五个方面。一是法定权，来自组织机构正式授予的法定地位。如处长比科长权力大，部长比处长有更大的权力。承担多大的责任，就有多大相应的权力，它体现着职、权、责的统一。二是强制权，这是建立在惧怕之上的权力。不服从上司的命令就要受到一定的批评，甚至惩罚。三是奖励权，这是强制权的对立物。当你出色完成一定任务后，就会受到上司的精神和物质上的奖励。四是专长权。由于领导者具有某种专门知识和特殊技能，常常赢得大家的尊敬和佩服。五是个人影响权，即领导者良好的心理品质使下属发自内心地拥护。在这五种权力中，前三项来自个人在组织中的地位，是一种领导权；后两项主要来自领导者的智慧才能和良好的心理品质，是一种统御权。现代领导科学特别重视统御权的研究。因为它是真正取得领导权的客观基础和加强领导权的重要条件。在现实学校管理中，有的校长指挥不灵，说话没人听，做事没人帮，而有的教师虽未担任校长职务，确被视为群众领袖。这说明校长要实现其领导功能，不能光靠职权，还必须依靠自己的专长权和个人影响权（简称影响力）。

社会主义行为管理学认为，影响力是指人们在相互交往中所发生的影响和改变他人心理及行为的能力。两人相交，双方的言行都影响着对方的心理与行为。但由于各人所具有的刺激量不同，给对方造成心理与行为影响也就不同。刺激量小的往往服从刺激量大的，其行为就明显地表现为接受对方的影响。一般说来，校长作为领导者，在与师生交往中，具有的刺激量较大，他的影响力要大于普通教师。校长这种影响力大于普通教师是因为他不仅和一般教师一样具有自然性影响力（指本人的特殊才能、艺术魅力及心理品质），而且还有强制性的影响力，即社会赋予他的职务地位和权力。在校长的身上虽然具有自然性和强制性两种影响力，但自然性的影响力不同于强制性的影响力，它对师生所产生的心理和行为的影响是自觉自愿的，是心悦诚服的，所起的作用远比强制性大得多。有人分析校长的影响力对教职工的心理产生七种效果，即：服从感、敬畏感、敬重感、敬爱感、敬佩感、依赖感、亲切感。在这七种心理效果中，第一、二项是来自校长的强制性影响力，其余五项都是来自校长的自然性影响力，可见要提高校长的影响力，根本途径在于校长通过自我修养使自己具有特殊才能、艺术魅力和良好的心理品质。

二、事在人为与看人办事

附近的两所学校，规模大小，学生来源，师资水平、学校设备等基本办学条件不相上下，但一所学校办得好，一所学校办得差，是常有的事。比如，在当前教育改革中，一所学校的校长对新的教育思想与教改信息反映特别灵敏，在勤学博采的基础上，从自己学校的实际出发，制定学校整体改革实验方案。经过三年的努力，学校初步办成了全面贯彻教育方针的先进校，科学管理的示范校，整体改革的实验校和社会主义文明校。而另一所学校的校长凭自己的经验办学，对当前教育改革中涌现出的新思想、新经验、熟视无睹，甚至把教师中勇于改革创新的实践活动视为异端。结果，教育改革迈不开步子，教学质量逐年下降，校长经民意测验因得不到教职工的信任而被解职。上例是举条件基本相同的两个学校的不同办学效果。就同一学校先后不同的两个校长来管理产生完全不同的领导结果也是屡见不鲜的。这说明，办好学校，客观条件是一方面，但并不是具有了一定客观条件学校就能办好。事在人为，重要的一个因素是看校长的作为。

校长的为人处世对教职工有较大的影响作用。现在心理学研究表明工资、奖励、晋级以及个人的压力因素激励群众，能调动其积极性的 60%，其余 40% 是通过领导者的特殊才能，艺术魅力及良好的心理品质等因素实现的。"士为知己者死"，当一个人非常崇拜、敬佩你这位校长时，你给他困难大，别人不去干的任务，他也乐于接受并竭尽全力干好。如果一个校长在群众中没有威信，凭借手中职权也可以指挥一时，教师也能被迫接受你交给的任务。但执行中没有内驱力，缺乏积极性、主动性，更不会创造性地去完成工作任务。所以，人是看人办事的，一位校长怎样能像一块磁铁一样把自己的教职员工吸引住，使之为教育事业而献身，我认为就要从"事在人为"和"人是看人办事的"两个方面来研究校长应该怎样管自己。

三、校长的心理品质与知识才能

在现实的学校管理中，有的校长靠来自外界的"权"，如法定职权、奖励、惩罚等管理学校；有的校长靠自身的"威"，如良好的心理品质和知识才能等管理学校。实践证明，凡是"权"建立在"威"的基础上，形成真正有权威的校长，学校办得都有特色。凡是光凭职权而不注重自身建设的校长，常常管不好自己的学校。

校长的权威大小既不是自封的，也不是凭上级授予的职权。构成其权威的基本要素是校长个人的心理品质，知识才能及情感激励等。管人是学校管理的首要任务，对校长来说，要想管好别人，首先必须管好自己。校长管自己提高影响力，需要从以下几个方面努力。

良好的心理品质是一种无形的巨大的道德力量，它对人有一种感染力，会使人感到亲切敬佩。校长应具备以下几种心理品质：

①实事求是：是则是，非则非，不夸大，不缩小，思考问题和处理问题能从实际出发。②平易近人：把自己看成群众中的一员，有事同群众商量，不训人，不摆架子，能倾听群众意见。③办事公道：不记私仇，不徇私情，吃苦在前、享受在后，不与群众争利，不搞特殊化。④身体力行：不空洞说教不夸夸其谈，作风严谨，一丝不苟，言传身教，为人师表。⑤知人善任：具有爱才之心，识才之眼，求才之渴，用才之能，容才之量，护才之魄，举才之德。⑥理解下级：理解他人的困难和需求，工作出现失误，也要与人为善，需查处也应在采取措施之前，尽量耐心听取犯错误人的解释，以求得尽可能的理解。⑦自知之明：要看到自己的优点长处，也要看到自己的短处，要"每日三省吾身"。⑧勇于进取：不满足现状，能带领群众朝着新的目标前进。⑨宽容精神：对同志宽大为怀，严于律己，宽以待人，不争功，不讳过，不计较别人的态度，不打击报复反对过自己的人。

知识素养是做一个好校长的重要条件。如果一校之长没有政治理论水平，没有教育教学的基础理论知识，不懂得学校管理的基本规律，那么在工作实践中，必然是瞎指挥或碌碌无为，难以得到教师的信服。反之，如果一校之长不仅懂得马列主义的基本原理，又能博览群书，见多识广，他就能同各种不同身份、年龄、性格的人交往自然，交谈投机，增进心理距离，从而转化为一种影响力。因此，校长要勤于学习，善于博采，成为一个知识渊博的人。

校长的才能高低是决定影响力大小的重要因素。校长的才能往往表现为灵活运用自己拥有的知识去分析和解决实际问题的综合能力。一个校长提高自己的影响力，需要具备的能力是多方面的，但以下几种能力是基本的，即：分析综合的决策能力；计划与组织实施的指挥能力；控制各种教育因素，进行优化组合的协调能力；知人善任的用人与激励能力；善于说服人的语言表达能力及勇于进取的创造力等。一个品质好、学识广，才能高的校长能使师生产生一种敬佩和信赖感。即使在非常困难，极端危急的情况下，他们也会同心同德地跟着你去克服困难，信心百倍地去争取胜利。

约束与激励

　　管理就是依据一定的原则来推进组织目标和个人目标实现的一种活动。它本身就具有一定的约束力，如，通过设置目标引导共同方向；通过制订计划和组织实施来统一共同行动；通过建立健全合理的规章制度来控制和协调各项工作和各种关系等。因此，当前特别强调常规管理，使各项工作有章可遵，有规可循。但管理的主要功能不是约束，而是激励。规章制度是实现优化管理的手段，创建一个和谐的集体，激励人上进的环境，使各类人员的聪明才智都能得到最佳发挥才是管理的目的。在现在的学校管理中仍偏重管物、理财、处事，而对如何科学用人和正确激发鼓励人则重视不够。20世纪40年代，一些西方经济管理专家，由传统的研究管事物到开始研究人的行为，形成了一个所谓"行为科学"学派。具有代表性的理论就是美国马斯洛所提出的"人类需要层次论"。马斯洛把人的需要按其重要性和发生的先后次序分成五个层次：第一层，生理上的需要，包括维持生活所必需的各种物质上的需要如衣食住行等；第二层，安全的需要，如生活有保障，不会失业、生病或老年有所依靠等；第三层，社交的需要；第四层，自尊的需要，即需要一定的地位和受人尊敬；第五层，自我实现的需要，也就是我们通常所说的事业心和责任感、理想信念等。马斯洛认为人们一般按照这个层次来追求各项需要的满足，以之来解释人们行为的动机。马斯洛的理论对人类需要——包括物质、精神两个方面进行了有益的分析，这对于我们研究激励机制，具有一定参考价值。当然人类需要层次论，与其他西方管理理论一样既有科学性的一面，又有虚伪性的一面，我们借鉴时必须持扬弃的态度。我到美国、日本考察他们的企业时，也了解到一些行为科学在管理中的应用。

　　我国社会主义行为管理学，学校管理心理学对激励机制的研究结果认为，人的各种行为是受一定动机支配的，人产生各种动机主要因素有两种。一是动力因素，主要指成就感、责任感、荣誉感和事业心等。这是人的精神需要所引起的动机。另一种是维持因素，主要是指工资、福利、工作条件等。这是生活上、物质上的需要所引起的动机。两者比较，精神上产生的动机在支配行为上所起的作用比较持久。因此，在运行激励机制时，应坚持精神鼓励和物质鼓励相结合，并以精神鼓励为主的原则。根据这一原则，在建立学校激励机制时应使目标激励，责任激励和利益驱动有机结合。

目标激励理论认为，目标是一种激励被管理者的力量源。人们的需要予以具体目标才能调动潜在的能力，唯有如此，才能创造最佳成绩。在具体管理活动中，要设学校总目标，部门职能目标和教工岗位责任目标，形成一个具有可考核性、挑战性，使每个成员都跳起来摘果子的目标体系。

责任激励理论认为，激励因素由工作本身职务上的责任感，受到表扬和得到器重以及个人发展的可能性所构成的。这些激励因素的效应将产生高昂的士气，提高工作效率。在实际管理中有的学校实行"定编、定员、定责、定工作量、定工作规范、定考核、定奖惩"，有效地增强了教工的工作积极性、主动性和创造性。

利益驱动理论认为，工资、奖金、政策以及工作环境都属于调动人的积极性的保健因素。这些因素虽然是消极的激励因素，但处理得好可以激励人们努力工作；处理不好，则会引起教工的不满。在现实学校管理中，工资是影响教师积极性的基本因素。有的实行了结构工资制，体现了多劳多得，优质劳动多得的原则。在奖励上，把评奖制改为积分计奖制，克服了过去的人情奖、机遇奖、荣誉分组担式奖励的弊端，使受奖者大家佩服，受惩者自己心服。

我做校长工作二十多年在发挥激励功能上主要从以下三个方面进行了尝试。

一、"参与"。就是尽量创造条件让全体教职工都能参与学校管理，使其认定自己是集体的一分子，乐于接受实现集体目标的任务，并在执行中分担责任，表现出主人翁的风貌。在做法上，第一，从组织上保证参政、议政的权力。如吸取更多的教师参加校务委员会，教工代表大会常设主席团、工、青、妇群体组织及各种交叉性组织。第二，在重大问题上召开"头脑风暴会"。让教职工充分发表意见，帮助校长决策。第三，民主评议会，即每学期让教工对学校各方面工作及受聘的中层以上领导的述职报告进行评议。第四，设立校长信箱，广泛征求意见，开展合理化建议奖活动。

二、"满足"。即需要上的满足。毛泽东在《关心群众生活、注意工作方法》一文中非常精辟地论述了这个问题。一个无视群众的困难和切身利益的校长不可能使教职工充分发挥自己的才能，即使他们对工作意义"认识"得很好，但行动上仍然会打折扣。校长要十分重视满足教职工合理的精神需要和物质需要。一个好校长要善于创造这样一种环境和工作气氛，既使师生感到在为组织目标作出贡献的同时，也能够达到个人需要的合理满足。人们习惯于依据从集体中得到了些什么来判断这个集体是否良好。只有集体成员有了从集体得到可能得到的"充分满足"时，他们才会把自己的全部聪明才智毫无保留地献给这个集体。我在这个问题上，心中经常装着两本账：一本是每个教职工有什么长处，有什么短处，怎样安排他的工作更有利于发挥他的聪明才智，有利于组织目标的实现；另一本是不同时期、不同情况下每个教工在精神上和物质上的需要发生了什么变化，怎样想方设法去满足他们的合理需要。比如老年教师临近退离休了，他们多系保健因素方面的需要，想让校长在治病、住房、子女就业等方面给以满足。但也有动力方面的需要，想让校长过年过节到家看望，见了乡亲邻里，宣传他终生热爱教育事业的事迹。在这方面都应尽力给予最大的满足。中年教师的需要情况是很复杂的。有的要求入党，有的需要提干，有的成就感很强，有的上有老，下有小，生活上存在很多困难，校长都要分门别类尽量满足。青年教师的需要比较起来不太复杂，但政治思想品德上的断层是个大问题。在满足青年教师业务、文化生活方面合理需要的同时，重点应研究思想品德方面的需要，认真解决政治思想上的断层问题。几年来，我们在教职工中吸收了 41 人入党，提拔了 21 位同志到各级领导岗位上，选拔了 47 位教师通过离职进修、在职函授攻读大专和本科，76 位同志都分别获得区级以上荣誉称号。近几年还办起了工厂，开展了社会集资活动，为教工盖起了教学楼、办公楼、家属楼，改善了教师的工作和生活条件。我们这样做的结果是领导与教职工之间建立了亲密的关系，形成了一种互相尊重、情感交融，心往一处想，劲往一处使的凝聚力，保证了组织目标的顺利实现，学校成为全国教育先进单位。满足教职工合理需要的实践使我体会到：忽视合理需要的满足，必然失去情感，没有情感的校长，必然失去自己的影响力，最后导致失去自己的领导权。

三、"提高"。教职工不仅要有"乐意"工作的欲望，而且要有"会做工作、做好工作"的真实本领，即：不但要有革命精神，而且要有科学态度；不但要有良好的政治思想品德，而且还要有良好的业务素质。因此，校长要努力满足教职工在政治业务提高上的需要。我在管理活动中借鉴马斯洛的需要层次论，注重研究教职工的"需要再需要"。就是当一种合理的需要满足了，还有什么新的更高层次的需要，校长怎样再给予合理的满足。比如，新教师的第一层次需要就是希望校长怎样帮助他过好教学关。当他驾驭了教材，掌握了教法后，第二层次的需要就是想进行教学改革实验，想闯出一条有自己特色的路子。一旦取得了成就，他就想向学者型教师的方向发展，这就是第三层次了，校长就要下力气培养。几年来的实践已使教师队伍形成了梯形结构，一批出类拔萃的人才正在成长。

综上所述，今天我讲的基本观点：校长的主要职责是管理。管物、理财、用人、处事都是校长的主要职责，但研究"管人"更重要。校长既要管别人，更要管自己。约束是管理工作固有的功能，但管理更重要的功能是激发鼓励调动全员的积极性、主动性和创造性。

提高师范教育质量，为中小学培养现代化教育专职人员的一些思考

师范教育与其他教育的区别就在于它是以教育本身为服务对象，主要为中小学培养教育专职人员的。师范教育实质上是一种教师教育，今天的师范教育质量就是明天的教师质量。研究师范教育的改革进而提高教育质量，也就是研究教师教育的改革，进而为中小学培养现代化的师资队伍。我是几十年落脚在中小学的实务工作者，长期"使用"师范院校输送的"产品"，从不断分析师资队伍的状况及其存在的缺陷中，引起了一些微观的理性思考。今天仅就师范院校如何通过深化教学改革，提高教育质量，进而为中小学培养现代化教育专职人员问题，谈点建设性意见。

一、"应试教育"思想滞后于社会进步和学生发展，师范教育发展应从转变教育思想、更新教育观念入手

"应试教育"是对传统教育和现实教育中弊端的概括，它是一种面向少数人实施的是一种不完全的选拔性教育，培养出来的是片面而又被动发展的人。这是一种与马克思主义的全面发展教育相对立的一种教育思想。它不仅影响着中小学，而且也严重影响和干扰着我国的师范教育。在这种教育思想指导下，在我们的教育教学过程中，常常强调的是人对社会服从、对环境的适应、对知识的继承，而不是"改造"、"创造"和"主动发展"。它致使学生的独立人格得不到尊重；自主权力得不到保障；兴趣爱好得不到充分发

展；个性差异得不到承认。结果培养出来的学生缺乏人的主体性；在自主性上常常表现为处于被人规定、被人指派、被人掌握的境地，不能根据需要主动地选择适合自身发展的教育，甚至身心上受到损害也不去主动保护自己的人格地位；在主动性上常常表现为缺乏理想信念，没有奋斗目标，害怕矛盾，回避困难，缺乏社会交往、主动参与、大胆竞争的意识和能力；在创造性上，常常表现为不善于独立思考，盲目随从别人，办事不灵活，不爱表现自己，缺乏分析和解决实际问题的能力等。"应试教育"与当前世界范围的教育都在围绕着学生的个性、主体性发展进行诸多领域改革的大潮格格不入。未来的社会是弘扬人的主体性的社会。经济发展和社会进步所需要的是具有独立性、主动性和创造性的人。这种人把自然生存置于自己的控制之下，做自然的主人；把适应和改造社会的实践活动置于自己的控制之下，做社会的主人；对自己进行解剖、设计和改善，做自身的主人。学校教育应主动适应社会进步和学生的发展，自觉地转变思想，更新观念，由"应试教育"向素质教育转轨，积极地进行教育教学改革。特别是培养人民教师的师范教育，用什么样的思想育人，不仅影响着中小学师资队伍建设而且影响数以亿计的中小学生素质的发展。因此，师范教育教学改革，首先是一种教育思想的改革。提高师范教育质量，应从转变教育思想，更新教育观念入手，进而走向以发展学生主体性为核心的素质教育的轨道上来。

二、师范教育追求的质量目标是培养和造就精干素质教育的师资队伍，提高教育质量的主要途径是积极地进行教学改革

师范院校教育改革的主要目的是为中小学培养和造就具有现代化特征的师资队伍。现代化的教师是一个什么样的形象，一下子很难说清楚。就现有认识，现代化教师在基本素养上，首先应该对祖国和中华民族怀有深厚的感情，是一个有追求，有理想的人。其次在学业才干上，不仅系统地掌握本专业的基础知识和基本能力，更重要的是要形成开放、发展的知识观。第三，在处世办事上，能在尊重和自觉遵守社会法律和道德规范的基础上具有与他人合作，共同完成各种任务的能力、处理不良环境和消极现象的能力，并在把握自己的意识和能力上成为真正的主体。在职业素养上，首先要对教师职业的意义有深刻的认识，由此而产生对职业的崇高感、责任感，真正热爱它并愿意为它作出最大的努力。第三，教师要具有科学的和富有时代精神的教育理念，包括教育观、学生观、教育活动本质观等，并在教育教学实践中真正成为自己的基本认识和信念。第四，教师除了具有过硬的基本功外，还应具有复合型的知识结构。即：一方面是有关的教育、教学知识，另一方面是有关学生身心发展水平、认识和能力、个体差异等方面的知识，第三方面是组织和进行教育教学活动的知识。在此基础上，教师还要有根据环境、学生和内容综合地构建教学教育活动的策略与方案、方法及有效地实施等能力。第四，教师还得具有人际交往、组织管理和教育研究等特殊性能力。第五，教师职业要求每个从事这种职业的人，必须严格要求自己，以身作则，用自己的全部智慧与人格力量去完成育人的事业。爱学习、善创造、求发展、讲奉献是教师具有教育力量的源泉。如果用这样的思考来引导师范教学改革的话，在操作环节上起码应注重研究并解决以下几个问题：

一是要调整专业设置，优化课程结构。当前，中小学在全面实施素质教育过程中，遇到的突出问题是教师队伍中专业结构不能满足学生发展的需要。比如，小学教育需加大科学技术、心理健康、外国语等教育的力度，但中师很少向小学输送具有这些专业知识的师资。再比如，中小学的教育管理、行政人员的专业化培养显得急为迫切、更为重要。但长期以来，师范教育是培养"教师"的，而不是为中小学培养教育所需各类专职人员的。看来师范院校随着中小学教育改革的深化，需要进一步调整专业设置，优化课程结构。在专业设置上要立足于服务素质教育，应加强基础，面向未来，优化结构。在课程改革上，要逐步构建起学科课程与活动课程，必修课程与选修课程，隐性课程与显性课程有机结合的工具性、社会性、技术性和艺体性等各自相融的发展性的课程体系。

二是从教育思想、教学内容和教学方法上进行积极地改革与探索。首先，在教育思想上要由"应试教育"向素质教育转变，在教育教学实践中要逐步确立一种主体教育思想，形成一些现代化的教育观念。比如：①相信每个学生都是特殊的个体，需要尊重和关怀，确立理解学生观念。②教育应促进学生主动地发展，给每个学生提供思考、创造、表现及成功的机会，确立教育要促进人的发展的观念。③相信所有学生都能学习，不存在绝对意义上的差生，需要的是耐心和指导。确立从实际出发，区别对待的观念。④教师要开展有特色的教学，促进学生能动地发展自我，确立特色教育的观念。其次，在教学内容上要对现有教材进行改革，由"知识体系"向"发展体系"过渡，为促进学生全面主动地发展把传统知识和现代知识，把双基要求和能力培养，把教和学有机结合起来。第三，在教学方法上，不仅要尊重学生的主体地位，更要不断地研究发展学生主体性的教学策略。比如，创设和谐情境，鼓励学生合作学习；鼓励学生积极学习、主动参与；加强学科间的协作，严格教与学的要求；注意个别差异，尊重学生的个性与才能；培养学生自我调控能力，鼓动学生大胆创新；创设自我表现的机会，使学生不断获得成功体验等。这些都是第一线的教师在教学实践中的探索。

三是要改革考试评价制度，促进学生素质全面发展。由于各学科在促进学生素质发展过程中所处的地位和作用不同，各学科就应该有自己的促进学生素质发展的考核办法及评价标准。原有的考试评价办法已很难全面反映学生素质发展的水平，应该在认真分析各学科特点的基础上对其考试评价内容、标准、等级进行综合设计，将原来的"成绩报告单"变为"素质发展评价手册"。改革后的考核评价办法不仅是对学生学习知识结果的考核评价，更多的是对其形成过程及能力考核评价。各级教育主管部门及科研单位应对各地在这些方面进行的有益改革和探索，加以积极支持和宣传推广。

三、师范院校是培养"人类灵魂工程师"的基地，提高教育质量应切实加强和改进德育工作

从现有中小学年轻教师整体素质结构的分析来看，他们虽然在知识技能上存在着一定缺陷，但与思想品德相比还不是主要的缺陷。最主要的缺陷是缺少一种内在的精神，即人格精神和创造精神。比如，缺乏为教育事业奉献终身的崇高理想和高度负责的既敬业又精业的精神。另外，表现在职业道德的修养上，行为规范的养成上，工作中的创新意识和创造能力上，也不能适应教育事业的发展和学生发展的需要。这一现象折射于师范教育，也可以引起一些回顾和反思：近几年来，党和国家通过领导讲话、下发文件、专题会议再三强调要切实加强和改进学校教育工作。学校的校长、教师也为德育含辛茹苦、无私奉献，但德育效果不太明显，学生的思想道德水准也不尽如人意。造成德育过程中"投入"与"效益"明显反差的原因是什么，很少有人做深入细致的调查和客观认真的分析。改革开放和社会主义市场经济体制的建立，学生的人生观、道德观、价值观都在发生着变化，而我们学校德育在观念、内容、方法及途径上却明显地滞后于变革的社会现实，落后于当今学生发展的实际需要。目前，学校德育由于不去下大力气调查研究教育对象，致使德育内容脱离学生发展的实际，方法又不能真正"入脑入心"，这是实效性差的主要原因。师范德育如何加强和改进，需要大家共同探讨，就目前情况看需要抓住以下三个环节。

一是坚持目标要求与学生发展水平相统一的原则，进而构建德育内容的新体系。长期以来，学校德育内容的确定，往往把党和国家提出的德育目标要求作为依据，常常不顾学生的思想道德心理现状，致使目标要求与受教育者的思想品德特点错位，德育效果不太令人满意。实践证明，构建学校教育内容体系的基本依据，应该是德育目标和学生发展水平相统一。以德育目标为依据，则能保证德育内容的导向性，以受教育者的思想品质特点为依据，则能使德育内容具有一定的层次和坡度，藉以增加其针对性与可接受性。结构合理的德育内容体系应建立在这两个科学依据的交汇点上。现在师范院校对学生进行的是马克思主义的思想道德教育，随着社会的进步，经济的发展和学生思想品质的发展与变化，在德育内容上需要构建一个以中华民族优秀道德为源头，吸收世界优秀文化遗产，进而形成一个以马克思主义道德为主流的新体系。

二是研究德育体系，优化实施途径。学校德育是社会总影响有机构成，研究学校德育不能割断社会联系而孤立地进行，应确立"大德育观"。在实施途径上，应把学校的系统教育与良好的家庭教育和良好的社会教育紧密结合起来，形成真正的合力。另外德育具有结合性、渗透性、蕴含性和贯连性等寓他性特点，因此德育任务的实现要寓于教师的师德建设之中、寓于各科教学之中、寓于各种活动之中、寓于规章制度的建立和校园环境的建设之中。坚持"教师为主、全面负责；教学为主、全面渗透；学校为主、协调社会"等基本原则。

三是德育方法要有利于学生个体性发展。学生道德品质的形成是一个受动到能动的内化过程，道德教育的最终目标是要学生实现自主地做人，做一个有利于人民的人。因此，德育方法必须坚持满足学生合理的道德需要，发展健康个性的原则；必须注重道德情感的培养，进而促进道德信念形成的原则；必须重视道德意志的修养，养成良好形为习惯的原则；必须尊重学生人格，提高自我教育能力的原则。

四、师范院校应重视提高科学研究水平，树立科研工作为中小学教育改革服务的思想

抓科研促教研，抓教研促教改，这是中小学全面实施素质教育的一条基本途径。随着教育教学改革的不断深化，中小学在教育教学实践中遇到了不少自身难以解决的理论问题和实际问题，急需要得到师范院校的专家教授及科研部门的关注、支持和亲自参与。另一方面从我国基础教育开展科研情况来看，凡取得显著成果的多系理论工作者和实际工作紧密结合的结果。我省基础教育科研工作之所以达不到应有的水平，与我省教育理论工作者脱离中小学实际，实际工作者缺乏专业理论，没有融理论与实践为一体有关。在当前和今后一个时期，我省中小学教改实验要想取得显著效果，就必须走理论工作者与实际工作者相结合的道路。而这种结合是一种亲密合作的关系。理论工作者亲自参加实验，实际工作者进行理论研究，两者滚在一起参加实验研究的全过程，而不是那种理论工作者提出一个理论假设，制订一个实验方案，让实际工作者去具体操作，最后由理论工作者撰写文章的形式上的结合。特别是目前我国多数小学教师在基础理论的修养上、专业知识和技能等素质结构上都存在着一定的局限，没有专家、学者的亲密合作、具体指导，实验研究是很难取得显著成效的。小学是一块肥沃的土地，需要师范院校的专家、教授等研究人员来开发，并和广大小学教育者一起耕耘、播种，直到开出鲜艳的花朵，结出丰硕的果实来。

谈小学管理目标

　　小学管理是一门科学，"向管理要质量"的观点被越来越多的校长所接受。校长应把主要精力放在学校管理的研究与实践上。

　　学校的一切工作都是围绕着一定的目标来进行的。目标的明确度与学校工作的有效性往往是成正比的。学校工作目标（或称整体目标）是由既有区别又有联系的教育目标和管理目标所构成。学校各部门、各类人员根据整体目标又确定局部性目标及个人执行目标，形成了一个目标管理系统。

小学的教育目标

　　教育目标即教育目的，是规定培养人的方向和规格，是期望受教育者的身心发展达到的标准。它是学校一切教育活动的出发点和归宿。我国的教育目标是在党和国家制订的教育方针中体现出来的。它既反映教育的普遍规律，又反映社会主义教育的特殊规律；既反映教育受社会制约的规律，又反映教育内部各种因素之间相互制约的规律。根据中共中央有关指示精神，教育要面向现代化，面向世界，面向未来，把学生培养成德、智、体全面发展的社会主义建设者和接班人。这一精神既考虑到新时期政治、经济形势发展的需要，又考虑到受教育者身心与可影响性的特点，是我国各级各类学校总的教育目标，是指导我国教育实践的行动纲领，也是衡量社会主义学校教育质量的标准。各级各类学校都要根据自己的性质和任务，提出具体的、切实可行的教育目标，使学校的教育活动和管理工作都围绕着这一目标来进行。

小学教育的任务是为人的一生在品德、智力、体质等方面打下初步的良好的基础。因此，小学教育目标的设置不能脱离小学的实际。1986 年，国家教育委员会依据《中华人民共和国义务教育法》和我国小学教育的实际，对小学教育的培养目标提出明确要求。即：要使学生具有爱祖国、爱人民、爱劳动、爱科学、爱护公共财物等思想品德，具有良好的行为习惯，活泼开朗的性格和初步分辨是非的能力；要使学生具有阅读、表达、计算的基本能力，学到一些自然常识和社会常识，培养学生的兴趣，养成良好的学习习惯，培养观察、思考和动手能力；要使学生具有健康的身体，爱美的情趣，良好的卫生习惯、劳动习惯和初步的生活自理能力。

在设置和实现教育目标的过程中，要注意研究和解决以下几个问题。

一、坚持面向全体学生

教育目标是培养人的质量规格，是每个学生都必须达到的基本要求。坚持面向全体学生，就是为了提高全民族的素质。在小学，如果我们面向的不是全体学生，而只是一部分学生，甚至只是少部分学生，那么，若干年以后，学校出现的一批"次品"将给社会增加一股消极力量。坚持面向全体学生不仅是对国家负责，也是对每一个家庭及每一个学生负责。因此，要把学校教育能否面向全体学生作为一条基本标准来衡量校长的管理水平。那种只重视智育、轻视德育、忽视体育、美育，取消劳动教育，一味片面追求升学率的思想和做法，是违反教育规律和背离教育目标的。

二、坚持全面发展

按照小学教育目标进行科学管理就必须坚持全面发展的方针，正确认识和处理德、智、体、美、劳等诸教育之间的关系。五育之间的关系是辩证统一的关系。它们之间既有区别又有联系，所谓区别是指它们各有特定的任务，所谓联系是指它们之间是互相依存缺一不可的。校长在思想上要树立"五育"并重的观念，在管理活动中要按照"五育"在培养人的过程中互相制约的规律去组织与协调教育、教学工作。对"五育"的任何一育有所忽视，都不能达到小学教育所要求的质量标准。当我们抓某一方面教育时，要考虑到它与其他各育的关系，要使它能够起到互相促进互相渗透的作用，而不是顾此失彼。就德育而言，不仅要向学生进行以"五爱"为基本内容的社会公德和有关社会常识的教育，而且要通过严格的教育和训练，使学生养成良好的品德和行为习惯。就智育而言，不仅要使学生在能力、智力上有所发展，还要提高他们观察力、注意力、想象力和科学思维能力，培养他们分析问题和解决问题的能力。就体育而言，不仅要使学生掌握体育的基础知识、基本技能和技术，而且要进行素质训练，发展学生的特殊爱好和特长。此外还要重视学生的卫生保健工作。就美育而言，不仅要使学生掌握一些审美知识和技能，而且要进行审美能力的培养，使其初步具有分辨事物美丑的能力。就劳动教育而言，不仅教育学生热爱劳动、尊重劳动人民，而且要让学生参加劳动，学会一定的劳动技能，养成爱劳动的习惯。

实践证明，凡坚持全面发展，注重全面要求，科学处理"五育"之间的关系，就能较好地完成小学教育的任务。

三、注意目标本身的调整

校长在管理过程中的责任就是通过计划与决策、组织与指挥、控制与协调来实现规定目标。预定目标是经过对各个影响目标达成的因素进行预测分析后提出来的。这就需要校长不仅对各个影响因素及时进行分析，加以控制与协调，而且在必要时对预定目标进行适当调整。学校的教育目标系统往往是由总目标、局部目标和个人目标所组成的。它们之间既有区别又有联系，总目标的变化会影响局部目标和个人目标的改变，局部目标和个人目标达成的程度也必然会影响总目标的实现，及时调整它们之间的关系，使总目标始终能成为经过师生努力可以实现的目标。

小学的管理目标

学校管理目标是学校一定时期的工作目标。学校管理者有效地组织和管理人、财、事、物，从而使学校的教育教学水平和设施条件达到一定的预期标准，以保证学校教育目标的实现。管理目标如同教育目标一样，在科学育人的过程中起着重要作用。正确的管理目标使学校各个部门和全体成员沿着目标指引的方向共同协作、相互监督，同时又激励师生上进。正确的管理目标能使人们方向明确，感到近期可行，远景可望，激励人们主动地并有创造性地一步一步地去完成工作任务。

学校管理活动所不同于教育、教学活动的根本点，就在于管理活动是对教育、教学活动的组织、协调和检查指导的活动，是为教育、教学活动提供人、财、物条件，并使其有效结合，充分发挥效能的过程。教育目标是确定管理目标的主要依据，而管理目标又是实现教育目标的前提和保证。没有教育目标，也就不存在什么管理目标。没有管理目标，教育目标也就只是一纸空文。因此，校长只有从指导思想上认清了两者的关系，才能正确制订和实施管理目标，从而保证教育方针的全面贯彻执行。

学校管理目标是对未来一定时期办学意图的概括，是从现实条件出发，经过科学预测而形成的带有明确目标的一种决策。因此，学校的管理目标应体现校长的最基本的设想和办学的指导思想，做到"管有主见，办有特色"。管理目标在内容分类上有多种形式。从体系上可分为总体目标、局部目标和个人目标；从性质上可分为学校教育教学等工作目标、学校发展规划目标以及学校管理措施及其应达到的预期标准等；从内容具体化程度可分为定性目标和定量目标；还可以从作用及影响管理目标的要素上提出对人、财、物、事、时间、空间、信息等管理的目标要求。总之，一定要从实际出发，拟出若干条切实可行的管理目标，组织广大师生去努力实现。

小学的目标管理

目标管理是指管理者通过规定目标对所属的组织和个人进行管理。它的基本含义是：组织中的管理者和成员共同确立组织的总体目标，再把总体目标转化为部门目标和个人目标，使个人目标、部门目标与总体目标融为一体。管理者通过目标对所属部门和每个成员进行管理；通过对目标实施过程的管理和目标实施成果的评价，促使各部门、各个成员朝着预定目标努力工作，以实现学校总体目标。目标管理分为设置目标、目标实施和成果评价三个阶段。校长要善于正确处理教育目标与管理目标、总体目标与部门目标、组织目标与个人目标之间的关系，以便促使教职工进一步意识到自己在学校整体中所处的地位和应发挥的作用，积极主动地为教育事业作贡献。

校长在组织实施目标管理的活动中，应注重做好以下几个工作：

一、正确设置目标

设置目标是目标管理的起点和基础。目标的设置一定要建立在客观的基础上。

1. 依据要明确。一所学校在一个时期内确定一个什么样的目标，要依据党和国家的教育方针和政策，要依据教育科学的理论，要依据本校实际而确定教育目标。这样设置的目标才比较科学、合理，具有可行性和促进性。

2. 内容要完整。即对学校教育、教学、体育、卫生、后勤服务、勤工俭学等各方面的工作，都设置明确而具体的目标要求。

3. 结构要合理。从纵向上要有长远目标（10 至 12 年），中期目标（5 至 6 年），近期目标（一学期至一年）。从横向上要有总目标（全校性）、局部目标（各部门）和个人目标（每个人）。这样纵成线、横成片，使目标形成网络。

4. 目标要具体。就是要采用定性和定量相结合的计量指标。这种计量指标可以是定性的，以"标准"、"要求"形式出现，如优秀教师、三好学生的标准，教学常规和班主任工作要求等。也可以是"定量"的，以具体分数或百分比来表示。如入学率、巩固率、合格率、优秀率等，或以具体分数表示，如品德评定分、学习成绩分、工作考核分等，或以等级表示，如优、良、中、差等。

二、有效地组织实施，在实施过程中要突出抓好三个方面的工作

1. 学校领导与群众的目标要整体一致。校长在确立学校整体目标时要充分发扬民主，让全体教工参与讨论和决策，使整体目标成为领导和群众共同利益和意志的集中体现。这样，群众明确了在实现整体目标中自己的责任，就能做到心往一处想，劲往一处使。

2. 建立一个高效的组织指挥系统。它包含两个方面：首先，设置的组织机构要符合学校的实际。各种组织机构在上下层次关系上，在平行之间的关系上都很明确，各谋其政，各司其职。如果机构不健全或者管理层次不清、职责不明，校长去干教导主任的事，或者混在一起去干同层次的工作，都会影响高效。就一所学校来说，校长属于高层管理，职能活动主要是计划与决策、组织与指挥、控制与协调、用人与激励。主任及其领导的部门属于中层管理。职能活动主要是当好校长的助手，在各自负责的部门里及时传达指令，进行经常性的检查指导和调节组织人员同心协力实现管理目标。教职工属于执行者，职能活动主要是竭尽全力完成自己所承担的工作任务。其次，各种组织机构在活动过程中运转应当有序。对一些常规性的管理活动要有一套规范化、制度化的规定。对于那些非常规性的管理活动应注重总结经验，勇于创新，适应变化中的新情况。一个高效的组织指挥系统，应该是既可以保证管理活动处于稳定状态，又能不断改革陈规，突破旧程式，在稳定中求前进。

3. 采用既有民主又有集中的管理方式。这种管理方式应该体现师生是学校的主人，且能调动他们参加管理的积极性，促使学校形成上下一条心，共同办好学校的优良风气。要落实这种管理方式，校长在管理活动中必须注意两个问题，即经常说服各级领导者要主动听取师生的意见，不搞一言堂，自觉地接受来自群众的批评与监督；还要经常启发诱导师生树立主人翁的责任感，乐于为学校为集体贡献自己的智慧和力量，施展自己的才能，自觉地服从领导的正确的决策和工作中的安排。

三、客观地进行评议

一个管理周期（一学期或一年）结束后，要由下而上、层层评议原定管理目标实现的程度，将实践结果与原定目标加经比较，总结经验，找出差距，分析原因，然后再考虑下一个周期的努力方向。评议结束后，还要奖惩分明，并建立目标管理档案，作为对各部门、各类人员考查的重要依据，以激励其在下一管理周期中做出成绩。

按照系统原理设计
小学内部管理机构

　　小学内部机构的设计应根据学校规模大小和任务繁简而定，不能"一刀切"，搞一种模式。现代学校内部机构的设置，要符合系统管理的要求，构成合理的层次和结构，实现指挥灵、职责清、信息通、效率高。

　　学校管理有决策、指挥和监督三种不同的基本职权。这三种职权是对立统一的关系，既各有特定的功能，不能互相代替，又共存一个系统，互为条件、互为联系，统一在培养目标上。理想的学校内部组织机构设置，应该是决策系统、执行系统、监督系统和反馈系统的有机组合。

　　决策系统是以校长主持的校务委员会为核心，按照民主集中制的组织原则，讨论并决定学校的重大问题，发挥集体决策的作用。但必须明确，校长在校务委员会中具有最后裁决的权力。校务委员会是决策的参谋，发挥智囊团的作用，协助校长工作，在一般情况下，校长按照民主集中制原则，综合多数人的正确意见作出决策，在意见分歧的情况下，校长有权作出裁决。学校的重大问题经校务委员会讨论决定后，校长必须贯彻执行，在执行中校长还有随机决断权。决断是决策在执行中，根据实际情况的发展变化而采取的断然措施，这是校长应具有的经常性重要职责，不能决断就不能管理。优柔寡断的人，不可能成为有效的管理者。这种决断，可以根据实际需要由校长随机决断，亦可以由校长召开行政会议讨论决断。

小学的规模大小和任务繁简悬殊较大，组建校务委员会有困难的小学可设校务工作小组。

执行系统是按照管理任务和内容的实际需要而组建的各种职能机构，并以权限划分等级层次而形成的职能系统。各级组织的职权有不同的覆盖面，上级指挥下级，下级服从上级，各司其职，使各项管理工作井然有序。一般来说小学内部管理分为三个层次，即上层（校长）、中层（各室）、基层（教研组、年级组）。这三级各有不同的管理职责范围，依据管理权限的划分，规定行政的隶属关系。实行严格的岗位责任制，以确保职能关系协调和工作效率。小学的规模大小和任务的繁简虽不同，内设机构的组建模式也有不同，但都应遵循一定的原则，使职、权、责、利有机地统一起来。

（一）职责与权限必须协调一致。既要明确规定每一级管理层次的职责范围，又要赋予相应的权力。有职无权会束缚管理人员的积极性、主动性，上推下拖，难以发挥职能机构的效能；有权无责会助长瞎指挥或滥用权力的官僚主义。

（二）决策与指挥必须统一。下级组织必须服从上级组织，而且只能接受一个上级组织的直接指令或指挥，不能有多头指挥。各级职能机构都要实行首脑负责制，正职领导副职，副职在分管范围内有职有权并对正职负责。在一般情况下，要按照管理层次逐级指挥，不可越级指挥，包揽下级的职权。

（三）上下级之间要有合理分工和分权。凡属经常化并已有常规处理措施的管理任务，应有相应的下级职能部门去处理，只有例外的特殊情况，才由校长亲自去处理。对于下级请示的重要问题，首先要看是否有自己主管，凡属其他副校长或主任管辖范围的问题，应令其直接请示主管。属于应由自己主管的事，应要求请示工作的同志同时提出处理意见，校长根据全局情况作出明确决断。这种上下级之间的分工与分权，有利于校长摆脱日常纷繁事务，可以集中精力处理全局性大事，做一些开创性的研究，同进也有利于调动下级的积极性、主动性、创造性，提高管理效能。

（四）责任制与奖惩制相结合。各职能机构都要实行责任制，接受上级和群众的考核和监督。工作有成绩的要表扬奖励，贻误工作的要追究责任，给予适当批评和处分，做到功过赏罚分明，绝不可干好干坏一个样。

监督系统是党支部领导下的教职工大会或代表大会的民主监督。校长要定期向教工大会或代表大会报告工作。教职工大会或代表会有权审议学校的重大问题，校长及其领导下的职能部门对教职工的议案必须认真严格处理。教职工大会或代表大会有权监督学校各级行政管理干部的工作，有权提出批评以至提出罢免的动议，校长要尊重教代会的意见，严肃认真地研究处理。此外，学校中的工会、共青团、少先队等群众组织也要发挥群众性的民主监督作用，校长要广泛听取各方意见和批评，要鼓励群众提合理化建议、自觉集中群众智慧，采取积极有效的措施，改进工作，使学校的管理处于最佳状态。

反馈系统在一般学校尚未建立或健全起来。要科学管理学校，迅速建立反馈性能的组织机构是非常必要的。有的同志主张以校务委员会作为咨询性的机构；有的同志主张由职能部门直接去调查研究；也有的同志提出最好由有经验的老干部和老教师组成督学之类的组织，来承担反馈性能机构的职能。这样，既可以客观地、真实地收集和了解执行情况，又有时间有能力来对反馈信息进行分析，提出研究和解决课题，供学校决策者参考。

从整体需要出发
组建小学领导班子

小学的领导集体一般是由校长、副校长、主任和党、团书记、工会主席、少先队大队辅导员等基本成员组成。不同规模的学校领导班子成员人数可以酌情增减。一般说来，规模在 10 个班以下的学校设校长、主任各一人，设兼职事务员一人；规模 10 个班至 20 个班的学校正副校长各一人，正副教导主任各一人，总务主任一人，少先队大队辅导员一人；规模超过 20 个班的学校可设正副校长三人，正副教导主任二至三人，教育科学研究室主任一人，总务主任一人，校办企业办公室主任一人，少先队大队辅导员一至二人。规模大小和任务繁简不同的学校在领导班子组成人数上可以有多有少，但在领导班子的结构上，都必须坚持合理的整体结构。过去调整配备领导班子往往重视领导班子成员的个体素质是否德才兼备，而忽视领导班子整体是否合理。因此，有些领导班子从成员的个体素质来看都符合要求，但组合在一起，结构极不合理，或是人才门类不全，缺乏领导学校某方面工作必需的人才；或是配备比例不全，不适应工作的需要；或是气质不协调矛盾丛生等，不能提高领导的整体效能，工作打不开新局面。要把具有不同智能的领导者配套成龙，组成结构合理的领导班子。群体结构是建立在合理的年龄结构、知识结构、专业结构和气质结构等基础之上的。只有这些结构合理了，才能有效地发挥领导班子的整体效能，实现 $1+1>2$ 的目的。

在年龄结构上，要形成以中青年为主的梯形结构。

现代生理科学和心理科学对年龄与智力的关系进行了有益的探讨。研究表明，人的智力的最佳年龄期是 18—49 岁。领导班子只有由这些年富力强，精力充沛的中青年组成，才能承担现代领导工作的繁重任务。为了适应教育改革逐步深化的要求，小学配备以中青年干部为主的梯形领导班子，实现年龄结构年轻化是非常必需的。梯形年龄结构是指领导班子要有不同的年龄段的成员组成。即：由"老马识途"的老年、"中流砥柱"的中年、"奋发有为"的青年构成一个具有合理比例的综合体。一般说来，年龄大一点的人阅历较多，经验丰富，老练持重；年轻的同志虽然经历较短，但接受新事物快，思维敏捷，年富力强，在领导班子中都是不可缺少的，可以互相学习，取长补短。年龄是一个动态结构，要经常注意选拔中青年干部进入领导班子，使其永远保持以中青年为主的梯形结构。

在知识结构上，应是具有一定文化科学基础知识的领导成员的合理组合。

领导工作的好坏，领导效能的高低，不是靠拼体力，而主要依靠智力。知识是智力结构的重要因素，领导现代化的教育改革的小学领导班子应具有相当的知识水平。知识就是指挥的力量，要下属和群众信服你的领导就得拥有知识。领导班子知识的拥有量，常常会影响到领导效能的好坏和工作的成败。一般来说，领导班子成员必须具有马列主义的基础理论知识，文化科学技术的基础知识与小学各科教学相关的基础知识，以及教育学、心理学、学校管理学等基础知识。具体到每个成员实际掌握知识可不尽相同，但领导班子必须有一个最佳知识结构。

提高领导班子的知识结构水平，不是单单看领导班子成员的学历，而主要看实际知识水平。学历只能代表一个人曾经接受教育训练的程度，并不能完全代表一个人的实际知识水平。科学研究告诉我们，现代社会，一个人的知识只有 10% 是正规学校教育给予的，90% 的知识是在以后的工作实践中获得的。因此在领导班子的知识结构上既要重视学历文凭，更要注意反映真才实学的实际知识水平。

在专业结构上，领导班子应由各类人员合理组成。

领导学校教育改革，不仅要求成员具有良好的思想政治素质和一定的文化程度，而且还必须具有与其职务相适应的专业知识，成为精通学校管理的内行。因为内行领导可以使领导者在自己的专业范围或相关的领域里有较多的发言权，能敏感地发现问题，提出问题，提高决策能力和管理效率。如让精通语文、数学等各科教学的人去领导管理教学；让热爱并熟悉少年儿童的人去领导管理学校的思想品德教育及少先队工作；让不图名、不图利、热心为教师服务的人去领导管理总务工作等等，对做好学校管理工作是十分有利的。如果领导者不熟悉本职专业，那只能进行一般"原则"领导，就无法实现一般号召与个别指导相结合。根据小学领导班子承担多种专业的任务，在组建领导班子时注意配备相应的专业人才是十分必要的。但具备某一方面专业知识的人不一定能成为一个优秀的领导班子成员，就像学术上的权威不等于领导管理的行家一样，一个优秀教师不一定能成为一个优秀的校长。因为校长不仅是一个教学的内行，而且还必须具有计划与决策、组织与指挥、控制与协调、用人与激励的知识和能力。教育学、心理学是校长的基础课，而学校管理学则是校长的主课，这也是所有学校领导班子成员必须具备的专业知识。所以在组建小学领导班子时不能片面强调各学科带头人的组合，必须也包括具有组织管理专业知识人才的合理搭配，使其成为具有综合业务领导能力的群体。

在智能结构上，要注意吸收具有不同类型智能的人参加领导班子。

智能是指人们运用知识的能力。主要包括自学能力、研究能力、思维能力、表达能力和组织能力等。领导班子成员应具有与工作职务相适应的智能。人的智能是各种各样的，既有类型的不同，又有水平的高低。一般说来，人的智能有再现型、发现型和创造型三种。再现型人才的特点是积累知识并能有效地再现；发现型人才能在前人经验的基础上使自己的实践有所前进、有所提高、有所发现；而科学理论上的重大突破和技术的重大发明则是创造型人才的功勋。人的智能还有水平高低、强弱之分。因此，在组建领导班子时，既要考虑到智能类型的合理搭配，又要考虑到智能水平的高低强弱的合理组合。如在一个领导班子里，既有富于远见又富于创见，善于分析综合，有决断魄力的主要领导者，又有沉着冷静、善于思考、出谋划策的智囊人才；既有善于宣传教育群众的"宣传鼓动家"，又有善于调动各种因素、组织各方力量的"组织家"，还有埋头苦干、带头实施决策的实干家。这个领导班子就是一个具有多种功能的、整体效能高的智能优化组合的领导班子。

在气质结构上，一个协调的气质结构是领导班子内部团结合作协调一致的重要条件。

人的气质是不同的。在心理学上一般分为多血质、胆汁质、粘液质和抑郁质四种类型。四种类型的人表现在性格脾气等方面各不相同。

多血质的特征是活泼型。主要表现为活泼好动，机智灵活，反应迅速，适应性强，亲切开朗、为人热情、情绪饱满、精力充沛。但感情肤浅不稳定，注意力容易转移，兴趣容易变换、富于幻想、行动轻率，缺乏耐心和毅力，不愿做艰苦难做的工作等。

胆汁质的特征是急躁型。主要表现性直率，情感深刻稳定，精力旺盛，工作积极热情，勇于进取，但脾气急躁、任性，情绪容易冲动，心境变换剧烈，有时刚愎自用，傲慢不恭。

粘液质的特征是胶滞型。平静稳重，善于克制忍让，注意力稳定，情绪坚毅持久，处事谨慎，办事严肃认真，但反应缓慢，缺少热情，个性固执，沉默寡言，情绪不易外露。

抑郁质的特征是稳重型。沉静深沉，体验深刻，感情细腻，办事稳妥可靠，处事审慎小心、观察敏锐，富于幻想，但孤僻多疑，多愁善感，缺乏自信，行动迟缓，经不起挫折，上进心不强。

以上四种气质特征的人，各有所长，各有所短。但是只要调配得当，扬长弃短，都能完成与其气质特征相适应的工作。在一个领导班子里，领导成员的气质往往既有急躁的，也有稳重的；既有反应敏捷的，也有深思熟虑的；有性格外向的，也有性格内向的。只有刚柔相济，急缓互补，扬长抑短，才能更好地协调一致，团结合作，有效地发挥领导班子的整体功能。

校长制订工作计划简论

　　制订学校工作计划，是校长工作的首要任务，也是校长应具备的一项基本功。近几年来，校长队伍中发生了一些新变化，有的同志感到制订学校工作计划有一定的难度，愿意多做点实际工作，不愿去深思熟虑地研究计划的制订。另一方面，由于校内外片面追求升学率的影响，往往计划制订好后，在实际工作中也难以全面落实，因此，有的校长感到制订了计划用处也不大，也就不在研究和制订计划上下功夫了。到底校长管学校，计划重要不重要，以及怎样才能制订一个目标明确、内容充实、措施具体的学校工作计划，需要进行一些研究和探讨。

　　我熟悉的一位老校长，他把每学年、每学期的工作计划都视为管好学校、建设好学校的一件大事。他说："计划是学校管理的基本活动，是管理工作的起始环节，是全过程的起点。一份符合实际的目标明确的工作计划，会使学校集体活动有'纲领'，各种机构、各类成员、各级管理者进行工作时'心中有蓝图'，会有效地正确地认识今天，把握明天的发展趋势，合理地使用现有人力、设备、时间、信息等资源，使学校工作获得最大的教育效益。"他认为，制订计划无固定模式，也不应该有一条死公式，可根据学校的实际情况而定，但对计划中目标的设置、内容的确定、措施的提出等，是需要认真对待的。

　　例如，他在设置计划中的目标时，在"吃透两头"（即：上头——方针政策，下头——学校实际）的情况下，根据三条原则（即：底子清、方向明和符合教育规律）提出了这样的要求：新学年，学校的各项工作要在原有基础上，进一步树立全面贯彻教育方针，面向全体学生的思想，经过广大师生的共同努力，使学校的教育、教学质量基本达到《大纲》的标准；体育卫生工作基本达到中央"两部一委"提出的《暂行规定》；在教学改革实验、开展课外活动等方面有个较大的突破。（这个学校基础较好，多年来在教育、教学质量方面都取得了较好成绩。在原基础上设置这样的目标是切合实际的，不过高，也不偏低，并且有号召力。当然，对基础条件差一些的学校在目标的设置上与其有所不同，那也是合情合理的，从实际出发的。）

又如，在确定计划中的内容上，他坚持了两条原则。一是要全面，二是要重点突出，不包罗万象。在加强和改善学生的思想品德教育工作方面，计划中提出：要以"五爱"和"五讲四美"为中心内容，结合《小学生守则》向学生进行社会公德和社会常识教育。把"三热爱"教育和道德品质教育贯穿于学校各项工作及各种活动之中。在搞好教学改革不断提高教学质量方面，计划中提出：搞好重点实验项目；改进教学方法与考试方法；开展好课外活动；进一步办好图书馆、仪器室，组织好报刊、图书阅览等。在加强体育卫生工作确保师生身心健康方面，计划中提出：要坚持"两课、两操、两活动"，做到时间、内容、场地、教师"四固定"；要改革体育课教学方法，成立业余体育训练队，组织开展多种竞赛活动；注意教学卫生，搞好环境卫生，建立师生健康卡片，贯彻以预防为主的原则。在搞好勤工俭学，做好总务后勤工作方面，计划中提出：总务后勤工作人员，要树立为教学服务的思想，兢兢业业地做好自己的本职工作。总之，他把以上四项工作作为学校工作计划的基本内容，既全面要求又重点突出。

再如，在计划的实施上，他提出了具体而又得力的措施，以加强和改善学生的思想品德教育工作为例，他提出了三条基本措施：一是以教师为主，实行全员负责；二是以教学为主，实行全面渗透；三是学校为主，使学校、家庭、社会协调一致。并要求切实抓好班主任工作、少先队活动和思想品德课教学三个环节。这样，就使学校思想品德教育落到了实处。

由于这位校长是依据教育理论，依据上级的方针政策和学校的实际而制订出的目标明确、内容充实、措施具体的计划，因此，这个计划也就成为组织和动员全校师生员工的行为"纲领"，保证了学校各类人员及各项工作有条不紊、秩序井然。实践也证明，这个计划在学校全面贯彻教育方针，促进学生德、智、体全面发展中起到了重要作用，使学校的教育教学质量在原有的基础上又有了新的提高。

从这位校长由重视计划工作，到具体制订计划，以及计划在学校工作中所发生的作用，我们或许可以从中得到启发。那么，学校校长制订工作计划应该遵循哪些基本要求呢？我认为主要是以下几点：

确立制订计划的正确指导思想

任何一个工作计划，都是为了指导工作实践，怎样才能使计划有效地指导工作实践呢？这就要求校长在制订工作计划时，首先要从思想上考虑四个问题。一是计划的方向性。一份好的计划，在总的方向上应该是对头的，符合社会主义办学原则。在工作目标上应是具体明确的，以对学校成员有鼓舞、激励作用。二是计划的科学性。计划的内容应该是实事求是，既不浮夸，也不保守，与前期工作连接，成为一种自然的延续和提高。三是计划的可行性。计划的措施不应该是空洞的条文，抽象的口号，而应该是有切实可行的办法和步骤，使其能付诸实施。四是计划的可检性。因为计划是要执行的，也是要被检查的。应该做什么，何时去做，做到什么程度，都应该有明确的规定。校长在制订计划之前，只有在思想上明确了这些问题，才有可能制订出一个正确指导工作实践的计划。

合理控制计划中的各个要素

校长在制订学校工作计划时，要对管理目标、工作项目、人力、物力及时间等基本要素进行合理的控制。第一，目标是计划的核心。但目标又是分系列、分层次的，在一所学校里，有总目标和具体目标之分，有长远目标和近期目标之别。在制订计划时，不仅要用总目标制约具体目标，同时，也要设置出具体目标来为总目标服务。比如，学校的总目标是培养德、智、体全面发展的人才，它要求人力、物力、财力以及时间安排上都要均衡，合理地服务于这一目标，不能把所有的力量和时间都用于文化课的学习上，德、智、体几个方面是相辅相成的，偏废哪一方面，都会影响总目标的实现。第二，合理安排工作。一个完整的学校工作计划，是由几个工作项目组成的。在这些项目中有主次、轻重、缓急之分，在安排计划时，不能只看到主、重、急，无视于次、轻、缓，也不能主次相混，轻重颠倒，缓急无别，眉须不分。要注意合理组合，科学安排。比如，计划内容要体现出以教学为主，不仅要建立教学指挥系统，组织教学工作的全过程，而且要抓住课堂教学这个主要环节，把教与学两者作为教学活动的不可分割的整体来认真研究并采取有效的措施，保证教学工作在学校总体工作中处于中心地位。同时，也要全面安排思想政治教育、体育卫生和总务后勤等工作，使整个计划体现出以教学为主，全面安排的原则。第三，要合理组织人力，用其所长，避其之短，充分发挥人的积极性。物资投放也要合理，根据需要与可能，增添设备，尽可能保证设备的完好率，提高设备的利用率。修旧利废，节约开支，创造最好的效益。第四，要科学地分配时间，把浪费时间的漏洞堵死。会议、学习、活动等都要在时间上给予固定，并努力提高时间使用的效率。

遵循计划工作的程序和步骤

一般说来，校长在制订工作计划时，是按照获得信息，分析依据，群众参与，反复讨论，多种方案比较研究，深思熟虑，果断决策的程序来进行的。要使计划制订得既有科学性，又有实践意义，还得研究具体方法、步骤以及要采取的控制措施。校长通常是分三个阶段来研究和制订学校工作计划的。

准备阶段。首先，理论上的准备。即学习教育理论，掌握教育规律。其次，政策上的准备，也就是"吃透上头"，即通过查阅文件，听取上级布置工作任务，获取来自上面的信息；与此同时还要组织教职工学习教育方针、教学计划、教学大纲等，以便统一认识，为制订工作计划打下良好的思想基础。第三，"吃透下头"，即收集校内的有关资料，调查学校的实际情况，掌握学校内部的信息，这样才能确切地掌握制订工作计划的各种依据，抓住关键，找出薄弱环节，明确主攻方向。

编制计划草案阶段。也就是在"吃透两头"的基础上，要实行群众参与，校长要引导群众充分讨论，各抒己见，要闻争则喜，不能搞各种形式的一言堂，也不宜过早去作结论。因为，在组织群众讨论时，发表的第一个意见，不一定是全面的意见，提出的第一个方案不一定是理想的方案，需要多种意见，多种方案比较研究，分析各种方案的利弊，吸收其长处，再经过"头脑加工厂"的加工整理，形成比较系统的方案。

最后一个阶段，是审定阶段。在工作计划没下达前，有些项目需经上级批准的，待批示后纳入计划，在万事俱备的条件下，由校长提请"教代会"审议批准生效。在传达贯彻计划的同时，要发动各部门依据学校工作计划，制订相应的工作计划，以保证学校工作计划的圆满实现。

实行校长负责制党支部
怎样发挥保证监督作用

校长负责制下，党支部如何发挥保证监督作用？我们做了一些尝试。

一、协助校长进行教育改革

学校领导体制改革后，校长拟定并组织实施了学校管理改革的试行意见、教学工作责任制以及一、二年级教学体系改革方案。党支部如何发挥保证监督作用？作为党支部书记，我连续开了支部委员会、全体党员会和申请入党的积极分子会，组织他们学习中央领导同志关于教育改革的有关指示，讨论学校的改革方案。这样，提高了教职工对教育改革的认识，明确了改革的目的。我又通过讲党课，教育党员和积极分子做改革的开拓者。实行校长负责制后，如何加强学校的民主管理，尊重教工的民主权利？我们专门召开了支委会进行研究。经过党、政、工会的共同努力、在认真准备的基础上，召开了学校第二届教工代表大会，正式通过了三个改革方案，较好地解决了实行校长负责制后加强民主管理的问题，使教育改革出现了新局面。

二、深入教学，做好思想政治教育工作

学校工作以教学为主，因此，思想政治教育也必须围绕教学活动进行。党支部书记要通过参加教学活动了解情况和发现问题，通过解决教师的思想问题和实际问题来推动教学工作。我给自己规定了三条制度：第一，坚持和教师一起参加政治和业务学习；第二，每天上午深入课堂听课，下午处理日常工作；第三，每周参加教研组的集体备课、专题研究和教学质量分析。在深入教学活动的过程中，我发现为数不少的青年教师有"走错了路（不该上师范）"、"进错了门（不该当小学教师）"，一心想跳出校门进机关的思想。为了帮助他们树立忠诚于人民教育事业的思想，经党支部研究，在学校行政的积极配合下，开展了四个教育活动。第一，收集、整理和学习有关国外教育事业的发展促进经济发展的资料，帮助青年教师提高了对教育战略地位的认识，增强他们的事业心。第二，采用"走出去，请进来"的办法，让青年教师与各行各业的英雄人物会面，教育他们干一行爱一行，懂得行行出状元的道理。第三，召开新老教师座谈会、拜师会，请老教师讲经验、提希望；让青年教师谈感想，讲体会。在此基础上，组织新老教师开展师徒帮教活动。第四，指导少先队开展为老教师"庆教龄"、"祝生日"的活动，歌颂教师这一崇高职业，赞美教师的"蜡烛"精神，激励青年教师终身从事教育事业。一位原来准备改行的青年教师，通过这些活动认识到，园丁是用汗水育苗的，教师则是用心血育人的。她决心一辈子献身于人民的教育事业，并在工作中取得了很大的成绩，被区团委命名为"新长征突击手"。

三、协调行政与群众组织之间的关系

党支部每次研究工会、共青团、少先队等群众组织的工作时，我都请党员校长列席支委员，使校长了解各群众组织在开展工作时，需要学校行政帮助解决哪些问题，便于行政领导统筹安排。另一方面，校长在召开校务会议时，也请群众组织负责人参加，让各方面同志充分发表意见，然后再做决定。这样，校务会议研究决定的工作，各群众组织都能主动、积极地配合。目前，学校出现了领导和群众团结一致，师生同心协力，锐意改革的新气象，教育质量有了明显提高。

校长怎样去做说服人的工作

　　有人认为，做说服人的工作似乎就是说空话，说大话，说假话。我以为这是一种误解。说服工作是我们开展思想政治工作的最基本手段，是我党教育团结广大人民群众的思想武器。一校之长，要把党的路线、方针、政策贯彻于群众之中；把自己的见解变为合作者的意见，变为教职员工的想法，并转化为现实的做法，就必须采用说服的方法，去做说服人的工作。当前，在我们的实际工作中，值得注意的是：有人违背人的思想活动规律，用行政命令代替思想政治工作；用压服的方法代替说服的方法。还有的人则只强调物质刺激，而把说服人的思想疏导、沟通、激励的工作看成可有可无，甚至说什么"磨破嘴皮，不如一张人民币管事"。显然，这种认识是不正确的，片面的。那么，作为一位校长，怎样遵循人的思想活动规律，正确地去做说服人的工作呢？我在实践中感到：

　　一、报告，要讲道理

　　校长常常要给教职工和学生讲话、作报告。这是做说服人工作的一种重要形式。但同样一个报告，不同的校长去讲就会有完全不同的效果。就同一个校长来说，是只管传达、照本宣科、知其然而不知其所以然式、留声机式地去讲，还是密切结合实际情况，掌握群众心理，理论联系实际，充分说理地去讲呢？其效果也截然不一样。有些人患得患失，胆子变小了，大会、小会怕讲错话，当了校长后，讲话常常是念稿背稿，照本宣科。结果，一份讲稿把校长与群众隔开了。但也有不少校长注意到讲话、报告要尽量生动地、感人地把道理讲明白、讲清楚，晓之以理、激之以情。为了做到这一点，从自己的切身经验中，我感到需要在方法上注意到以下三条，即：第一，凤头，就是开头一定要搞好。可以开头先讲个与讲话报告内容有关的故事，或者先拿一本书或一张画来吸引大家，用提问的方法，引起大家思考。有时还可以用名人诗句、格言或本地区本单位发生的事例来开头。第二，象身，就是中间内容一定要充实。不仅要让大家知道什么事，怎样做，什么问题怎样解决，而且要让大家懂得为什么这样做的道理。要努力做到观点明，论据实，说理透，有一定的深度、浓度和高度。第三，豹尾，就是结尾要有力量，要鼓士气，提希望，指方向，明措施，号召大家为新的目标而奋斗。

二、谈话，要讲艺术

现代脑科学研究表明：人们大脑思维反应要比人们讲话的速度快四至五倍。讲话速度太慢，人们的注意力就容易分散，开了小差。但速度也不能太快，像机关枪一样。所以，校长在给教师谈话时，既要考虑到不同对象的特点，又要注意方式方法的不同。我在实践中体会到：第一，领导找教师谈话时，首先要细心，耐心地听对方讲话。如果似听非听，爱理不理，东张西望，就容易伤害谈话者的自尊心，产生不愿再讲下去的思想，自己也了解不到对方的真实思想和要反映的关键性的问题，说服工作也就无的放矢。第二，对谈话者讲得好的地方要点头、赞赏，或者通过简短的插话给予鼓励。发现谈话者思想有顾虑时，可以通过提问来启发对方在轻松的气氛中把话说完。在谈话者口出逆耳之言时，也不要轻易流露出皱眉头、晃脑袋等不满情绪。否则，对方一看见就会把腹中真言吞下去。特别要切忌过早下结论，谈话如放机关枪，滔滔不绝、指指点点，说这个对，那个错，这样做不仅可能使谈话者不好再说下去或顺着领导的话去说，拣好听的说，而且由于方法不对头，达不到谈话的应有效果。

三、批评，要讲方式

校长真正爱护自己的同事和下级，也应该有诚恳的批评帮助。教职工一般也是乐意接受校长的正确批评的。批评能不能得到预期的目的，关键是诚恳的与人为善的态度和批评的方法方式的多样性与分寸感。我在做批评工作时，注意了这样几点：第一，批评要正确及时。这样被批评者会认为校长在帮助他。否则，拖了一段时间再去批评他，对方就会感到校长好记账，好算账，容易怒火中烧。第二，一般不在大家面前点名批评教师或职工，也不能在背后议论他们，而采取个别当面批评，帮助他认识缺点。第三，批评缺点要开诚布公，开场白不要太多，否则对方会怀疑你不诚心，有戒心。第四，批评要就事论理，掌握分寸。不要算老账，不要倾盆大雨，不要无限上纲，否则会造成压力，甚至使对方思想感到委屈，产生顶牛的现象。第五，一旦发现对方在考虑别人的批评意见时，就不要再提了。也不要指望对方总是接受批评，一旦不接受时，校长要耐心等待，要有宽容精神。

校长掌握并正确运用说服教育人的方法，是团结教职工形成集体合力，做好学校各项工作的重要措施之一，也是一位校长应具有的基本功。实践体会到，校长要做好说服人的工作，必须有较为渊博的知识，才能和不同身份、年龄、性格的人真诚相处，交谈投机；必须有较好的口头语言表达能力，才能在与同志交谈时做到：语言清晰、感情充沛、以言激情；必须有良好的心理品质，才能把自己看成群众中的一员，有事同群众商量，不训人，不摆架子，倾听群众的意见；必须言传身教，率先垂范，才能得到群众的敬仰、信任，真正成为群众心目中的"知音"。

中小学党员教师形象之管见

在社会主义的初级阶段，教育已成为经济发展战略中的突出问题。科技的发展，经济的振兴，乃至整个社会的进步，都取决于劳动者素质的提高和大量合格人才的培养。百年大计，教育为本。那么身居教育战线的中小学党员教师，应该怎样在科学育人的过程中充分发挥先锋模范作用、塑造党员的光辉形象呢？我认为这是当前学校党的建设上很值得研究探讨的一个问题。本文想就此浅谈管见。

一、献身教育，甘为人梯

共产党员应具有共产主义信念与实践相统一的优良品质。党员教师这种品质应该体现在献身教育、甘为人梯上来。

教师，被人们称为"人类灵魂的工程师"，他所从事的事业是崇高的。他抱着牺牲精神为下一代服务，唯一的希望是把千千万万的孩子培养成有理想、有道德、有文化、有纪律的一代新人。党员教师是教师队伍中的先锋，处在骨干地位，起着中坚的作用，更应该像蜡烛一样为了照亮学生不惜消耗自己；更应该像渡船一样，把一批批人才送向彼岸，自己仍留在原地；更应该像人梯一样，心甘情愿做人梯的最初几级。因为这"蜡烛"、"渡船"、"人梯"就是党员教师的光辉形象。在我国广大中小学里，确实有这样一批老党员，他们把青春毫无保留地献给了基础教育，直到两鬓如霜甚至白发苍苍仍然默默无闻地坚持在教学第一线上，他们每每看到自己培养的一批批学生在祖国的各个岗位上发挥着重要的作用，就感到非常自豪和光荣。每当接到早年学生的来信或来访的时候，当看到当年淘气的孩子变成了为国效力的有用人才的时候，他们就感到莫大的欣慰。这种献身教育、甘为人梯的信念，这种忠诚党的教育事业、甘当无名英雄的品格，这种向社会贡献大、索取少的精神，是应该受到全党、全社会的尊敬和爱戴的。然而，在今天的社会里，仍然有人看不起教师，甚至侮辱打骂教师。这种现象党和政府应当引起重视。另一方面，广大教师也应该自尊自爱，认识自己工作的意义，以高度的事业心和责任感，全心全意地做好本职工作。

二、热爱学生，诲人不倦

教师的一切工作集中到一点，就是科学育人。教育是面向未来的事业，未来的社会要求各级各类学校培养的人才都应该有理想、有道德、有文化、有纪律，热爱社会主义祖国和社会主义事业，具有为国家富强和人民富裕而艰苦奋斗的献身精神，都应该不断追求新知，具有实事求是、独立思考、勇于创造的科学精神。教师对教育事业的忠诚，应该通过热爱学生、教书育人体现出来。因此，热爱学生是教师的天职和美德，是教师做好本职工作的基础和条件，同时也是教师最基本的行为准则。

党员教师应该是热爱学生的楷模，把自己全部心血倾注在学生身上，真正做到科学育人，诲人不倦。

要让学生晓之以理。教师要坚持正面教育，进行充分说理，不仅让学生知道是什么，还应让学生知道为什么、怎么样等。比如，我们正处在社会主义初级阶段的改革开放时期，社会上的政治信息、经济信息、文化信息以及人际关系、生活方式等通过不同渠道传播给学生。在这些信息中，对学生来说有积极的、健康的，也有消极的、不利于学生健康成长的。有的教师和家长怕孩子受社会不良风气的影响，采取"防"、"堵"、"关"、"闭"，想把孩子与世隔绝，其实这种想法和做法是行不通的。教师应该因势利导，指导学生接触社会，学会收集信息、分析信息和正确处理信息，让学生在实践中明是非、辨真假、识荣辱、分善恶，进而提高思想认识，形成高尚的道德观念。

要对学生动之以情。社会主义行为科学研究证明，人们在交往中，任何一方的言行都在影响着对方的心理与行为。但由于各人所具有的刺激量不同，给对方造成的心理与行为的影响也就不同。刺激量小的往往服从刺激量大的，其行为就明显地表现为接受对方的影响。教师在学生中处于主导地位，特别是小学教师，在孩子心目中占有独特的地位。教师只要对学生动之以情，马上就会换来孩子的尊敬和热爱。教师如果经常用正面的影响来激发学生的感情，学生就会逐步形成高尚思想品质。在我们的实际工作中，不少党员教师把爱生当成自己的天职，把爱生视为职业道德的核心，把爱生作为对党对社会主义事业忠诚的具体体现。把所教的学生当成儿女手足，在思想上、学习上、劳动上、生活上进行无微不至的教育和关怀。如对失去父母的将其收养；对身体上有缺陷的背送上学；对学习有困难的，精心辅导；对品质不良的，不是批评训斥，而是从他身上找"闪光点"，进行"偏爱"；把情与理、严与爱、疏导与防堵结合起来，使全体学生都得到了发展。

要对学生导之以行。人一生的基本的行为习惯，多系在中小学阶段打下的基础。从小养成的良好行为习惯将使人终生受益。党员教师对学生的爱也要体现在导行上。有的党员教师为了从小培养学生的勤奋学习、热爱劳动、文明礼貌、健康生活等行为习惯，根据《小学生守则》的精神，向学生提出了字少、句短、押韵、易记的要求，如"八十字学风"、"二十七个字的礼貌用语"、"十个尊称"和"每天做到八件事"等。为了使这些高尚道德要求转化为相应的行为习惯，他们又通过开展"队礼领先"、"值日中队"、"文明礼貌督促岗"、"责任区服务"等实践活动，实现了知与行的统一，收到了很好的效果。

三、教书育人，循循善诱

古话说："学然后知不足，教然后知困。"教师要给学生一杯水，自己就得储存一桶水、甚至一缸水，有的提出要"长流水"。作为一个党员教师必须勤学博采，不断提高自己的政治素质、文化素质和业务素质，教到老学到老，并要孜孜不倦地吸收新知识来充实和提高自己。教书是一种事业，又是一门艺术，不是任何人都能随便从事的职业。教师要教好学生，第一，必须诲人不倦。即对教学工作勤勉、认真、其意殷殷，其言谆谆，乐此不倦。备课马马虎虎，讲课敷衍了事，批改作业丢三落四等等都是对学生不负责的态度。第二，必须循循善诱。即教态和善，暖如春风，不厌其烦。用心辅导，以情激情，师生之间平心静气地讨论、分析、解答问题，使学生心领神会。第三，必须因材施教。即对不同的教育对象采取不同的教育方法，使学习好的"吃得饱"，学习中等的"吃得好"，学习差的"消化得了"，特别是对品学后进生，要抱着即使是一块石头也要把他暖热的决心，使其在原有基础上尽快提高。第四，必须勇于创新，即随着时代的发展、教育对象的变化、教育内容的更新，教师必须富于创造精神和创新意识，墨守成规，抱着祖传"丸散丹膏"不放，教育改革是不会有出息的。

教师应该认真负责地向学生传授知识和技能，培养能力，发展智力，使学生真正学到为人民服务的本领。但是，这还不够，党员教师必须是既教书又育人，现在有的学校里存在着重智育、轻德育、忽视体、音、美，不抓劳动教育，一味片面追求升学率的倾向。党员教师要全面贯彻党的教育方针，做带头克服片面追求升学率的模范。

四、率先垂范，为人师表

教师本身的榜样作用是非常重要的。他的思想、行为、作风和品质，每时每刻都在感染、熏陶和影响着学生。教师应该是一个具有高尚道德和良好行为习惯的人，教师要得到学生最真诚的敬仰和爱戴，不是靠职业的权威、考试的牵制，而是靠自己崇高的情操、丰富的智慧、严谨的工作，靠一颗永远忠诚于教育事业的心。少年儿童模仿性强，可塑性大，教师必须具备一些共同的必要的美德。如实事求是，办事公道，知错必改，一丝不苟，理解学生，宽大为怀，文明礼貌，热情待人，举止文雅，朴素大方等。另外，教师要求学生做到的自己带头做到，要求学生不做的自己首先不做。要时时处处想到自己是人民教师，是建设精神文明的表率。我们学校党支部在"为人师表"活动中向党员教师提出了"五要五不要"做到"三个一"的要求。即：要面向全体学生，不要只抓少数尖子；要全面关心学生成长，不要重智育、轻德育、忽视体美劳；要亲近尊重学生，不要用简单粗暴的态度责罚学生；

要多做调查研究，不要武断处理问题；要既做学生的老师，又做学生的朋友，不要孤立讽刺后进学生；要努力做到与一个后进学生交朋友；调查分析一个学生的发展变化规律；每月给学生办一件好事。有的党员教师在这个教育活动中对自己提出了"三同六带头"的要求，即：与学生同受教育，同参加劳动，同上操做游戏；带头尊老爱幼，带头不讲粗话、带头遵纪守法，带头爱护公物，带头值日扫地，带头做自我批评，并在工作中努力实践。如有位党员教师，父亲患脑出血不省人事，病危住进医院，领导先后三次批准她到医院护理老人，但她总是说：学生快毕业啦，请假会给同志们加重负担。她两个多月没请一次假，没耽误学生一节课。父亲病故后，她又患上胆结石，多次疼痛难忍晕倒在讲台上，也不忍心耽误学生一节课。她这种公而忘私的精神熏陶和感染着班里的每个学生。有个学生感冒发烧到39℃，家长不让她再到校上课，但她对妈妈说："我们的老师晕倒在讲台上醒来还继续给我们讲课，我怎能不到校上课呢？"这位教师的率先垂范、为人师表的具体实践，的确给我们塑造出了一个中小学党员教师的光辉形象。

正确激励　合理用人

我校有 40 个教学班，2200 余名学生，124 名教职工，具有高级职称的 2 人，中级职称的 20 人，初级职称的 91 人，是一所规模较大、人员较多，教师素质较高的省市重点小学。改革开放以来，抓住人的管理这个核心，采用提高、参与、满足、激励等方法，使教师的聪明才智得到了较好发挥，学校教育质量稳步提高，先后被国家教委、团中央、省委、省政府授予"德育先进校"、"教育先进单位"、"文明学校"等十多个光荣称号。成绩的取得虽系多种因素，但正确激励合理用人是重要的一环。

一、加强思想教育和业务培训，提高教书育人的能力

教师是从事培育性工作的知识分子，被人称为"蜡烛"、"人梯"、"园丁"、"铺路石"。教师要无愧于这些美好的赞誉，必须具有坚定的政治觉悟、过硬的业务本领。多年来，学校为培养一支思想好业务精能力强的教师队伍，把加强思想教育和业务培训，作为一项根本性工作来抓。

1. 思想教育：注重特点、讲究实效

思想教育是启迪人心灵的一项工作，只有因人施教，辨证施治才能扣动人心，收到良好的效果。教师长期从事着复杂的创造性的劳动，养成了善于动脑的习惯，形成了重科学、不盲从、服理、不服势的心理特点。我校针对教师这些特点开展思想教育工作，收到了良好效果。

——摆事实晓以理。前些年思想政治工作受冷落，社会上一些人实惠观

念极度升温，利己主义恶性膨胀，出现了一切向钱看的思潮。一些教师也受其影响，认为当教师工资低，既辛苦又没有前途。个别青年教师后悔"走错了路"，"进错了门"，产生了改行的念头，教学工作受到了一定影响。对此，学校没有去给教师大讲一通政治道理 A、B、C，而是采取：①搜集国内外有关教育事业的发展促进经济进步的资料，使教师懂得教育在经济建设中的重要地位和作用。②宣讲各行各业的先进人物干一行爱一行的事迹，使教师懂得行行出状元的道理。③组织教师座谈，联系学校和教师实际算账对比，使教师亲身感受到改革以来，教师社会地位、生活待遇所发生的显著变化。这些科学的数字和客观现实，使教师们对教育工作有了新的认识，看到了前途，看到了希望，感到教师肩负重任。原来一些想调离的青年教师打消了改行的念头，坚定了事业心，增强了使命感。为搞好工作，主动拜老教师为师虚心请教，很快胜任了教学工作，有的已成为教学上的骨干，有的向党支部递交了入党申请书。

——树典型导其行。榜样的力量是无穷的。几年来，学校在组织教师开展向雷锋、焦裕禄等光辉榜样学习的同时，从本校教师身边树立了使大家看得见、学得着、赶得上的方方面面的典型。如在教师中树立了模范遵守学校规章制度、刻苦钻研业务、全面关心学生成长等十个方面的典型，大力宣扬他们的典型事迹，使大家学有榜样、赶有目标，形成了照着榜样学、比着榜样干的可喜局面。如老教师杨兰芬，年过半百，患有多种疾病，家离学校远，又不会骑车，但她数十年如一日，不论盛夏寒冬，每天都是七点半以前到校辅导学生，学校就把杨老师树为模范遵守学校规章制度的典型，在全校宣传她的事迹。这样一来，原来一些经常迟到、早退的同志和杨老师相比自感惭愧。有的青年教师就说："杨老师那么大年纪，身体又不好，还能提前到校，我们还有什么理由迟到早退呢！"

——送温暖动其情。我校思想教育工作都是实实在在掷地有声的，既从大处着眼，又从小处着手。关心教师生活，为教师办实事办好事。教师病了前去看望，家里有了不幸的事前去慰问，尽可能把党的温暖送到教师的心坎上，来调动教师的工作积极性。

2. 业务培训：因人而异、形式多样

作为一个合格的教师不仅要有为教育事业献身的热情，还要有丰富的科学文化知识，掌握育人的科学方法。常言说，只有报国之心，而无报国之才也属枉然。学校坚持因人而异，采用多种途径不断提高教师的业务水平。

——大兴学习研究风。几年来，学校狠抓了教师的教育理论的学习和教学研究活动。为教师购买了大量教育理论书籍，订阅大量的教育杂志，搞好图书阅览室的建设与管理，为教师创造良好的学习条件和环境。建立了学习卡片，集体备课制度。积极引导教师开展教学研究和改革试验，每学期都举行轮流试教课、评选优质课和优化课堂教学过程的示范课活动。学校还成立了教科研究室和教改成果评审小组等机构。目前已初步形成了运用教育理论、指导教改实验的良好风气，有的教师开始探讨"方法好、负担轻、质量高的新路子"。

——因人而异，全员提高。教师的业务水平是参差不齐的。在提高教师业务水平时不搞横排齐步走，而是从教师队伍的实际出发因人而异，分别要求，全员提高。对新参加工作的教师重点是帮助他们熟悉所教学科的教材，尽快使之胜任教学工作；对胜任了教学工作，但教学法平淡没有特色的教师则要求其加强学习教育理论研究教学艺术，以期成为教学骨干；对已成为教学骨干的教师则重点帮助他们进行专题研究，使之尽快成为教学法专家；对理论水平较高，实践经验丰富的教师则要求他们理论与实践结合得到升华，出经验出成果，成为学者型教师。这样实行层次管理，使教师在不同层次上都得到提高，不断迈上一个个新的台阶，从而使教师的整体素质得到了提高。

——形式多样，诸道成才。在提高教师业务水平的途径上，我们采用了多种形式。一是鼓励青年教师参加函授、电大学习，学校在经费、时间上给予支持。二是选送有培养前途的教师到大专院校学习深造。三是举办青年教师业务学习班，新老教师订立师徒合同，青年教师结成互帮对子。四是组织教师到外地取经，请名师到校指点等。通过几年的努力，现40多名教师参加了不同形式的进修，20多名教师已经毕业。向河南大学、北京师范大学、安阳师专、中央教育行政学院等高等院校选送了 10 多名领导和教师。有 9 名已毕业返校，成为学科带头人。原来只有 5 名教师能对外承担公开课，现增加到 30 多名，原来学校很少有人动笔写论文，现有 30 多名教师的近百篇经验论文在全国和省市各级报刊上发表，学校已汇编了 6 本《教学经验论文选编》。

二、让教师参与学校管理，增强主人翁责任感

行为管理科学认为："参与"就是让集体的所有成员参加集体目标的制订，使其认定自己是集体的一分子，乐意接受实现集体目标的任务，并在执行中分担责任，表现出主人翁的精神风貌。让教师参与学校管理，把学校的兴衰与自己的荣辱紧紧地联系在一起。

——参与决策。学校遇到重大问题主动和群众商量，广泛征求教师的意见。这样不仅使决策建立在切实可行的基础上，更重要的是增强教职员工的民主意识和主人翁责任感。为此，学校疏通渠道，畅开言路，设立了校长信箱，定期召开教师座谈会，设立合理化建议奖等，发动教师献计献策，集思广益共同搞好学校工作。如我们学校制订办学目标时，经过广泛征求大家的意见，并经过充分的讨论，最后确定了办学目标是："全面贯彻党的方针的先进校、整体改革的实验校、科学管理的示范校、社会主义的文明校。"近几年来，全校教职工为实现这一目标而努力奋斗，形成了求实创新、科学拼搏、争创一流的"大道人精神"。又如学校在制订《教学质量管理目标》、《奖惩规定》、《请假制度》时都是先印出征求意见稿，让教职工充分酝酿讨论发表意见。教师们提出了许多宝贵的意见，为后来的正式实行起到了重要作用。

——参与管理。决策需要教师，管理更要依靠教师。学校设法创造条件和机会，让教师参与学校的管理，使之进入管理者的角色更好地发挥教师的主人作用。学校民主管理的最基本的形式是教代会，我们坚持定期召开教工大会，重大问题提交教工大会审议。千斤重担人人挑，个个头上有指标。每学年初由全体教师参加讨论制定工作目标，然后按照分工负责的原则进行目标分解，这样每个教师的心里装着大目标，想方设法努力完成自己的工作任务。对中层以上领导干部实行民主评议，让教师行使主人权利。每学年末，中层以上领导干部向全体教师作述职报告，总结一年来的工作情况，接收群众的监督评议。对工作不称职的，教师可请校长解聘。另外，还根据教师的个性特长和优势广泛吸收教师到学校团支部、工会、妇女等群体组织中任职，参加学校德育领导小组、教科研小组、学科评课小组、职称评定小组等，由要教师干变为教师要干，充分发挥了教师的主动性、积极性和创造性。

三、创造条件满足合理需要，调动教师的主观能动性

人的行为一般是由动机支配的，而动机是由利益、愿望等需要决定的。人的需要分为生理需要、安全需要、文化社交需要、自尊和自我实现的需要。这些需要按性质可区分为精神需要和物质需要。教师的精神需要相对于物质需要较为崇高。但教师也绝非超人，衣食住行等种种物质条件也是不可缺少的。因此，我们对教师的满足坚持了精神满足与物质满足相结合，并以精神满足为主的原则。我们注意分析每个教师在不同时期产生的不同需要，不仅熟悉教师的思想感情，揣摩教师的心理特征，而且摸准教师的思想脉搏，只要是不违背社会利益、集体利益、他人利益，有利于激发教师工作积极性的，就创造条件尽可能地予以满足。

——精神上的满足。对积极要求上进的教师就吸收他参加党课学习、举办学习班，讲授党的基本知识和怎样写入党申请书、怎样向党组织汇报思想等知识。凡是向党支部递交了入党申请书的，学校党支部就责成党员同志具体地帮助培养、结成帮带对子，经常和他谈理想、提希望，并在业务上指导。对那些要求迫切而又写了入党申请书、工作业绩突出、已基本具备党员条件的就及时确定为发展对象，对其进行全面考察、重点培养、及时发展。近几年来学校发展党员 40 多名，占教师总数的 30％以上，他们在学校工作中发挥了先锋模范作用。对政绩突出又具备领导素质的教师，主动提请主管部门考察提拔，使其发挥更大的作用。我们先后从教师中提拔了 20 多名教师，充实到了各级领导岗位。对在教育教学、管理服务等方面做出显著成绩的，除推荐受到校级以上各级各类表彰外，学校还授予"教改新秀"、"优秀教师"、"模范班主任"、"优秀教育工作者"等荣誉称号，并进行大力表彰。几年来学校 50 多名教师受到了上级的表彰，三分之二的教师受到了校级的表彰。对业务过硬，有专长的教师，校领导尊重他们的知识，尊重他们的才能，推荐参加各种不同层次的学术团体，现已有 10 名教师参加了区市省和全国的小学语文、数学、思想品德、学校管理等学术团体，有的并在其中担任主要职务，从而使他们有了施展才华的天地。

——物质上的满足。教师的衣食住行等物质需要往往不是为了享受，而是为了节省时间、精力，保证身心的健康，更好地工作、学习、实现人生的价值和追求。我们坚持了在做好教师思想工作的基础上在学校条件许可的情况下尽可能为教师办些实事。一时办不到的就向教师把情况讲明，把问题说透，征得教师的理解。为满足教师教学改革、学习教育理论的需要，购买了教学参考书籍、业务杂志、教学实验仪器、电教设备等，努力搞好教师的福利待遇，解决教师的住房和教师子女入托、上学、就业等问题，解除教师的后顾之忧。教师没想到的领导想到了，教师想到的领导已着手去办了。学校老教师刘玉秀的女儿当了近一年的代课教师，已到结婚年龄了还没有转正，全家人为此都非常着急，经校长多次找有关部门，问题终于解决了。校领导的关心，使刘老师深受感动。她虽已办理了退休手续，但仍舍不得离开这个集体，继续为教育事业发挥余热，她负责的仪器管理工作，连年被评为区市先进。

四、两只眼睛看人，用人之长，补人之短

教师热情高、干劲大是办好学校的前提。合理用人使每个教师人事相宜、人尽其才、才尽其用，则是教师管理工作的归宿。否则乱点鸳鸯谱，让李逵去绣花，黛玉去打仗，只能事与愿违，不但不能使教师的工作积极性和聪明才智得到发挥，而且还会使教师的工作热情受到打击，挫伤教师的工作积极性。因此，我们在识人用人上坚持两只眼看人，用人之长，补人之短。在识人上全面考察教师，了解每个教师的长处和短处，优点和缺点，特别是善于发现每个教师的优势。张老师有何爱好，李老师喜欢什么工作，王老师有何善长，校长心里有本账。常言说："人无完人，金无足赤。"对教师的短处正确看待，不求全责备，要扬其长避其短，并使之在扬长的过程中短处得到弥补。在用人上把着眼点放在人的长处上，给其安排最能发挥长处的岗位。如学校有位教师，具有良好的心理素质，对工作任劳任怨，非常适合做后勤服务工作，学校就把她从教学第一线调到后勤服务处做保管工作，结果做出了突出成绩。还有一名教师刚分到学校时安排她教语文课，后来在学校组织的文娱活动中，发现她很有艺术才华，就调她担任学前班的音乐、美术教师，她的优势得到了最佳发挥。她辅导学前班小朋友画的作品有的送往国外展出。

毛泽东同志在论十大关系中指出："一切物资因素只有通过人的因素，才能加以开发和利用。"学校领导者在全部管理活动中要把研究人的管理放在首位并通过对人的组织、激励、指挥、协调而实现对财、物、事件的科学管理。

要成为教师的知音

校长要把党的路线、方针、政策贯彻于群众之中，把自己的见解变成合作者共同的意见，并付诸实施，这光靠行政命令不行。校长必须同老师交朋友，做他们的"知音"。校长怎样才能成为群众的"知音"呢？我在多年的工作实践中体会到——

要虚心听取不同意见。教师在给领导提意见时，领导首先要认真、耐心地让对方把话讲完，只有全面了解情况，才能找到解决问题的最好办法。

有一次，一个教师找我谈话，意见提得非常尖锐："人家的学校都在拼命抓升学率，我们却在抓思想品德教育的系列化、经常化、制度化，我看领导有点不务正业……"当时我思想上真有点接受不了，但冷静一想，这种思想也说明了我工作中存在的问题，对办学的指导思想宣传阐述不够。于是我在调查了解情况的基础上，针对普遍存在的重智育、轻德育和体育的现象，从理论与实际的结合上阐述了德育在学校的地位和作用，分析了那种"老办法不能用，硬办法不敢用，软办法不顶用，新办法不会用"等畏难情绪产生的原因，提出了寓德育于各科教学之中，于各种活动之中，于教师的言传身教之中。这样，既统一了大家的思想，又充分调动了大家的积极性。

校长尊重教师是非常重要的。例如，老师在同校长谈话时，校长似听非听，爱理不理就容易伤害谈话者的自尊心，产生不愿再讲下去的思想，自己也就了解不到对方的真实思想和要反映的关键性问题，说服工作也就无的放矢。在这方面我是有过教训的。有一次，我正忙着写材料，一位教师找我谈话。我一面写，一面让她讲。这位教师看我心不在焉，站起来走了。当我察觉到自己的过失时，喊也喊不回来了。后来一位同志对我说，她回到办公室就哭了，并说以后再也不找领导谈话了。晚上我立刻到她家去，她气还没消呢。当解释清楚后，她对我说："昨天，我对我校青年教师的培养提高问题有点建议：近几年来，我校充实的都是中师毕业生的尖子。我想，从长远考虑，应把青年推到第一线，让他们挑重担，使他们长才干，这样我们学校才有后劲。我不知这样的想法对不对，想找您谈谈，但看到您似听非听的，我也就不想再讲下去了。"这件事对我触动很大，认识到作为一个校长，必须认真、虚心听取同志们的意见，经常不断地分析新情况，解决新问题。在倾听同志们的意见时，听到好的意见时要点头、赞赏，或者通过简短的插话给以鼓励；发现谈者思想有顾虑时，可以通过提问来启发对方在轻松的气氛中把话说完；在谈话者口出逆耳之言时，也不要皱眉头、晃脑袋，流露出不满情绪，否则，对方一看见就会把嘴边真言吞下去；要切忌过早地下结论，说这个对，那个错，不然谈话者就会顺着领导的意思，净拣好听的说。

批评要讲方式。校长真正爱护自己的同事和下级，也应该诚恳地予以批评帮助，但批评要注意方式方法。

有一次，两位教师之间发生了矛盾，找我论理。她们各说各的理，互相争论不休，我听了一会，感到她们的观点都有片面性，但怎样才能使她们怒火平息呢？我打算从"情"与"理"两个方面说服她们，于是便开口了："张老师，王老师，你俩平日相处和睦，今日何必怒火中烧呢？来到我办公室总该消消气吧。"说着，我有意将两把椅子分别放在我左右两旁，让她俩坐下。我顺手拿起一个茶杯，开始借物论理："你们现在坐的位置，一个只能看到杯上的花，一个只能看到杯上的字（两面不同的图案），如果就此争论，你说杯上图案是'花'，她说杯上图案是'字'，都有一定道理。但我把手中的杯一转，你们就不那样说了，并且自己也会感到第一次的结论是片面的，不正确的。两个人之间发生的矛盾也往往存在这种现象，你们如果都替对方想想就会感到自己的理也就不那么充分了，气也就消了。"我的话刚说完，她俩几乎同时说："姚校长，你真会说服教育人，您的批评我们一辈子也忘不了。"

"单兵教练"

有一次，我听了一位四年级教师的思想品德课，讲题是《艰苦奋斗是革命的传家宝》。这位教师板书课题并略加解释后，就让学生默读课文并借用字典学习生词，然后出示小黑板，提示学生分段归纳段意和中心思想，临下课时又给学生布置了两道思考题。这节课显然是把思想品德课上成语文课了。接着，我又听了其他几位教师的思想品德课，发现也存在类似的问题。为什么会出现这种情况呢？原来，这位教师刚刚由任教语文课改为任教思想品德课。看来，她还没有跨进这一陌生课程的门槛。

作为校长，我有责任带领教师登堂入室，掌握思想品德课的教法。于是我用三天时间翻阅了各册思想品德教材，并重新学习了《小学思想品德课教学大纲》，感到抓思想品德课必须从研究这门课的类型结构入手，帮助教师掌握这门课的教学规律。

于是，我决定采取以点带面，先从"单兵教练"入手，重点和这位思想品德课教师一起研究不同课型的课堂结构问题。在做法上，我请她把全册教材按这样的要求先分类：哪些课文是通过传授道德知识从而指导行为习惯的（把这样的课型叫传授型）；哪些课文是通过训练行为习惯进而深化道德认识的（把这样的课型叫做实践型）。然后我帮助她分析两类课型的不同特征，并着重研究传授型的课应明确讲清"是什么"（明确道德概念）、"为什么"（讲清道理）和"怎样做"（提出行为要求）。在此基础上，我请她在实践中摸索不同课型的课堂结构最优化问题。

经过一段实践，我又去听她的课。这回发现教师思路清晰，学生思维活跃，师生心理沟通，课堂上情理交融，教师基本上做到晓之以理，激之以情，导之以行。课后，我和她一起总结传授型课和实践型课的不同结构。经过充分交换意见，我们认为传授型的课堂结构一般为：从复习已有知识中引出新课题；根据本课教学目的集中讲好故事；用故事中的人物、情节感染学生；通过对故事内容的讨论、分析、综合使学生获得道德知识，再用学生中的具体事例加深理解，提高道德认识；最后提出简明扼要的行为要求并布置以知导行的课外作业。实践型的课堂结构一般为：用榜样事迹引路，激发学习动机；评议道德行为表现，提高道德鉴别能力；实践道德行为规范，培养良好的行为习惯；教师进行道德评估，学生自我总结。另外，这位教师在实践中自己还总结出了基本符合学生思想品德形成规律的常用的七种教学方法，即情景法、启发谈话法、对比分析法、榜样示范法、表演演示法、参观访问法及人格感染法等。

经过"单兵教练"，这位教师进步很快，经过一段时间的努力实践，现在已是我校专任思想品德课教师，并担负起省教委在我校进行的思想品德课改革实验任务。在教学实践中，为探讨思想品德考察的科学方法，她创造性地开设了思想品德评定课，采用定性、定量相结合的办法，对学生作出综合性道德评价，取得了显著效果。她撰写的论文和经验先后在《小学德育》、《小学教学改革与实践》上登载。她还被省教研室聘为思想品德课中心教研组成员。经过几年来的共同努力，我校思想品德课教师也都掌握了这门课的基本教学规律，教学质量逐步提高。

Part3
第三部分

德育实践

德育途径网络化实验初探

　　德育与智育、体育不尽相同，它贯穿于学校教育、教学、后勤服务等项工作的全过程，渗透和蕴含在校内外一切活动之中，可以说它是无时不有，无处不存，没有时空界限。因此，德育计划的实施和目标任务的实现，需要通过有效的组织和协调工作，使多种渠道（学校、社会、家庭），多种途径（各科数学、各种活动、各项管理制度、各类人员的言传身教及各种环境建设）有机地结合，形成合力，充分发挥整体效应。但现在德育的实施途径不是多渠道，而是"单打一"，仅仅依靠学校教育而忽视社会和家庭的教育；只是班主任、辅导员少数人"管"，而多数人"不管"；各科教学偏重传授知识、技能，应付考试，而忽视思想品德教育，使教学与教育"两张皮"，油水分离。近几年，由于德育涣散软弱，说起来需要，做起来次要，忙起来不要，使少年儿童不能受到应有的思想品德教育。作为一所学校，当前和今后怎样加强德育管理，我认为重点应研究教育内容的系列化，实施途径的网络化，考查方法的科学化等。本文只就小学德育途径网络化问题，结合工作实践谈几个管理原则，以请专家们赐教。

教师为主，全员负责

　　学校工作有自己的特点，所有人员的一切工作都是围绕着科学育人这一任务来进行的。凡是从事学校工作的每一个成员，都肩负着对学生进行教育和影响的责任。在各级各类人员的相比之下,教师处于中心地位,发挥着突出作用。这是因为:教师的工作与学生直接接触的机会比较多,时间比较长,领域比较宽,经常性的、大量的、深入细致的思想教育工作是靠教师来进行的;教师是学生集体的直接组织者,各科知识的直接传授者。学生从启蒙读书、识数到掌握比较全面的基础知识,再到形成各种能力,无一没有教师的主导作用;儿童朝着哪个方向发展也取决于教师的引导。做人的道理,崇高的理想,要靠教师启蒙诱导;共产主义道德品质、行为习惯需要教师来培养。因此,在德育管理过程中,要坚持以教师为主,充分发挥教师的骨干作用。另一方面,我们也要看到学校是一个人群集合体,人群中的每一个人都有其特定的地位和作用,又都相互联系和依赖着。在学校里,学生思想品德的形成和发展,固然教师起着主导作用,但各级各类人员都在通过不同的渠道,直接或间接地教育和影响着学生。就拿总务后勤人员来说,虽然不在教学第一线,但也是生活在学生群中,具有"个人影响权"。他们不仅在言谈、举止、工作作风等方面给学生以直接的教育和影响,而且通过对学校的美化、绿化、房屋、桌凳维修等,给学生创造一个良好的学习、生活环境,使学生得到美的享受,陶冶美的心灵,这无疑也是一种德育的力量。因此,在德育管理过程中坚持"教师为主、全员负责"的原则,才能显示整体效应的"威力"。在实现这一原则时,应注意发挥三个作用。

1. 发挥本职工作的功能作用。学校的校长、党支部书记是管全局工作的,加强德育管理自然是自己的政治责任,德育管理是通过"人→人→人"的运动方式进行的。就是说,学校领导对学生德育的组织和协调是通过教职员工来实现的。管理效果是领导者、教职工和学生共同参加的综合作用。假如说没有领导者参加管理,德育就失去了统一的计划、统一的目标和统一的指挥。整体上的失控,各部门的功能就难以发挥。因此,校长、书记要管德育的全过程。即从计划与决策到组织与指挥,再到控制与协调,直到分析与总结。教导主任、班主任、团支部书记、少先队辅导员等是学校德育专门队伍的重要组成人员。既要直接对学生进行教育和影响,又要组织和指挥本系统开展教育活动,是领导管理德育工作的助手,要认真发挥其带头、骨干和桥梁作用。各科教师是学校德育的最基本的力量，要通过教书育人寓德育于教学活动之中。一般行政人员和总务后勤职工，都要通过自己承担的具体工作以及言行表现，直接和间接地教育和影响学生。学生在学校中不只是接受教育和管理的客体，同时也是认识的主体。他们作为一种"受动——能动"的结合体而存在，具有自我教育、自我管理的作用。在德育过程中更要注意培养学生参加管理的民主精神和自主、自理、自控的能力。

2. 发挥集体的教育作用。思想品德教育绝不是一对一之间的相互影响。集体之外的教育收效是不大的。学校领导应把集体视为"一个雏鸟从那儿开始独立起飞的鸟窝"，把组织集体，充分发挥集体的教育作用作为加强德育管理的基本任务。在学校所有的集体中，对学生教育影响最大、起核心作用的是教师集体和学生中的班集体、少先队集体等，领导要致力于这些集体的建设。在教师集体的建设上，要通过有效的组织管理，把教师集体建设成既教书又育人的集体，使学生既获得知识技能，又能形成良好的思想品德；既言教又身教的集体，使学生从这个集体中学会怎样去学习、怎样去生活、怎样正确对待身边的一切人和事物；既团结又协作的集体，让学生在这样一个集体的熏陶、感染下，逐步学会关心别人，热爱集体，进而形成集体主义思想。在学生集体的建设上，要按照民主集中制的原则，用集体的奋斗目标、集体的舆论、集体的纪律和集体的活动把学生组织起来，形成一种巨大的教育力量。学生在这样的集体的教育和影响下，最容易改变个人的不良思想品德和行为习惯。

3. 发挥师德的示范作用。小学生的情感常常是和具体人物相联系，愿意模仿那些在他们看来很有意义、能增强他们自尊心的模范行为。以各种方式出现在学生面前的榜样示范极易被儿童所接受。教师的身体力行、率先垂范对学生思想品德的形成和发展起着重要作用。学校应在教工中开展为人师表活动，制订《文明教工守则》、《职业道德规范细则》，把一些师德的名言、佳句写成条幅，贴在会议室、办公室和寝室里，还可以对教师提出"五要五不要"、"三同六带头"做到"三个一"的要求。即：要面向全体学生，不要只抓少数尖子；要全面关心学生成长，不要重智育，轻德育，忽视体育；要亲近尊重学生，不要用简单粗暴的态度责罚学生；要多做调查研究，不要武断处理问题；要既做学生的老师，又做学生的朋友，不要孤立讽刺后进学生。要与学生同受思想教育，同参加劳动，同上操做游戏。带头尊老爱幼，带头不讲粗话，带头遵守纪律，带头爱护公物，带头值日扫地，带头作自我批评。要坚持与一个后进生交朋友，调查分析其发展变化的规律，要从学生身上寻找一个可爱的缺点，撰写一篇简短论文，经常为学生办一些好事。

总之，在一所学校里，领导者做到了管理育人，教师做到了教书育人，职工做到了服务育人，学生能成为一种"受动——能动"的结合体而存在，德育的"全员负责"就落到了实处。

教学为主，全面渗透

德育是一个实体，有它自己的特殊的任务和功能。但孤立的德育是不存在的，它与智育、体育、美育、劳动教育等是渗透在一起的。一堂课，一次谈话，一次活动，一项制度以及学校、教室的环境布置和教职工的举止言行，都渗透着思想品德教育。有些同志强调思想品德教育的重要，希望学校拿出更多的时间开展教育、组织活动，甚至常常和教学工作抢地盘、争时间、闹矛盾，显然是缺乏对学校工作规律的全面认识。孤立地看、静止地看，学校专门用于德育的时间是不多，即使把思想品德课、班队会、周会、校会以及课外活动都加在一起，一周也只不过几个小时。但是放开眼量地看，思想品德教育如若在渗透、结合上下功夫，情况就大不一样了。试想，一周几十节课，课课都有思想品德教育；一周几次活动，次次都能把思想品德教育贯穿其中，德育的时间会少吗？加强德育管理的途径在哪里？途径之一就在于"全面渗透"。如果各科教学都把知识性和思想性统一起来，各项工作的每个环节中都能使学生受到教育和熏陶；学校的每个地方，无论是教室，还是操场、食堂、工厂、传达室等，都能成为向学生进行思想品德教育的阵地，学校就会开创出一个思想品德教育的新局面。

在德育的全面渗透中，必须坚持"以教学为主"这条学校工作的基本规律。小学生思想品德的形成和发展固然需要通过多种途径，但这些途径之间又有主次、轻重、缓急之分。既不能只看到主、重、急，无视次、轻、缓，也不能主次相混、轻重颠倒、缓急无别、眉须不分。这就要求学校在加强德育管理时，首先要用全力找出它起主导作用的方面。学校教学工作所依据的大纲和教材，都是根据国家教育方针和教育目标编写的，它包括科学文化知识，又包括共产主义思想体系的道德知识，是科学性与思想性的统一，是教学与教育的集合体。各种教育学的过程一方面是向学生传授知识、培养能力、发展智力，另一方面，也在培养着学生的良好品质。因此，在组织和指导各科教学时要注意用知识本身的魅力去吸引学生、影响学生，把知识的科学性与思想性结合起来，把科学知识的传授与培养学生的基本道德观念和信念结合起来，把帮助学生取得优良的学习成绩与培养良好的行为习惯结合起来。既不要牵强附会，穿靴戴帽，又不要孤立割裂，形成知识、品德两张皮。

实现"教学为主，全面渗透"这一原则需要通过一定的途径。

1. 寓德育于各科教学之中。小学开设的语文、历史、地理等学科，教材本身就有思想品德的教育内容。以对学生进行爱国主义教育为例，语文课可以通过描绘祖国的壮丽河山，赞扬祖国建设成就的教材，向学生灌输爱国主义思想，培养爱国主义情操。历史课可通过介绍历史事件的发生和发展以及产生的重大意义来激发其爱国主义情感和民族自尊心。地理课可通过向学生介绍我国的壮丽山川、名胜古迹和丰富的资源，进而激励其为祖国建设勤奋学习。数学、自然、体育、音乐、美术等学科也都有直接于德育或潜移默化于德育的内容。特别是专设的思想品德课，它是系统地对学生进行思想品德教育的主课。它的教育目的体现人才规格的要求和总的培养目标；它的教学内容，体现了对小学生思想品德形成和发展的基本要求。教学内容的交叉安排和由浅入深、由近及远、螺旋上升的体例，体现了思想品德教育的原则、层次和坡度，是学校对学生进行思想品德教育的主要依据。因此，德育管理以教学为主，这既反映了思想品德教育的规律，也是学校工作经验教训的历史总结。我们学校在贯彻这一原则时，依据国家教委颁发的《小学德育纲要》和《小学生日常行为规范》中规定的德育内容及德育系列，对小学开设的九门课程逐册分析其教材中蕴含的德育因素,然后编写出各科教学进行思想品德教育的实施细则,并指导教师在教学过程中认真实践,一年多来收到较好效果。

2. 寓德育于各种活动之中。小学生思维具体,感情易激,喜欢合群,乐于参加围绕各科教学开展的活动和各种政治、科技、文体、生产劳动、社会公益等活动。因此,通过活动进行思想品德教育是小学德育管理的一大特点。比如,可以根据形势和任务的要求,针对学生的思想实际,在一个时期内围绕一定的主题开展一些集中性的教育活动。也可以按照一定季节和节日,制订《一年中的重要节日、纪念日活动表》,有计划、有针对性地开展一些传统性教育的活动。还可以在校内外开辟一些教育阵地,如"荣誉室"、"队室"、"趣味活动室"、"红领巾花果园"、"小伙伴利民点"等让学生定时间、定地点、定内容地开展一些阵地性的教育活动。另外,为了培养学生的高尚道德观念和良好行为习惯,在向学生提出基本要求后,还可以通过开展"升旗集会"、"值日中队"、"文明礼貌督促岗"、"自己能做的事情自己做"等实践性的活动,对少年儿童进行教育。学校领导在指导学校各部门、各组织开展这些活动中要注意处理好四个关系:①量力与难度。就是让学生开展力所能及的活动。活动的内容,组织的形式,既不可难度过大,又不能没有难度。否则,都会影响学生道德意志的形成和发展。②实践与提高。就是在组织学生参加各种活动时,要让他们亲自看一看、想一想、做一做,老师不要包办代替。活动需要的东西自己去准备,需办的事自己动脑、动手去办。并要逐步提高要求,促使其知、情、意、行协调发展。③引导与自发。老师设计的活动,学生在实践中往往处于被动,而自己发起的活动则处于主动地位。因此,要引导激励学生在自学、自理、自治活动中研究问题,克服困难,锻炼自己的主动性、独立性和坚持性。④指导与创造。就是要指导学生在活动中创造新形式,待遇到困难时,教师再给予及时的指导。

3. 寓德育于各项规章制度之中。学校的各项规章制度是学生进行正常学习和活动的准则,是品德养成教育的重要内容。学生按照一定的规章制度进行锻炼,实际上就是进行经常性的道德行为的训练。执行合理的规章制度越严，越有利于学生形成动力定型。这是任何高度说服力的语言所不能代替的。在制订和贯彻各项规章制度中，要特别注意从实际出发，贯彻落实好《小学生守则》和《小学生日常行为规范》。除了给学生讲明为什么要制定《守则》和《规范》，它包括哪些内容，应该怎样遵守外，还要按照《守则》和《规范》的规定拟定出具体的细则，编成字少、句短、押韵、易记的要求，通过开设思想品德评定课和在实践活动中反复训练，使知与行统一于实践。

学校为主，协调一致

学生生活在一定的社会环境中，其思想品德的形成和发展的因素是非常广泛的。一方面受着学校有意识、有目的、有计划的系统教育和影响，另一方面也受着社会环境的各种教育及日常生活潜移默化的影响。社会环境因素是极其复杂多变的，就对学生影响的性质和方向看，既有正确的、积极的影响，又有反面的、消极的影响。比如，改革开放以来，社会信息逐渐增多，信息渠道越来越广。政治信息中的党风、民风，经济信息中的商品物价，文化信息中的电影、电视、报刊广播、音乐舞蹈，还有生活方式、人际关系的信息等，都在迅速而深刻、积极或消极地影响着学生思想品德的形成和发展。学校教育虽然起着主导作用，但它不能完全控制和掌握学生思想品德形成全过程中的诸因素。只有把学校的系统教育与良好的家庭教育和社会教育组成一个有机的统一体，形成一个德育管理的网络，使这些力量在国家教育方针和培养目标的指引下，协调一致地充分发挥积极的教育作用，才能有效地控制和克服来自各方面的消极影响。

在社会主义条件下，学校、家庭和社会的教育目标、任务的一致性，为学校协调家庭教育和社会教育创造了客观条件与可能。但是，不良的社会环境给我们学校德育带来极大的困难，反映在学校教育与家庭教育和社会教育之间，学校教育起不到主导作用，获取不到正效果。政府和社会应该积极致力于优化社会环境，使学生能在积极因素占主导地位的社会环境中健康成长。

保护、教育小学生健康成长，提高他们的思想品德素质，优化社会教育环境固然是治本的主要措施，但学校作为专门的教育机构，在优化社会环境的同时，应责无旁贷地加强学校德育，使学校德育在协调社会、家庭的各种教育中成为主导力量。当前，怎样充分发挥学校教育的优势和主导作用，积极开辟社会教育阵地，创造性地开展社会实践活动，自觉地抵制和消除不良影响，需要德育理论工作者和实际工作者进一步进行有益的探讨。这里仅就当前如何发挥小学德育的主导作用，协调家庭教育和社会教育谈点探讨性的意见。

1. 在家庭教育的协调管理上，学校可以采取以下几种方式：①把分散的家长用一定的形式组织起来。如："家长工作委员会"、"家庭教育指导小组"、"家庭教育协会"等，进而调动家长参与学校管理的积极性和主动性。②通过举办"家长学校"，组织"教育科学讲座"等对家长进行科学育人的指导。③通过召开家长会，进行家庭访问，组织家庭教育咨询服务，召开教子有方的经验交流会等协调学校教育与家庭教育之间的关系，交流教育信息。

2. 在社会教育的协调管理上，学校可以把附近的在职的党政领导干部，离退休的地方和部队的老干部，授予各种称号的英雄模范人物，有各种技术、业务职称和特长的专家名人，当地驻军的指战员及教子有方的家长等社会力量的代表，遵照各人的"优势"，分别组成"关心下一代协会"、"英模事迹教育团"、"科学育人辅导站"等组织，在学校"三结合教育协调委员会"的指导下，有目的有计划地开展一些社会实践教育活动。还可以主动争取校外教育机关的配合，开辟一些校外教育活动阵地。如老红军院里开设"为民服务辅导站"，老干部活动室开辟"红领巾图书角"，商店开设"红领巾服务台"、居委会里开设"少年之家"，村委会也可以为孩子们开辟一些"小果树园"、"小饲养场"等。

总之，根据德育工作的广泛性、内容的渗透性和场所的社会性，德育任务的实施必须通过各种渠道协调一致，多种途径相互结合，各个部门齐抓共管，才能实现德育管理途径的整体化、网络化。

在社会主义市场经济条件下小学德育新格局初探

　　学校德育是一项复杂的系统工程，它包括诸多的相互关联、相互制约、相互作用的因素。德育效果的取得有赖于诸因素的协调一致、形成合力与共同发挥作用。特别是改革开放以来，影响学校德育及作用于学生思想品德形成和发展的诸多因素都在发生着显著变化，致使学生思想品德出现许多新情况，并且形成一些新特点；学校德育相应也遇到不少新问题，面临着一种新形势。在这样的情况下，进一步研究如何加强和改革学校德育工作即显得十分重要。为此就需要对现实的德育进行一次客观分析，既认真总结成功经验，又严肃对待存在问题，进而创建一个适应并促进社会进步和学生主体性发展相统一的小学德育新格局。基于这样认识，两年多来，在德育实验中我们着重进行了一系列的理性探索。

一、分析小学德育现状，明确德育实验任务

　　从 1979 年我校在全国第一家制订并实施《少年儿童思想品德教育提纲》进行德育实验以来，取得了一定成绩，成为全国德育先进校。1992 年，我们为了制订好《小学生主体性发展德育实验方案》，在回顾和反思十多年学校德育建设的历程时，从中察觉和悟出一种发人深省的情势；党的十一届三中全会后党和国家领导人的多次讲话，党中央与国务院下达的多种文件，都再三强调切实重视加强和改革学校德育。小平同志还提出"一定要从娃娃抓

起"。国家教委等为落实中央指示，加强学校德育工作，也采取诸多措施。不少学校的校长、教师为德育工作含辛茹苦、无私奉献，但德育效果并不十分明显，学生的思想道德水准亦往往不尽如人意。那么，造成德育过程"投入"与"效益"明显反差的原因是什么呢？我们认为需要进行深入调查，全面客观分析。否则，这个问题弄不清楚就难以确定德育实验的任务。于是我们围绕学生思想品德的现状和学校德育工作形势这两个问题拟定了 50 个题目，通过问卷、座谈、心理咨询、个案分析等方法，向社会、家庭、教工及学生进行为期两个月的情况调查，然后对获得信息与资料予以综合整理统计分析，多次组织专题研讨，求得对问题的共识。经过上述一番努力，我们较为深刻地认识到：

（一）改革开放和社会主义市场经济体制建立以来，小学生的思想品德出现了许多新特点。如：①他们向往未来，有一定理想，但缺乏艰苦奋斗的思想准备；②他们有一定的道德认识，但缺乏良好的道德行为习惯；③他们视野开阔，思想活跃，有一定主见，但辨识荣辱是非、美丑善恶的能力不强；④他们学习条件好，学习际遇多，智力发展快，但缺乏良好的个性心性品质，非智力因素训练较差；⑤精力充沛，喜欢交往，自尊心强，但存在娇骄二气，独立生活能力锻炼不够。

另外，据调查材料表明，学生的道德观、价值观也在发生着不小变化。现在的小学生：①金钱意识增多了，有的想有钱，会弄钱，敢花钱；②攀比意识增多了，同学间比吃穿，比富贵，比家长官位高低、权力大小；③竞争意识增多了，在学习活动、荣誉面前有竞争，但竞争过程中有的自私心理增强了，集体意识淡薄了；④崇拜对象有变化，过去崇拜领袖、英雄、解放军的，现在有的转向崇拜有钱、有势、有名的；⑤对职业选择也发生变化，有的想当官，有的想成名成家，有的想挣大钱，很少选择平凡岗位职业；⑥交往意识增强了，现在小学生喜欢社交，爱交朋友，同学间互祝生日，送礼品，还有认干亲，甚至拜把子、结团伙；⑦自主意识增强了，有的敢说敢做，不愿受约束，光想找机会表现自己。目前小学生出现的这些变化，说明人思想品德的形成和发展都具有一定的时代特色，是社会的影响，时代的反映。学校德育应主动适应社会进步和学生个性发展的需要，恰恰在这个问题上，我们调查研究不够，缺乏正确有力的对策。

（二）德育效果不能令人满意的原因是多方面的，有社会大环境的消极影响，也有学校对德育缺乏全面深刻认识，导致德育不到位问题，但更为重要的原因则是：这些年来学校德育忽视深入研究教育对象，不去下大工夫弄清楚在改革开放和社会主义市场经济条件下学生的思想品德现状与出现的特点，以及如何从实际出发使德育真正做到"入脑入口"。实效性来源于针对性，对牛弹琴的教育是很难收到理想教育成果的。目前学校德育在观念、内容、方法及途径上，却又明显地滞后于变革的社会现实，落后于当今学生的实际需要。

这些年来，小学德育比较注意从儿童年龄特点出发研究德育的方法方式，尽量克服成人化、形式化，力争教育的趣味性、多样性等，但研究时代特点和社会环境对儿童思想品德形成与发展的影响，以及怎样适应社会发展，按照党和国家的需要塑造一代新人的灵魂投入不够。这些年来，小学德育开始重视研究促进学生发展，注重培养学生主体意识与独立自主等能力，但对学生个性品德发展研究，开展心理健康教育，进行心理辅导做得欠足。在德育过程中，还经常出现将学生的一些心理现象误视为道德品质问题，大肆批评训斥，严重伤害了儿童的幼小心灵。

又如，在德育内容方面，过去很长一段时间，常常把某一时期党和国家的路线、方针、政策作为主要甚至唯一的内容进行说教，在德育过程中未能充分重视学生生动活泼地发展。教育要促进人的社会化，被片面地理解为对社会的顺应，而很少强调把人培养成改造社会的主体。现实德育内容尚存在着空泛（一般化笼统要求多，具体可操作性差），狭窄（多为现实社会生活需要，符合儿童个性发展的纳入少），无序（运动式阴影依然残存，尚未构成科学性、层次性、稳定性体系）等问题。

再如，在德育方法上，仍存在忽视学生主体地位和学生主体性的发展的现象。当前的学生并不都是在平等、民主、和谐的环境中生活，他们受到来自多方面不应有的限制和束缚，独立人格得不到应有的尊重，自主权利得不到必要的保证，兴趣爱好得不到充分发挥，个性差异亦得不到合理的承认。在德育过程中，通常出现把"禁止"、"防堵"作为立足点，不注重积极疏导并调动学生的积极因素，两眼过多地盯着学生的缺点毛病，将批评与惩罚作为常用的教育手段。其结果，我们所培养的人常常表现为处在被人支配的地位，而不能根据自己的需要、愿望、爱好自主地选择适合自身的教育；常常表现为缺乏进取精神，害怕困难，回避矛盾，缺少主动参与、大胆竞争等自我表现能力；常常表现为盲目随众，不善独立思考，追求循规蹈矩，缺乏理解分析与实际解决问题的能力。

由此可见，随着改革开放，目前学校德育已不能很好地适应社会进步与儿童发展的需求，必须在新形势之下，研究并创立学校德育的新格局。

小学教育是面向未来的大业。未来社会将是高扬人的主体性的社会，它要求学校培养的人，必然是具有自尊自信，自我控制，独立判断决断，自觉自理等独立人格的人；必然是有较高的成就动机，强烈的竞争意识，广泛的爱好和较强的社会适应能力的人；必然是有创新意识、创造性思维能力和动手实践能力的人。这样的现代人的突出特点应该是具有为国家富强及人民富裕而艰苦奋斗的献身精神，应该不断追求新知识，具有实事求是、独立思考、勇于创造的科学精神。小学德育是社会主义精神文明建设的奠基工程，是我国社会主义性质的一个标志，它在学生的发展方向上起着主导与保证作用，是一条培养现代人的重要途径。研究如何加强并改革学校德育工作，无疑是关系到提高整个中华民族的思想道德素质，培养社会主义现代化的建设者与接班人的大问题。因此，创建小学德育新格局，将成为我们实验工作的一项至关重要的任务。

二、坚持目标要求与学生发展相统一，构造小学德育内容的新体系

当前小学德育即思想品德教育。它包括思想道德教育和以文明行为作为重点的养成教育。虽然也提及品德心理教育，但内容与力度都远远不够。学校德育有关内容的确定，往往把党和国家提出的德育目标要求作为依据，常常不顾学生的思想品德心理现状，致使目标要求与受教育者思想心理特点错位，德育效果不太令人满意。我们认为，构成学校德育内容体系的基本依据应是德育目标和学生发展二者的统一。以德育目标为依据，则能保证德育内容的方向性和引导性；以受教育者思想心理特点为依据，则能使德育内容具有一定的层次性和坡度，藉以增强其针对性和可接受性。结构合理的德育内容体系应建立在这两个科学依据的交汇点上。两年多来，德育实验在初步构建目标要求与学生发展相统一的德育内容新体系上，着手进行了以下探索：

（一）建立小学德育内容体系的理论思考

现在小学对学生进行的是马克思主义思想道德教育。随着社会的进步、经济的发展以及学生思想品德的变化，需要建立以中国传统美德为源头，以马克思主义道德教育为主流，以西方积极价值观教育为干流的新的德育理论体系。如图所示：

中国传统美德教育 → ⊗ ← 西方积极价值观教育

马克思主义道德教育

马克思主义道德教育是以"五爱"为基本内容，以集体主义教育为核心，在德育体系中居于主体地位和指导地位；中国传统美德教育是以品德修养为主要内容的做人教育，做人的核心是"仁"，即爱人、爱众，它在德育体系中具有"根"的性质，居于基础地位和源头地位；而西方教育强调人的自我意识，注重个人价值，它在德育体系中居于借鉴地位和参考地位。新的德育理论体系的三大要素并非各自处于均衡并列状态，而是处在一种相互联系的辩证关系之中。比如，作为马克思教育核心的集体主义教育，以及由此而来的爱国主义教育、社会主义教育、忠于人民、全心全意为人民服务的教育，完全可以从中国传统美德中摄取养料，至于人格精神、意志品质、内心修身等更是中国传统美德教育的特色。学习和继承这些美德，将会极大丰富马克思主义道德教育的内容体系。再如，西方德育中高扬的竞争观念、效益观念、正当的个人利益观念及自主自治观念等，也是我国当前建立社会主义市场经济体制进程中所提倡的。因此，创造由马克思主义道德教育、中国传统美德教育和西方积极价值观教育，这三大理论所组成的德育体系框架、蓝图，将会有力促进小学德育新格局的建立。

（二）小学德育内容体系的构想

我们经历多年的德育实践，逐步认识到现在小学德育内容体系需要予以充实完善，迅速形成以"五爱"为基本内容：以集体主义教育为核心的思想品德教育，以良好的行为习惯和正确的礼仪规范为重点的养成教育，以及以修养人格为中心的品德心理教育为主要内容的三维体系。我们在构建新的内容体系时，坚持思想品德教育以"情"为中轴，重点发展学生的认识和培养五爱情感：爱惜生命、孝敬父母、关心他人、热爱集体、报效祖国。养成教育以"行"为重点，通过实践锻炼养成五好习惯：勤学好问、勤劳节俭、文明礼貌、遵纪守法、整洁健身。品德心理教育以"人格修养"为中心，通过内化过程培养五自能力：独立自主、自觉自理、自我表现、自我调控、自我评价。以上简称"三五"教育。情感是基础，能力是核心，习惯是目的，三者之间相互联系、相互促进，组成一个有机整体。现列纲目于下：

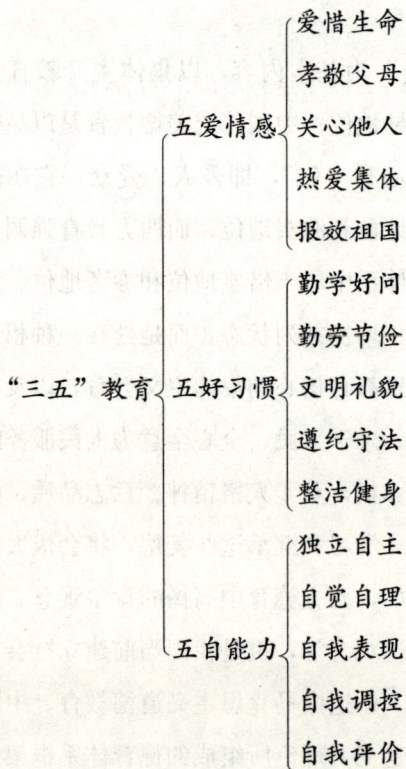

另外，我们又根据"三五"内容和学生特点组织编写了《四字书》、《名

言录》、《故事集》系列读物，全书 7 万字，初步构成了颇有特色的小学德育内容体系。现将《四字书》抄录于下：

"三五" 四字书

古都安阳，历史辉煌，

甲骨周易，文化发祥。

大道小学，坚持改革，

全面育人，德育特色。

提纲教育，九州率先，

重振雄风，谱写新篇。

五爱情感，五好习惯，

五自能力，三五实验。

传统美德，时代特点，

古为今用，扬长避短。

蕴含渗透，结合贯穿，

德育效益，务期实现。

1. 五爱情感

爱惜生命

茫茫宇宙，万物竞生，

人类幸福，生态平衡。

时珍本草，拯救生灵，

徐童保树，绿化环境。

保护植物，爱护动物，

珍惜资源，爱惜生命。

孝敬父母

父母生养，孝敬应当，

遵循教诲，关心体谅。

为父温席，九龄黄香，

替父从军，木兰女将。

孝敬双亲，古今提倡，

传统美德，自觉弘扬。

关心他人

人人为我，我为人人，

助人为乐，奉献爱心。

尊敬师长，立雪程门，

尊老爱幼，雷锋精神。

情系残疾，学有榜样，

一人危难，众人相帮。

热爱集体

集体主义，德育核心，

做人处世，认真遵循。

公仆裕禄，一心为民，

少年赖宁，救火献身。

楷模引路，催我奋进，

热爱集体，幼小扎根。

报效祖国

中华儿女，豪杰众多，

忠心赤胆，气壮山河。

岳飞抗金，精忠报国，

世昌海战，可泣可歌。

天下兴亡，匹夫有责，

从小立志，报效祖国。

2. 五好习惯

勤学好问

求知之法，勤学好问，

学问之道，读书做人。

苏秦苦学，刺股提神，

孔子入庙，每事必问。
欲获真知，精疑多思，
大疑大进，成才为民。

勤劳节俭

勤能补拙，俭以养廉，
奢侈败家，懒惰生贪。
屋脊繁森，节约风范，
林州人民，战地斗天。
艰苦朴素，不挑吃穿，
浪费可耻，勤劳节俭。

文明礼貌

中华民族，礼仪之邦，
文明礼貌，源远流长。
将相之和，清官包拯，
曾参教子，让梨孔融。
诚实宽容，谦让公正，
当今儿童，发扬继承。

遵纪守法

没有规矩，不成方圆，
遵纪守法，行为规范。
洪刚少云，临危不惧，
胡兰江姐，严守秘密。
国法校纪，刻心铭记，
公民意识，少儿树立。

整洁健身

建设祖国，身体为本，
幼年健康，受益终身。
祖逖练艺，主席游江，

亚萍球技，堪称榜样。

整洁健身，养成习惯，

跑跳投攀，素质磨炼。

3. **五自能力**

独立自主

万物生灵，人为根本，

做人基础，自主自尊。

渑池相会，晏子使楚，

国格人格，理当维护。

自爱自信，自主自强，

完美品格，幼小修养。

自觉自理

雏鹰试飞，他日千里，

婴儿学步，独行自立。

峨嵋成洁，文登海迪，

谋求生存，苦练不移。

学习活动，生活劳动，

皆我之事，自觉自理。

自我表现

天生我材，必有其用，

施展才华，积极主动。

毛遂自荐，外交取胜，

甘罗拜相，赵国割城。

儿童少年，参与为先，

敢于竞争，勇于表现。

自我调控

人不自控，天马行空，

自控自胜，心似明镜。

修养要则，总理自鉴，

制怒高悬，则徐自勉。

行不违犯，言不伤人，

克制己短，养性修身。

自我评价

君子之患，患不自知，

自见自闻，少有过失。

三省吾身，论语格言，

知己知彼，兵法诵传。

知己之长，明己之短，

扬长补短，最优发展。

上述所言，纲领规范，

师生共济，实践锻炼。

千教万教，教人求真，

千学万学，学做真人。

三五实验，德育摇篮，

世纪人才，群星灿烂。

（三）对学生思想品德发展的基本要求

"三五"教育提纲，构成了学校德育的蓝图，但学生在德育过程中如何发展，达到什么水平，也必须有个明确的基本要求。为此，我们根据"三五"教育的主要内容，比较详细地订出对学生思想品德发展的基本要求。列表如下：

1. 五爱情感

内　容	基本要求
爱惜生命	(1) 珍惜自己和他人的生命，注意人身安全，学习自我保护。 (2) 不伤害鸟类和有益动物。 (3) 爱护花草树木。 (4) 保护环境，减少污染。
孝敬父母	(1) 关心父母身心健康，父母有病时主动侍候。 (2) 听从父母正确教导，不惹父母生气。 (3) 在吃穿上首先想到生养自己的父母。 (4) 体谅父母，主动帮父母分忧解难。
关心他人	(1) 尊敬长辈，爱护幼小。 (2) 尊敬老师，友好同学。 (3) 主动帮助有困难的人和残疾人。 (4) 亲友邻里和睦相处。
热爱集体	(1) 维护集体荣誉，不做有损集体名誉的事。 (2) 做集体的小主人，尽力为集体做好事。 (3) 积极参加集体开展的一切活动。 (4) 个人服从集体，少数服从多数，坚决执行集体决议。
报效祖国	(1) 尊敬爱护国旗、国徽，会唱国歌，时刻想到"我是一个中国人"。 (2) 初步了解祖国的历史和现状，树立中华民族的自豪感。 (3) 祖国利益高于一切，自觉维护祖国尊严。 (4) 学习继承先烈爱国精神，立志为祖国富强而勤奋学习。

2. 五好习惯

内　　容	基本要求
勤学好问	(1) 喜欢与书交朋友，自觉读书学习。 (2) 刻苦学习，积极思考，善于联想，勇于克服学习中的困难。 (3) 喜欢问各种各样的问题，什么都想弄明白。
勤劳节俭	(1) 热爱劳动人民，珍惜劳动成果。 (2) 积极参加各种力所能及的劳动。 (3) 不挑吃穿，不乱花钱。
文明礼貌	(1) 待人接物，会用尊称和礼貌用语。 (2) 诚实守信，主持公道，敢于批评不良行为。 (3) 团结合作，谦让宽容。 (4) 不说脏话粗话，不打架骂人。
遵纪守法	(1) 在家守规矩，在校遵校纪，在社会守公德。 (2) 学法、知法、守法。 (3) 善于与一切违法犯罪行为做斗争。
整洁健身	(1) 讲究个人和环境卫生，预防各种疾病。 (2) 保护视力，注意学习卫生。 (3) 天天坚持锻炼身体，积极参加文体活动。

3. 五自能力

内　　容	基本要求
独立自主	(1) 知道自己是一个独立的人，自觉维护自己的形象，不允许别人侮辱自己。 (2) 相信自己的能力，不自卑。 (3) 有主见，不盲从，独立判断决断。
自觉自理	(1) 生活上能自己照顾自己，自己能做的事情自己做。 (2) 上学时带齐学习用具，学习上不用家长老师督促。 (3) 办事有条理，能够自己解决一些生活学习上的困难。
自我表现	(1) 课堂上踊跃发言，主动参与各种活动，力求担当活动的积极分子。 (2) 大胆竞争，勇于挑战，喜欢标新立异。 (3) 敢于发表自己的看法和见解。
自我调控	(1) 遇事能三思，行为不盲动。 (2) 能自觉调节和控制自己的感情。 (3) 有毅力，能抵抗外界不良的影响和干扰。
自我评价	(1) 对任何事情都有自己的看法。 (2) 能看到自己和他人的优缺点，对自己和他人评价客观公正。 (3) 能做到批评和自我批评。

三、研究德育特点　优化实施途径

学校德育是社会总影响的有机构成，研究学校德育不能脱离社会联系孤立进行。学生的生活实践任何时候都脱离不了社会环境，他们在接受学校教育之前或同时，总是时时接受来自社会各个方面的影响，更何况学校德育本身的内容与形式也要在其影响之下发生变化。因此，我们不仅要对学校德育内部系统的可控作用加以探讨，而且还必须对其外部系统的调节作用进行研究，使德育外部调节作用与内部可控作用形成合力，才能提高德育的效果。

小学生在每天的学习及生活中，一方面受着学校有目的、有计划、有组织的系统教育，另一方面也受到以环境教育为基本特点的家庭教育。家庭教育虽不是依据一定的大纲、教材来进行，但每个家庭的道德环境、学习环境、生活环境等对学生产生的潜移默化的教育与影响绝不能低估。特别是计划生育以来，独生子女家庭增多，再加之一些家长的道德观念、价值观念及生活方式的变化，家庭教育对孩子的作用与影响越来越大。学校教育虽然起着主导作用，但它不能完全控制和掌握影响学生思想品德形成与发展的全过程中的其他因素。因此，只有把学校的系统教育同良好的家庭教育有机结合形成合力，才能保证德育任务得以全面实现。

学校德育是一个独立的实体，有其自身发展的规律及客观规律性，那种"以智代德"、"以法代德"或"完全寓他论"都是有意或无意诋毁、否定德育独立实体性及德育价值的观点，我们必须理直气壮地维护德育在学校的重要地位，并进一步强化德育功能，千方百计地将德育任务落在实处。但小学德育又明显具有结合性、渗透性、贯穿性和蕴含性等特点，可以说它无时不有，无处不存，没有时空界限。因之，德育计划的落实同目标任务的实现，需要通过多种渠道多样途径。就学校内部而言，除专门进行德育途径之外，还需要寓德育于各科教学之中，寓德育于各种活动之中，寓德育于师德建设之中，寓德育于各项规章制度之中和寓德育于学校环境建设之中等。基于上述认识，我们把学校、家庭、社会作为德育途径的基本要素，并构建起以学校德育为主的网络化的三维德育途径系统。请看下图：

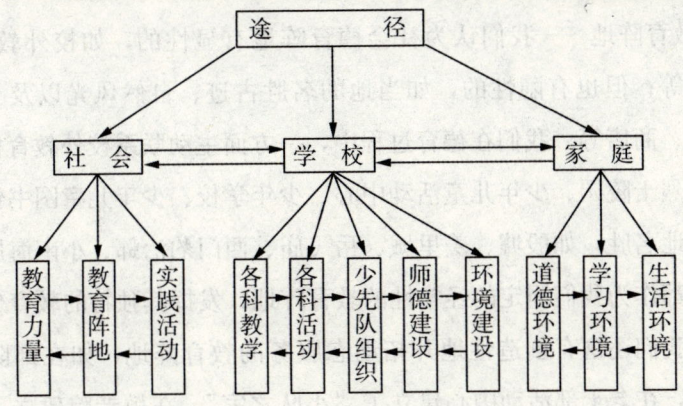

　　在实践过程中，我们又对德育基本途径中的每一要素的功能进行具体分析，并提出了不同的任务与要求。

　　（一）社会：我们认为社会途径的基本要素应该由社会教育力量、教育阵地和实践活动来组成。

　　1. 教育力量——社会教育力量虽然很多，我们认为主要有以下六种。为了有效地发挥其教育作用，我们分别组建：①由在职的党政机关和企事业单位中的领导干部代表所组成的社区协调教育委员会。主要任务是宣传贯彻党的教育方针，引导全社会都来尊师重教。②由退离休的地方和部队中的老干部代表所组成的关心下一代协会。主要任务是对少年儿童进行传统教育，培养有理想、有道德、有文化、有纪律的社会主义建设者和接班人。③由各行各业中的先进人物代表所组成的英模事迹教育团。主要是通过英雄事迹，激发学生的热爱社会主义祖国和社会主义事业，培养其为国家富强和人民幸福而奋斗的献身精神。④由各种专家名人中的代表所组成的儿童兴趣活动辅导站。主要任务是通过学习科学家、名人的高尚品质，进而培养他们不断追求新知，具有实事求是、独立思考、勇于创造的科学精神。⑤由教子有方的家长代表所组成的家长工作委员会。主要任务是提高家长参与教育意识和能力，进而使家庭教育与学校教育协调一致，形成合力。⑥由当地驻军和公安干警中的代表所组成的校外教育活动站。主要任务是开辟社会教育阵地，组织开展实践活动，锻炼学生的实际本领。

2. 教育阵地——我们认为社会德育阵地有显性的，如校外教育机关、烈士陵园等；但也有隐性的，如当地的名胜古迹、自然风光以及工厂、农村、部队、商店等。我们在德育过程中，一方面主动联系校外教育机关，如博物馆、烈士陵园、少年儿童活动中心、少年学校、少年儿童图书馆等，充分利用当地名胜，如殷墟、羑里城、岳飞庙、西门豹治邺、小南海原始洞穴等。这些都作为我们固定的经常性的教育阵地，发挥其独特的教育作用。另一方面，我们还富有创造性地开拓动态服务的教育阵地，如在部队建立了"学军营"，在老干部活动中心建立了"小队之家"，在敬老院建立了"为老人服务站"，在车站、粮店、商场还建立了送温暖"小车队"等，以便于孩子们有组织、有计划地按时到既定教育阵地多渠道开展实践活动。

3. 实践活动——目前初步实践了以下四种活动：

①城乡联谊手拉手活动。1994 年，我校与战斗英雄孙占元的家乡占元村小学结为友谊学校，学生和占元村小学的小朋友开展手拉手活动。他们利用假期与节假日结对到一起进行联欢，交流城乡信息，互相参观访问，谈心交朋友。

②夏令营之花活动。三年来的暑假，我们都围绕着"爱家乡、做主人"主题，一年级开展"看看家乡的新面貌"活动，即组织学生参观市容和现代化建设；二年级开展"我们的家乡英雄多"活动，即让学生访问劳动模范与优秀党员、战斗英雄以及了解革命先烈的事迹；三年级开展"听听家乡改革的脚步声"活动，即组织学生参观先进的工厂、农村，了解家乡在改革中前进的步伐和发展的巨大变化。

③考察家乡的活动。今年我们组织了二年级学生观察家乡的历史，观察家乡的现在，观察家乡的名胜古迹、自然资源和自然风光，进行爱家乡爱祖国教育。

④社会实践周活动。今年二年级实验班学生结束期末考试后，我们组织他们到全国闻名的林州进行社会实践。活动之前，各学科教师让学生都做了充分准备；活动中间，让学生通过看、问、写、画、采等活动，受教育，学

知识，长本领；回校以后，语文教师让学生写小作文，数学教师让学生自编应用题，自然教师让学生制作多种标本，美术教师组织速写展览等。学生在这次社会实践活动中表现出的种种能力，足以证明他们在品德、智力、体质诸方面的发展都相继超过了同龄学生水平。

（二）学校：除了校级德育、班级德育及少先队组织对学生进行德育等途径之外，还对以下几种途径进行了一些研究。

1. 寓德育于各科教学之中

各科教学既包括科学文化知识的传播，又包括思想品德教育，是科学性与思想性的统一。各科教学应用知识本身的科学性和教育意义去吸引并影响学生，既不牵强附会，穿靴戴帽，又不把知识传授与品德教育割裂开来，分道扬镳。为真正实现寓德育于各科教学之中，我们组织编写了《各科教学实施德育细则》共八个学科，两万余字，已成为各科教师对学生进行德育的主要依据。

2. 寓德育于各种活动之中

在两年多来的德育实施过程中，我们摸索出三种较好的德育活动，并取得良好效果。一是集中性的教育活动，即根据形势和任务的要求，并针对学生的思想状况，在一个时期内围绕一个主题，集中开展一些教育活动。二是传统性的教育活动，即我们按照季节或节日制定《一年中主要节日纪念日活动表》，以便有计划、有针对性地开展经常性的教育活动。三是在校内外开创多种教育阵地，各班学生可在规定的时间、地点，有选择地参加自己所喜爱的阵地活动。

3. 寓德育于师德建设之中

为了充分发挥师德的示范作用，我们制定了《教师守则》、《职工道德实施细则》等，对教师提出了"五要五不要"：要面向全体学生，不要只抓少数尖子；要全面关心学生发展，不要重智轻德忽视体育；要亲近尊重学生，不要用简单粗暴的态度责罚学生；要多做调查研究，不要武断处理问题；要既做学生的老师，又做学生的朋友，不要孤立、讽刺后进学生。三同六带头：与学生同受教育，同参加劳动，同上操做游戏；要带头尊老爱幼，带头使用礼貌用语，带头遵守纪律，带头爱护公物，带头值日扫地，带头改正缺点错误。做到"三个一"：坚持给一个后进学生交朋友，调查分析一个学生成长过程中的发展变化、规律，经常为学生办一些好事。

4. 寓德育于环境建设之中

我校先后投资近三十万元，优化了学校和班级的政治思想教育环境、科学知识教育环境及自然和人化自然环境。

（三）家庭：家庭教育的基本特点是环境教育。为了提高家长教育孩子的能力，我们通过举办家长学校，开展心理咨询服务活动及总结推广教子有方的家教经验等形式，提高家长创建家庭道德环境、家庭学习环境和家庭生活环境的能力，进而协同学校一起教育好自己的子女。

四、在德育过程中发展学生主体性的方法实例

主体性是人所具有的本质特性。它一方面表现为人对客观世界自觉能动的掌握，另一方面表现为人对客观世界自觉能动的创造，集中体现为人的独立性、主动性、创造性。培养学生的主体性，使其一方面具有主体意识，另一方面具有主体能力，才能真正实现生动活泼主动的发展。学校德育是一种做人的教育，它在学生主体性发展方向上起着主导作用，研究德育过程中如何发展学生主体性的方法问题是我们实验中探索的重要内容之一。现将两年来采用的方法举例如下：

（一）满足学生合理的道德需要，发展学生健康的个性

多年来，我们常常把道德行为好坏归因于道德认识，忽视了道德需要。其实人的道德行为动机来源于道德需要。学生中表现出来的多种多样的道德行为和道德能力是由多种多样的道德需要所引出的。因此，在德育过程中如何满足学生合理的道德需要就成为我们研究的重要内容之一。比如，学生到了三年级，自我表现欲望增强，有的想当个小干部，展示自己的管理才能；有的会画，想展示自己的绘画才能；有的善于表达，想给大家表演讲故事等。老师就应尽力满足学生的合理要求。三年级实验老师对此进行了大胆尝试。三（1）班废除了"干部终身制"，实行了干部轮换制，让学生"竞争上岗"，目前全班 46 人，都分别担任过班级的小组长、中队的小队长等以上的

干部职务，而且个个干得都很出色。三（2）班的学生在老师指导下自己组织了书法、绘画展，有的学生写前言，有的学生写后语，同学们都把自己精心画得最好的画悬挂起来，并在下面写着："我刚刚起步，画得不上水平，请给我提个意见吧！"三（1）班马聪同学发起并组织了一个故事团，主动与各班联系，利用饭后、活动课时间带领 10 名团员到各班讲演，深受同学们欢迎。实践证明，在德育过程中尽可能支持和满足学生的合理需要，并能积极引导学生进行德育实践，逐步形成道德需要与自我教育相结合的机制，学生的道德行为就有了坚实的基础。

（二）注重道德情感的培养，促使道德信念的形成

情感是人特有的对客观事物的态度体验，它对人正在进行着的认识过程起评价和监督作用。它在客观事物与主体产生需要、态度观念、信念之间起着中介作用。道德情感是人们形成一定道德信念的前提和基础。它对学生主体性发展起着激发动因和引导方向的作用。道德信念是个人认为自己一定要遵循的并决心要去实现的信条。它不单是某种心理成分，而是深刻的道德认识、强烈的道德情感和顽强的道德意志的有机统一。它是道德动机的高级形式，是个人产生道德行为的真正内在动力，在人的道德心理结构中处于中心环节，当然它也就成为学校德育追求的最高的目标。实验班的老师在德育过程中坚持以情为中轴，他们通过组织学生读五爱情感"四字书"，背五爱情感"名家格言"，讲五爱情感"故事"，进而开展选一条最有针对性的名言作为座右铭，经常带在自己的身上，坚持每日"吾省三身"，让它激励自己不断进步；选一位自己心目中最敬佩的领袖、英雄或专家名人作为自己学习的榜样，用他们的事迹激励自己前进；制订一个实现自己一定理想信念的行动计划，并公布于众，在大家指导帮助和监督下得以落实等活动。这些活动培养和丰富了学生的道德情感，促进了学生道德信念的形成，发展了学生的主体性。

（三）重视道德修养，培养良好的意志品格

道德修养是指思想意识和道德品质方面的自我锻炼，自我教育，自我陶冶及由此而达到一定的道德境界和水平。一定的社会道德转化为个体的道

德，关键是个体自身的道德修养。个体自身的道德修养是个体对自己进行自我观察、自我调控，核心问题是形成一定的自制力。"自制"历来是我国道德修养的必由之路。当今学校德育要培养学生的自制力，就要控制教师的教育态度和教育方法，对学生实施情感教育、民主教育、自主教育。比如实验班老师在教育学生如何正确控制自己情感时，就教给他一些心理发泄方法：①当个人受到表扬和奖励时，要控制过分激动的情绪，一方面可以给同学、老师讲自己的感受，大家一起分享成功的喜悦，另一方面想想自己的不足及继续前进的目标。②当个人受到批评后，可以通过拖地、擦玻璃、整理学习用具等积极行为方式来表示认错、吸取教训等；③别人给自己提意见和建议时，要马上以虚心的态度表示："谢谢您的提醒"，"我一定认真考虑您的意见"等。④当个人受到委屈时，不要用"哭"、"吵"、"闹"等方式来发泄，而是采用受小委屈时可以睁大眼睛，"瞪一眼"；受大委屈后可以大喊一声："我讨厌你"；受一般委屈就用摆事实、讲道理的办法来求得心理平衡。再如，在指导学生如何养成良好行为习惯方面，实验老师不仅向学生提出了字少、句短、易记的行为规范要求，进行严肃严格的基本训练，而且注重抓住社会实践进行锻炼。组织开展了"徒步夏收"、"负重远足"、"待命行军"、"山区考察"等活动，让学生在艰苦条件下通过磨炼增强意志，提高自制力。

（四）尊重学生的人格，提高自我教育能力

学生是一个活生生的独立主体，独立自主性是其最基本的行为特征。维护尊重学生的独立人格，提高其自我教育的能力是德育的根本任务。两年多来，在德育过程中我们始终坚持学生的主体地位，保证学生独立自主行使、支配自己的权利，培养学生自我教育的能力。如在德育活动中我们一直坚持着四条原则：一是自愿选择。教师把选择活动的权利交给学生，指导但不指令。学生可以根据自己的兴趣爱好选择活动内容，可以多项多次选择，直到自己满意为止。目前，三年级90个学生在活动中都找到了位置，36％的学生初步形成了稳固的兴趣爱好。二年级80％的学生也有固定的活动内容和阵地。二是独立自主。教师把开展活动的主动权交给学生，诱导而不包办。学生在活动中可以根据现有的发展确定自己的奋斗目标。在活动过程中，学习自己管理自己，自己教育自己，充分发挥自己的聪明才干。三是实践锻炼。教师要为学生实践锻炼积极创造条件，引导而不代替。学生在实践活动中要有理想、有目标、有志气、有追求，刻苦锻炼自己的毅力，想方设法使自己的爱好形成个性特长。四是积极探索。教师要为学生提供机会，使学生在活动中能积极思考，主动发现问题及时提出问题，自觉分析问题和解决问题，进而使其创新意识得到增长，创造才干得以实现。总之，在德育活动的实践中，我们进一步认识到：只有早放手才能早独创，只有早当家才能早成熟，只有在当家做主的实践中，才能促使学生主体性发展，锻炼未来的"当家人"。

品德不良学生特殊
心理与教育方法举例

在我们小学教育中，常常把那些违犯道德准则或犯有严重错误的学生视为品德不良的后进生。这样的学生在一所学校里人数虽不多，但能量大，影响广，给学校教育教学工作的顺利开展带来一定的障碍。在社会主义初级阶段的改革开放时期，商品经济、大众传播、社会风气中一些消极因素的影响，在年幼少知缺少辨别能力的小学生中表现得尤为突出。有的老师在这些孩子身上花费了很多时间，下了很大力气，但教育效果常常不明显。这是什么原因呢？我们可以从多方面去研究，但教师对品德不良学生的特殊心理缺乏认真研究进而未能采取相应的教育措施恐怕是其中的一个主要原因。本文想就这一问题作些浅析，以求共识。

品德不良学生的特殊心理

小学生处于身心迅速发展期，是一个不成熟、不定型、可塑性很大的年龄阶段。这时，他们的独立性、自尊心、集体感、荣誉感、兴趣和求知欲都有了一定的发展。品德不良学生除了具有同龄儿童这些一般心理特点外，我们在长达十年德育改革的实验中通过专题研究，个案分析，还认识到以下几种特殊品德心理：

一、自尊心往往被自卑感所掩盖

自尊心是一种积极心理品质，是人之所以前进的动力。品德不良学生由于有这样或那样的缺点错误，在学校、社会及家庭里常常受到一定程度的歧视。因而往往缺乏强烈的自尊心，存在着严重的自卑感，经常抱着一种自暴自弃，放任自流，"破罐子破摔"的态度，对老师的教育、家长的劝告及同学们的帮助满不在乎，同时有闹课堂、打群架、说粗话等不良行为发生。尽管他们的自尊心被自卑感所掩盖，但自尊心并没有消失，在一定时间，一定场合还在"闪光"。比如，在与其他同学交往中，他总是充分地显示出自己的"才能"以得到别人的敬佩和赞许。这种自卑掩盖自尊的心理活动在品德不良学生身上常表现出一种矛盾状况。如，当他有了过错，老师当众批评、训斥时，他却嬉皮笑脸，装着若无其事的样子。当他行动上做出了对集体有益的事，受到表扬时，他并不高兴，而是怀着疑心、戒心，嘴上不说心里想："你有话明讲，少来这一套。我不需要你表扬。"学生"软""硬"不吃的表现，是因为教师长期采用"训"和"哄"的做法，伤害了他的自尊心。他们对"训"和"哄"的消极抑制，正是自尊心"闪光"的表现。教师要确信，小学生都有自尊心，品德不良学生的自尊心不过是被自卑感掩盖罢了，这是他们一种特殊的品德心理，把握准这一点并采用正确的激励自尊心、自信心、进取心的方法，就能收到良好的教学效果。

二、疑惧心理往往发展成对立情绪

在后进学生身上，品德不良已形成习惯。他明明知道欺负人是不道德的行为，但见了小朋友和女同学还常常搞"恶作剧"。当老师批评他的过错时，他一方面表现得"心虚"、"敏感"、"有戒心"，另一方面又强词夺理，不承认过失。这样，在他们的生活经历中受到的指责比表扬多，有的是来自老师的批评、训斥，有的是来自同学们的讽刺、挖苦、嘲笑，有的是来自家长的责备、打骂，长此以往，他就认为老师、家长及同学都轻视自己，不信任自己，甚至厌弃自己，便产生一种害怕、孤独、苦恼的情绪。有的教师认为这样的学生是"软硬不吃，不知羞耻"的人，在对他们进行教育时，往往缺乏爱心、耐心和细心，而是态度生硬，方法简单，这样就促使他们产生一种疑惧心理。这种情绪体验反复出现而又得不到及时的矫正，就往往发展为对立情绪。比如，六年级学生小李，一个时期因迷恋电子游戏，常常不完成作业，结果被老师当众批评后撤销了小队长职务。从此，他感到老师不信任自己了，便产生不愿意再上学的思想，但他不敢给家长讲。于是他每天吃过饭就背起书包离开家，吃饭时背着书包又回来。家长依然认为他每天照常上学。老师听同学说，小李的家长不想让他继续念书了。事隔几天，老师未见家长到校来谈此事，于是晚上前往家访，这时双方才知道小李已逃学五天了。于是，老师把小李逃学的原因及平时的表现向家长作了介绍。这次家访不仅没有使小李改错归正，反而第二天连人也不见了。当老师问他为啥要出逃时，他一言不发，在老师的再三追问下，他只说了一句话："你不是我的老师，以后不要再来我家。"从这个学生的不良行为的发展变化中，我们可以看到他的心理变化，开始他对老师是一种疑惧心理，后来就渐渐地发展到"敌对"态度，以致出现了对抗行为。长期以来，在我们小学教育中由于不注重研究学生心理特点，在工作中越发导致学生后进的现象应引起我们反思。

三、逆反心理，往往导致粗野行为

一般来说，小学生在老师面前表现得听话、顺从。但一些品德不良的学生却不然。他往往对老师的话产生怀疑，对老师的善意批评、帮助视为"攻击"。老师越是批评了谁，他越对谁表示同情与支持，老师不让和谁来往，他越是亲近。有的教师对后进学生产生这种逆反心理的原因进行过分析，认为这与教育者的作风不民主，处理问题守旧，思想方法片面，工作方法简单有密切关系。因此，教育品德不良学生要坚持晓之以理，激之以情，导之以行，对他们要做深入细致的思想工作，坚持以理服人，不说过头话，不做过头事，慢慢地消除他们的逆反心理。但有的教师对后进学生这一特殊心理缺乏认识，在工作实践中采用了些"不公正"的教育，导致逆反心理发展为粗野行为。比如，我们常见的"围攻"就是一例。当一位班主任老师把犯有过错的学生带进办公室以后，有些老师随即习惯地凑上前来以示"关心"，有的好奇地询问犯错误的经过；有的附和着班主任批评教训；也有的旁敲侧击，讽刺挖苦，造成了众人包围起来"进攻"之势。但被"围攻"的学生逆反心理剧增，有时畏惧寡不敌众，低头不语，消极抵抗；有时昂头挺胸，毫不介意，并当场顶撞，顿时形成骑虎难下的僵局。教师的这种"围攻"并不完全出于恶意，多半出于好心，但这种强制性的教育手段使犯有过错的学生不能不对教师产生逆反心理。多次这样的"围攻"，必然伤害学生的自尊心，使其产生自暴自弃情绪，进而导致在教师面前粗野言行的发生。一个真正了解并掌握品德不良学生这一心理特点的教师，无论在什么情况下，也无论逆反心理导致粗野言行给我们带来了怎样难堪的处境，都能记住：当学生产生逆反心理时，要耐心、耐心、再耐心，冷静、冷静、再冷静，对"存心闹别扭者"，采取"冷处理"。

四、既向往集体生活，又疏远集体活动

小学生喜欢合群，在集体活动中逐步形成集体荣誉感等新的品德心理。品德不良学生对集体则持一种矛盾心理：他既向往集体，又不愿意受集体的组织纪律约束，往往在行动上疏远集体，特别是不愿参加为集体争光的带有竞赛性的活动。但品德不良学生也有占有欲和领袖欲，这种欲望在集体中得不到满足时，便想另找机会和场合表现自己。于是就往往通过组织小团伙与班集体"分庭抗礼"，在他们自发聚集到团伙中充分显示自己的"才能"和"威信"，进而使占有欲和领袖欲得到尽情的满足。这说明品德不良学生并不是不向往集体，不热爱集体生活，问题是一个集体如何能正确对待品德不良的学生，集体活动怎样吸引他有选择地参加；在集体活动开展的过程中怎样充分发挥他的各种才能。这几个问题解决得好，品德不良的学生就会逐渐意识到自己是集体成员之一，应该为集体添光彩。到这时，他的集体荣誉感也就形成了。

学生的不良品德不是天生的，而是后天不良环境的影响通过他本人错误认识的支配在生活实践中逐步形成的。分析不良品德产生的原因，既有客观因素，又有主观因素。从客观上讲，社会上的不良影响、家庭的不良教育、学校教育工作的失误，都在影响着学生品德向不良方面发展。从主观上讲，品德不良学生缺乏正确的道德观念，没有一定的道德信念，意志力薄弱，自制能力差以及不良行为习惯已成为他的一种动力定型等。心理学研究认为，

社会环境、家庭影响和学校教育在学生心理发展变化的过程中是外因，它必须通过学生心理的内部矛盾作用，才能决定学生心理的发展变化。学生心理的内部矛盾是一个积极因素与消极因素不断斗争的过程。在正确的教育影响下，他心理上的积极因素能够得到充分发挥；而在某些不健康的诱因影响下，他心理上的积极因素才能被消极因素所掩盖。因此，促使品德不良学生的转化，就必须遵循他们心理发展的规律，采取灵活多样的教育措施。

矫正不良品德方法举例

作为一位"人类灵魂的工程师"，对品德不良学生应有一个正确的认识。小学生品德心理发展的一个明显特点就是在有利条件或积极因素的影响下可以学好，在不利条件或消极因素的影响下可能变坏。特别是品德不良的学生，头脑中的积极因素常常在和消极因素斗争的过程中被掩盖并导致不良行为发生。如何正确对待这些学生，毛泽东同志早就教导我们："不是轻视他们，看不起他们，而是亲近他们，团结他们，鼓励他们前进。"近几年来，不少的优秀小学教育工作者运用儿童探索矫正的方法，并在实践中取得了良好的教育效果。现举例如下：

一、用爱心点燃心灵的"火花"

小学生的品德行为出现不良现象，往往与他得不到老师、同学及家长的真正的爱有关。在他一旦形成不良行为习惯后，他最缺少的往往不是别的，而又是老师的爱。老师只要给他一份真诚的爱，就会点燃其心灵的火花。对待品德不良的后进学生，老师要有"你就是块石头也要把你暖热"的决心，真诚与他交朋友，做到心理沟通，情感交融，在教育中把情与理、严与爱、言与行结合起来，这样就一定能收到良好的教育效果。如五年级有个学生，作风像匹"野马"，学习成绩全班倒数第二，是师生公认的"老大难"。刚接班的张老师两眼没有只盯在他的缺点上，而是寻找他的优点及"可爱的缺点"。她像医生对待患有重病的孩子那样，对他的"病情"、"病因"及抵抗疾病的"免疫能力"进行认真调查和分析后，采用与众不同的"顺着他教育他"的方法，即在尊重他的自尊，激发他的兴趣，发挥他的特长，培养他的爱好的过程中，循序渐进地对他施加教育和影响，用了不到一年的时间，就取得了显著的教育效果。

二、遵循转化规律，循序渐进进行教育

品德不良学生朝着良好的方向转化一般都要经历醒悟、转变、反复、巩固和稳定的过程。所谓醒悟，就是犯有过错的学生意识到继续坚持发展下去的危险性，在思想上开始有了改正错误的愿望。这时，教师要掌握好这种心理及时给予鼓励并进行明理、导行。所谓转变，就是品德不良学生在行动上有了改正错误的表现。教师要抓住从醒悟到转变这个关键时机进行深入细致的思想教育，对他们的微小进步也要不断给予肯定、表扬和鼓励，促使其进步的愿望变为进步的行动。反复是就学生转变后重犯错误而言。品德不良学生在进步过程中不可能是直线上升，积极因素战胜消极因素在心理上有一个矛盾转化的过程，出现反复是一种正常心理现象。这时，教师绝不能气馁或放弃教育，应抓反复，找出反复的原因，坚持不懈地耐心细致地说明诱导。学生行为不再出现反复和动摇，就开始巩固，经过持久的巩固才能进入稳定期。到这时，学生基本上就能按正确的道德观念支配自己的行动，形成稳固的品德。因此，在转变后进生的过程中，老师一定要坚持循序渐进，切不可急于求成。

三、激发自尊，培养集体荣誉感

自尊心是人的自我意识的一种表现，它是学生积极向上努力克服缺点的内部动力之一。学生变后进常常是从缺乏强烈的自尊心开始的。因此，要使他们向好的方向转化，就需要从激发其自尊、自爱、自信入手。苏联教育家苏霍姆林斯基认为，在教育儿童时，无论如何"不应挫伤他们心灵中最敏感的一个角落——人的自尊心"。他强调，"教育技巧的全部诀窍就在于抓住儿童的这种上进心，这种道德上的自勉。要是儿童自己不求上进，教育者就都不能在他们身上培养出好的品质"。品德不良学生的自尊心往往被自卑所掩盖，我们在教育转化他们时，更需要采用关心、信任、赞许、表扬等办法来激发自尊，鼓励上进。切忌采用无情的"揭老底"，把学生说的一无是处等简单粗暴方法去触动他们心灵中最大、最敏感的病处，伤害其自尊心、自爱

心及自豪感。

激发学生的自尊心，培养学生的荣誉感，单靠"一对一"之间的相互影响是不能真正奏效的。它需要通过组建集体并依靠集体活动、集体舆论进而培养学生的集体荣誉感来实现。苏联教育家乌申斯基在谈到集体教育时说："集体就好像一只雏鸟刚刚从那儿起飞的鸟窝。"重视集体主义教育这是我们的优良传统。一般说来，学生受到集体舆论的支持必然产生一种荣誉感，在这种荣誉感支配下产生的行为容易使学生坚持和发扬。因此，培养学生集体荣誉感是发展优良品质克服不良行为的一种教育方法。品德不良学生往往缺乏集体荣誉感，教师在矫正其不良品德行为时，一方面要竭力组建"目标共同、意志统一、积极向上"的教育集体，使这个集体的舆论总是代表集体的朝气蓬勃、日益向上的思想倾向，成为学生支配自己言行的明亮的"信号"，成为产生集体荣誉感的"源泉"。这样，品德不良的学生在这样一个舆论氛围中感到羞愧，便产生自觉改正错误的思想与行动。另一方面，教师要学会运用"角色岗位"，把每一个后进学生都安排在他能"闪光"的岗位上，在实践中培养其集体荣誉感。但在学生进入角色实践的过程中，教师对这些学生的角色期待不要过急过高，一旦在"岗位"上出现失误，教师要用"心理互换"设身处地为他着想，正确对待他们出现的"可爱的缺点"。

四、研究个性差异，做到因材施教

个性差异是指一个人在实践活动中经常表现出来的比较固定的区别于他人的个体心理特征的综合。也就是我们常说的，这个学生比较聪明，那个学生比较迟钝；这个学生性格开朗，那个学生心胸狭窄；这个学生比较坚强，那个学生比较脆弱等。心理的个性差异表现的方面很多，但是最集中地表现在个性心理特征上，如气质、性格、爱好、特长及各种能力等。小学生由于遗传素质、家庭条件、社会环境、学校教育及个人努力的程度不同，在兴趣、爱好、能力、气质、性格、行为习惯等方面都存在着个性差异。品德不良学生也是这样，他们也有各自的兴趣爱好和特长，尤其是在气质、性格、行为习惯上个性差异表现得更为明显。如，气质属于胆汁质类型的学生，在情绪反应上易激动，情感一旦发生就不易平静下去，并以强烈的"急躁"

"粗暴"情绪表现出现。再如，从性格特征上看，有的属于粗暴；有的属于任性、孤僻；有的属于自私、懒惰；有的属于自负、高傲。因此，在对品德不良学生进行教育时，一定要在深入了解和掌握个性差异的基础上，从每个学生的实际出发，针对不同的特点有的放矢，区别对待，采用不同的教育途径和方法，千万不要一刀切，一锅煮，更不能投之以冷眼，施之以讥笑，甚至动辄责骂，要看到他们"顽皮"、"淘气"甚至越轨的行动中可能包含着天真，孕育着创造的幼芽。在对他们进行教育管理时，既要知其所短帮其所短，又要知其所长扬其所长，尽可能为他们创造培养正当兴趣爱好、充分发挥知识才能的条件和机会，使他们健康向上发展。

对少年儿童中的"怪"事
应该怎样看,应该怎么办?

小学高年级的儿童多系十一二岁,他们的举止、言行不仅不符合成人行为规范,也与低年级学生和中学生有很大的不同,他们中间的"怪"事就是多。

好学反面人物。看了一部电影,听了一段评书后,往往三五成群,不分场合地模仿着那些反面人物的语言、动作和姿态,表演得活灵活现、形象生动。

好"恶作剧"。在安静的课堂,常常由于淘气包的一声尖叫,一副怪态,使整个教学秩序哗然。有的在平坦的公路上故意堆放一些障碍物,造成生理有缺陷的人摔跤,骑自行车的人翻车,自己躲在暗处嬉笑。类似这样戏弄人的恶作剧行为,使我们成人哭笑不得,难以理解。

好给别人起外号。所起外号多半是根据别人的外部特征或表面现象而定,如"李大头"、"眼镜蛇"、"瘦猴儿"等等。当然也有抓住实质的,如称那些粗鲁、专靠强力压制学生的老师为"鲁智深"、"猛张飞"等。

好搞"小团伙"。他们只要兴趣相投,爱好一致,就朝夕相处,密不可分,并出现了一些"小领袖"。一方犯错误,另一方就袒护;一方批评了另一方的错误,就被视为友谊的背叛;认为讲哥儿们义气就是忠诚,向老师汇报真实情况就是出卖朋友;考试时互相抄袭就是帮助;一方受了欺负,其他成员就应该进行"复仇"。这样的小团伙与集体格格不入。

做事好出"岔儿"。家里来了客人，"请给客人倒杯茶吧"，他却碰掉了壶嘴儿，茶水洒地。"帮妈妈刷刷锅、洗洗碗吧！"他却把锅碰扁，把碗打碎。这并非故意，而是自己管不住自己所致。

诸如此类，还可以列举。为什么这个时期的儿童会出现这么多的"怪"事？做老师和家长的应该怎样看？应该怎么办？

心理学的研究证明：这个时期的儿童在生理和心理两个方面的发展变化是很大的，并表现出特定年龄阶段的明显特征。在他们身上所出现的这些"怪"事，其实并不怪。这是他们的身心发展水平和特点所致。老师和家长在对他们进行教育时，要充分考虑和利用水平特点，在可能范围内提出较高而又力所能及的要求，通过适当的教育措施，积极地促使他们的心理进一步发展。

比如，这个时期的儿童，已经有了观察事物的能力，模仿力很强，凡是新异的事，都会引起极大的兴趣，注意力就格外集中，观察得特别仔细，在脑子里留下的痕迹深而不忘，于是碰到了合适的场合，在一定条件的诱导下，就会通过动作和语言反映出来。电影中的反面人物的动作、语言、姿态和服饰等由于典型化了，在日常生活中很少看到，于是，他们就感到新奇有趣，而正面人物他们都习以为常，不觉新鲜，所以，他们往往是兴致勃勃地模仿反面人物。再加之他们学习动作技能比较快，大脑皮层的神经细胞又易兴奋，活泼好动，总想通过自己的动作和语言的表演以显示自己的才能。但由于他们的知识很有限，分辨是非的能力较差，往往只注意事物的新异，却忽略了本质的丑恶，尽管他们喜爱英雄，仇恨坏蛋，但却分不清什么该学，什么不该学，所以就出现了学习丑恶的语言和动作的"怪"事。

作为教育孩子的老师和家长，一定要看到这个年龄阶段的儿童的兴趣爱好，观察模仿能力的进步，并从他们实际的生理、心理特点出发，正确引导，通过组织适当的活动，使他们的能力充分地发挥出来。他们爱模仿人物，扮演角色，教师和家长可以引导他们创作各种"学具"及小飞机、小望远镜、小收音机等。他们能把反面人物学得很像，说明已有表演能力，就可以在语文课上让他们扮演角色，表情朗读，还可以组织他们参加学校和班级的文娱活动，充当骨干，以显示他们的艺术才能。如果不考虑儿童的这些特点，把那些"怪"事一味当做"坏"事来限制是限制不住的，同时也制约了孩子们的智慧才能的充分发展。当然，在因势利导的过程中，对他们喜欢模仿坏人的现象需要进行思想品德教育，使他们懂得一个人的思想品质就是通过感情、动作、语言等表现出来的，少年儿童要以英雄的语言行为为榜样。

再如，这个年龄阶段的儿童身体急剧生长，但肌体各部位发展极不平衡，动作起来很不协调，控制也控制不住，再加之有意注意还不巩固，常常出现分心现象，因此，做事好出"岔儿"。这并不是孩子不想干好，有时实在是力不从心。有的小干部在维持秩序时却和同学动起武来了，这也并非故意。有时不听父母嘱咐，自作主张，结果做错了事。成人以为孩子不听大人的话，其实并非尽然。这是因为他们的身体、知识、力量和智慧都在增长，在各种活动中都想表现出要独立的愿望，他们自感已经长大成人了。针对这些特点，在培养孩子的实践能力上，不能因为孩子做事好出"岔儿"就因噎废食。教师和家长要尊重孩子的独立性，要相信他们的独立活动能力，要尽力为他们创造一定的实践活动条件，锻炼他们的动脑、动口和动手的实际操作能力，且不可怕做事出"岔儿"就包办代替。儿童毕竟不是成人，他们还带有幼稚气，要在信任和尊重的同时给以正确的指导和必要的示范。即使他们真的出了"岔儿"，也不可一味地责备和嗔怪。

由此可见，儿童的心理活动规律是教育工作的重要依据之一，也是教育工作者在施教过程中必须遵循的规律之一。教育对儿童心理发展的主导作用，应该体现在以儿童心理发展的水平和特点为依据，通过有效的教育活动，促使儿童心理朝着健康、正确的方向发展，进而取得积极的教育效果。

孩子爱"告状"应该
怎样看,应该怎么办?

在学校里,经常看到这样的情形:甲乙两个同学打架或闹了纠纷找老师来告状,当老师询问其原因的时候,甲说:"他骂了我。"乙说:"他打我,我才骂他。"……类似这样"公说公有理,婆说婆有理"的"案件",在小学低年级的学生中是屡见不鲜的。懂得儿童心理的教师,他们不视为这是多余的"琐事",正是反映了这个年龄阶段儿童道德认识的特点。孩子们的道德认识正是在这些"琐事"的不断出现和解决过程中实现的。于是,他总要热情而耐心地接待孩子们来"告状"的"案件",通过正确处理这些"琐事"和"小事",来显示出"人类灵魂工程师"的远见卓识和高超的教育艺术。但是,并非所有的教师都是如此,有的教师对这类"案件"似乎是司空见惯、习以为常,不问青红皂白地总是按老办法处理——各打五十大板;有的教师表现懦弱,有甲乙双方各执其理,说甲不听,劝乙不服时,弄得束手无策,不了了之;还有个别的教师靠严厉训斥学生和批评家长等办法来解决学生"告状"。这种简单草率的处理方法,达不到塑造儿童灵魂的目的。相反,会出现一些不良恶果:"案件"层出不穷,一波未平,一波又起,闹得老师头痛医头,脚痛治脚,十分被动。

孩子们为什么爱告状?这是因为,儿童的道德认识还处在一个非常幼稚的阶段,道德概念和道德知识都比较贫乏,缺乏独立的道德评价能力。如一年级的小孩子，他们认为和我一块玩，给了我一支铅笔，就是"好"。今天玩耍没去找我，"橡皮筋"借给别人跳不借给我，就是"坏"。他们总是根据个别的现象、具体的小事、直接利害来看待好坏，决定亲疏的，还不能从本质上去掌握道德含义。再者，由于年龄小，心理简单，有了什么思想，情感就要表现出来，行动特别容易外露，不像年龄较大的学生，心理比较复杂，善于掩藏自己的思想。所以，往往由于一点具体的小事，就很易引起他们的矛盾纠纷，甚至动起武来，矛盾多，纠纷多，当然告状的现象也就多了。

孩子们爱告状还有另一个原因就是老师在学生眼里最受崇拜。学生认为老师最可依赖，是他们公正的"法官"。这是因为学生的初步道德观念在很大程度上是在学校生活的环境中，在教师的教育影响的熏陶感染下逐步形成的。孩子们认为好的，就是得到老师经常许可和表扬的事情；感到"坏"的，就是那些经常换来斥责的。肯定或否定，成了孩子们判断荣辱、善恶、美丑、是非的最后标准。因此，双方一旦因某种分歧而发生了矛盾又想争个胜负，论个输赢，就要找老师"裁决"。

此外，小孩子看到别人缺点多，看自己的缺点毛病少以及道德评价能力还带有很大片面性等也是爱告状的原因。

小孩子爱找老师告状，说明了他们对老师的依赖，老师对小孩子要"晓之以理、动之以情，练之以志，导之以行"，也是自己的责任。因此，教师应该在实际工作中摸索"告状案件"的规律性。一方面对孩子的"案件"要做出严肃、认真、公正的评议，另一方面要以积极的态度和更有效的方法，如利用为儿童们"裁决"的机会，逐步教会他们把自己的行为和规范的行为进行比较，通过思想品德课和班队活动开展群众性的道德评定活动，让孩子们在自评互议中提高自己独立的道德评价能力。

要重视儿童智能的培养

每位家长都要关心孩子的健康成长，特别是希望自己的孩子更聪明一些。小孩子怎样才能变得聪明伶俐呢？关键问题是培养孩子的智力和能力，或称为智能。下面分三个问题进行研究。

一、重视孩子智能的开发是时代的要求

什么是智能？通常说，智是指智慧，能是指能力。智慧是人的一种心理现象；能力是指用这种心理认识去解决实际问题，它包含自学、自治、动手、表演等。智能是人在认识事物过程中所表现出来的能力，包括观察力、记忆力、注意力、思维力、想象力、判断力等。为什么说重视儿童智能的培养是时代的要求呢？

当今世界新的科学技术正在飞速地向前发展，国与国之间都面临着新的技术革命的挑战和竞争，这竞争那竞争，归根结底是人才的竞争。当代科学技术发展既要更细的分工，又要多种科学综合运用。基于这个特点，对人才的要求，不仅仅满足于掌握现有的知识，更要求我们培养的人具有发现能力和创造能力。特别是现在的小孩子，十年十五年以后国家进入科技高速发展时期，他们已成长为祖国建设的主力军，他们智能的高低影响着国家的前途和命运。因此，现在我们教育孩子既要重视知识的传授，更要重视能力的培养和智力的开发。现在不少的家长教育孩子还只是着重于传授知识和技能的训练，而忽视智能的培养。这样只能培养出高分低能的学生，不适应时代的要求。当今，世界已进入"信息爆炸"的时代，新知识正以几何级增长。假如一位化学家每周阅读 40 小时，光是浏览世界上一年内发表的有关化学方面的论文和著作就需要 48 年。另一方面科学发明到应用的周期也越来越短，如果 18 世纪初一项发明到应用需要 100 多年的话，19 世纪初需要 50—60 年，20 世纪初十几年，时至今日则只需一两年。现在一个大学毕业生，五年以后，他所学的专业知识，有一半要变陈旧，再过十年知识几乎全部更新，这就要求我们必须在给孩子知识的同时发展他们的智力，培养各种能力。不仅只要给孩子"金子"（知识），还要给他"点金术"（即分析、解决问题和独立获取新知识的能力）。所以，从小发展儿童的智能成为学校和家庭的一件大事。

二、培养智能要从儿童抓起

智能的工作要提早起步，一年级至关重要，抓好这个阶段的起步，就能更好地造就人才。我国历史上有些著名人物就受益于智慧早期的开发。如东汉的曹子建，七岁能诗；唐朝的王勃六岁善文辞，十岁能做赋，十三岁写《滕王阁序》；李白"五岁诵六甲，十岁观百家"；杜甫"七龄思即壮，开口啄凤凰"；白居易五六岁时就会做诗，还有唐初四杰等，据说都与家庭早期教育有关。如李时珍小时候，父亲外出行医，带他去观，父亲司药让他辨认，父亲写药方时嘴说手写让他听和看，李时珍竟然记住了许多中药配方，后来立志学医为民众解除痛苦。成功的早期教育与忽视这种教育对一个人智慧发展大不一样。如 1972 年经历了 28 年"野人"生活的日本人横井庄回归人类社会后，只经过短短 82 天时间，就完全恢复和适应了人类生活。而在婴幼儿时期脱离人类生活，被狼哺育长大的印度少女狼孩卡玛拉 1920 年在狼窝里发现时大约 8 岁，她用四肢走路，白天潜伏，夜里活动，每到午夜嚎叫，平时吃肉不用手拿，必须扔在地上吃，后来对她进行了人性教育，两年会站立，六年学会走，四年内学会了六个词，十年才学会 45 个词，1929 年临死时（17 岁）她的智力还不及三岁左右的娃娃。尽管给她施行了良好的教育训练，却总是适应不了人类的生活，智力低下始终转化不过来，这是什么原因呢？因为幼年期存在卡玛拉大脑中的潜在智力未能受到刺激的缘故。

横井庄一则是由于在幼年时期和一般人一样使大脑中的潜在能力得到了发挥。因此，两个人的结局是不一样的。由于失去了时机造成智能低下的事例还很多。埃及古代有个皇帝，他为了想知道人类运用语言的能力是先天就有的，还是后天形成的，利用皇帝的权力将两个新生婴儿藏在地下室内，只给他点食物，禁止任何人与他接触。小孩子长到 12 岁，除能发出单调的怪叫外，什么话也不会说。我国的明成祖朱棣（朱元璋的第四子）夺取了建文帝的皇位后，为了永保皇位，把建文帝的小儿子朱文圭带到北京关起来，管吃、管穿、管住，但与世隔离，尽管他"血统高贵"，可是从 2 岁到 55 岁的孤独生活使这位皇族之子成了"看见牛马也不能认识"的白痴。19 世纪意大利有一个王子幼年时被人绑架到一间不起眼的黑房子里，每天只送面包和水，17 岁获释。这时的王子既不会走路，也不会说话，死后解剖发现他的脑结构已经变得很简单了。由此可见，早期教育，能充分发挥其潜在智力，如果错过了各种能力发展的最佳期，再进行教育就困难了。

早期教育非常重要，但有的家长同志担心对孩子进行早期教育会用坏脑子损寿短命。这种顾虑是完全没有根据的。现代生理学研究证明了 1—7 岁儿童脑重增加的情况是：新生儿脑重约 390 克，九个月后脑重 660 克，是成人的二分之一。2.5—3 岁，脑重 900—1011 克，相当于成人的三分之二。7 岁脑重 1280 克，相当于成人的十分之九，8 岁就与成人没有多大区别。所以早期智力刺激，脑力是完全可以负担得了的。按现代神经科学研究，人的大脑有 140 亿个神经细胞，一生中利用的仅仅是其中的很少一部分。潜力是很大的，它可容得下 5 亿本书籍的知识。一般的人，一生只利用自己实际智力的四分之一。有的科学家认为，人一生只利用了潜在能力的 5％。科学家们还认为，脑子开始积极工作的时间越早，它的细胞老化得越慢。这说明积极的脑力活动对任何年龄的人都是有利的。有一个学者挑选了 16 世纪以来，欧美伟人 400 名作分析，平均寿命是 66.7 岁，65 人（16％）活到 80 岁以上。因此，培养智能要从小抓起，适当提前起步。

三、怎样从小开发智力，培养能力

当前如何培养孩子的智能是理论工作者和实际工作者研究探讨的热点。

笔者从家庭教育的角度谈以下几点意见：

（一）要培养孩子的视听兴趣和能力

人们认识世界的窗口是通过眼睛、耳朵等感官，要使孩子聪明，最根本的是发展他们的各种感官认识世界的能力。一个孩子的智慧同他的求知欲成正比。因此，家长同志要注意培养小孩子听的能力和观察能力，经常给孩子讲些故事、寓言、童话、科学家、名人、英雄模范人物的事迹，带他参观各种展览、公园、市场，观察四季景色、动植物等，使丰富多彩的客观世界通过各种直接或间接的渠道反映到他的脑子中。这是使孩子聪明的客观物质基础，如果一个孩子闭目塞听，什么也听不到，看不到，不管先天素质多么好，长期下去也是一个白痴。

（二）要培养孩子动手的兴趣和能力

人是在实践中认识世界和改造世界的。光是通过眼睛和耳朵消极地反映客观世界，那是一切有听觉和视觉器官的动物都可以做到的。因此要使孩子聪明，一定要引导孩子从小在实践中学习。玩，就是孩子在实践中学习的一种最初形式，对启发孩子智慧和培养才能是很有益处的。不准孩子玩玩具是不符合教育规律和儿童心理特点的。要组织孩子参与有意义的游戏，通过各种游戏发展智力，这是教育中一个重要问题。另一方面就是组织开展增长知识和智力的活动，学校开展课外活动组织各种兴趣小组，家长也要在家给孩子创造一些动脑动手的活动阵地和条件。如小种植，小饲养，小制作，这样来培养孩子观察问题、分析问题和动手的能力，以及自己发现问题和解决问题的能力，使他们的聪明才智在实际活动中得到发展。

（三）珍视孩子的好奇心，鼓励他们提出各种问题，培养他们动脑的习惯

孩子的好奇心是非常可贵的，它经常是智慧的先导。对孩子提出的各种问题，父母千万不要嫌麻烦，泼冷水，觉得幼稚可笑，甚至粗暴地训斥一顿，这将会摧残孩子的智慧幼芽。要想孩子聪明，就要引导孩子的好奇心沿着知识的阶梯一步一步向上攀登，对他们提出的问题给予启发性和鼓励性的回答。如史丰收上小学二年级时，在课堂上问老师：为什么数学的运算要从

低位算起而不是从高位数算起？他的老师没有回答这个问题，但也没有泼冷水，而启发说："你要有兴趣，也可以发明创造吗？"谁也没有料到这句话竟启发和促进他在学生时代就创立了速算法。因此，家长同志要启发和引导孩子动脑子想问题，问"为什么"。

（四）要鼓励孩子开展丰富的想象力

小孩子的上进心、进取心、想象力是很强的，对未来都充满了希望和幻想。要充分的发挥他们在这一方面的能量，不要怕孩子异想天开；敢于异想天开的孩子，在长大后往往是能够有所发现、有所发明的人。在这方面，马克思为我们作出示范。有一次，他的小女儿艾琳娜被一本航海故事书所激动，说她也要做一个"舰长"（不知道舰长是什么），并问马克思，她是不是可以扮成男孩子，并且偷偷逃走去租一艘军舰？马克思对小女儿的这个幼稚可笑的想法并没有简单加以否定或轻率地答应说行，而是悄悄地告诉她：这自然是可以的，不过在计划没有成熟之前，不能把这件事告诉任何人。就这样，他把那浪漫色彩的遐想引向了实际。还有一次，小艾琳娜认为，如果没有她的建议，美国总统林肯在南北战争中就很难获胜，因此，她写了几封长信给林肯。这些当然要经马克思的手寄出去。许多年以后，马克思把保存很久的信拿出来让长大懂事的艾琳娜看，不仅唤起了她儿时愉快的回忆，同时对可爱的父亲又增添了无限的爱戴。我们要学习马克思既不怕孩子异想天开，又善于引导孩子扎扎实实地面对现实。我们在学习上要求孩子扎扎实实，一步一个脚印，在想象力的发展上又要"海阔凭鱼跃，天高任鸟飞"，要敢上九天揽月，又要在学习上架筑揽月的天梯。

浅谈家庭教育的基本特点

　　身居高位的干部不一定能当好父母，精干的老板不一定能当好家长，指挥千军万马的将军不一定能指挥好自己的子女，甚至当教师的也常常在自己孩子面前无能为力……这说明家庭教育是一门特殊的学问，掌握并非容易。随着独生子女家庭的逐渐增多，关心和重视家庭教育的人越来越多。但有的家长不掌握家庭教育的基本特点，不是积极地为孩子创造良好的家庭教育环境，即道德环境、智力环境和生活环境，使其受到德、智、体、美、劳诸方面的教育和熏陶，而是脱离家庭教育的实际，照搬封建家教或学校教育的一整套做法，结果付出很大，收效甚微。本文想就家庭教育的基本特点略述管见，如能引起诸位家长同志的兴趣即感笔后之慰。

一、家庭的情感环境

　　一个家庭不管是由几代人组成，成员之间应该是民主平等，互相关心，和睦体贴，充满欢乐的气氛。这个家庭能和谐地交谈思想，讨论工作、学习；谈论新闻、影视之类；能民主商量家庭生活中较重要的事，如计划开支，购买物品，如何过好星期天、节假日，如何为家庭某个成员准备生日；还能经常在一起谈笑，娱乐等。孩子在这样的家庭中应是普通一员，不应该有什么特殊地位，他们年幼多受成人的关心照顾，但父母应从幼儿开始就教育他们"心中有他人"。如感谢父母长辈，有好东西分给大家吃；尊重父母长辈的劳动，并在父母指导下学习独自生活的本领；对父母长辈有礼貌，不轻易插嘴打断长辈之间的交谈和打扰父母的工作等。孩子在家也要有说话、发表意见的权利，成人要倾听孩子的意见和要求，肯定和采纳他的合理部分，对不正确的意见和暂时办不到的要求，要加以纠正和说明。孩子做错了事要适当地批评教育并鼓励改正。总之家庭要成为尊重、爱护和教育孩子的集体，孩子在这样一个良好的情感环境中生活成长会感到自由自在，温暖幸福，有责任感，学会做小主人。他们不会撒娇，也不惧怕家长，显得天真活泼，喜欢思考，善于言谈，有同情心，肯关心人，有主见，有自制力，这样的孩子在父母面前无话不说，即使长大成家立业后，也还能向父母说知心话，做父母的贴心人。所以良好的家庭情感环境是家庭教育的基本特点之一，是得以发挥家庭教育威力的基础。那种溺爱、放任、打骂和吵闹不休的情感环境是培养和教育不出具有高尚道德观念和良好行为习惯的少年儿童的。

二、家庭的智力环境

少年儿童求知欲强，兴趣爱好广泛，家长要努力为孩子创造一个良好的智力发展环境，使其从小就爱学、爱想、爱问、善于观察，贪迷书籍和动手制作等。

家长要养成爱学习、爱思考的习惯，做父母的应喜欢看书读报、及时更新知识等，天长日久孩子受父母的影响就会跟着学。家长也应有一定的兴趣爱好，如有的家长经常学习书法、绘画、刺绣、剪纸，有的会设计家具，能刨会锯，家长这些兴趣爱好都会给孩子带来良好的影响，反之，如果家长不学无术，整天喝酒、划拳、胡说乱喷，也会对学生产生不良影响。

家长要帮助孩子布置学习环境和制作环境。无论房子多挤也要为孩子找一个读书学习的地方。在他的"小天地里"应有书桌、书架、台灯，墙上应挂有地图、日历、课程表、作息时间表、学习计划之类，在床头应有激励孩子上进的名言警句。此外，最好还应有孩子存放玩具、工具和制作的地方。苏联园艺家米丘林小时候就有一个小果园，八岁时就从父亲那里学会了植物的嫁接和栽培技术。因此家长为孩子创造学习和制作环境是发展孩子智力的重要途径。

家长要与孩子经常讨论学习上的问题，不论是吃饭时还是散步时，也不论是看书写字还是收听广播、观看影视，处处都有知识，处处都能使孩子获取知识。父母与女子之间要经常互问"那是什么"、"为什么"、"怎么办"等问题。例如，看到一条鱼，可以考考孩子：这是一条什么鱼？鱼死了为什么还睁着眼睛？这样引起孩子好奇和观察，最后使他懂得原来鱼是没有眼皮的。再如，当听了某个国家的新闻后，可以让孩子指出地图上这个国家的位置，并向孩子介绍这个国家的风土人情及与我国的交往，不仅可以拓宽孩子的知识面，还能培养其国际主义思想。

现在有一种值得注意的现象就是一些家长在发展孩子的智力上，只是机械重复课本上的教育内容，采用管、卡、压的教育方法，而不注重研究家庭教育的特点和优势，在创造良好的家庭智力环境上下功夫，使孩子的认识结构形成"竖成线横成片"。

三、家庭的道德环境

一个家庭共有的传统作风和做人的规矩是这个家庭自然形成的共同遵守的道德标准和行为规范。现代的民主家庭不应像封建家庭那样用极不合理的死板条文来限制、责骂孩子，而应通过父母的榜样作用来形成家庭道德气氛，影响孩子的道德认识、道德情感和行为习惯的形成。

家庭成员都要有一个正确的生活目标。平时父母的言行是心灵的声和形，会引起孩子思想的共鸣。如家长之间在谈论改革形势和成就时情绪高昂，看到某些不正之风时痛心疾首；经常称赞生活中的好人好事，评价周围人和事中的不良倾向；热心解决工作单位存在的困难，热情为邻居、为他人服务等，这些都能给孩子以良好的道德影响。反之家长的错误言行、不正当追求、不文明行为也会影响着孩子道德品质的形成。

良好的家庭道德环境要体现在家庭的生活实践和行为习惯之中。如邻居家老奶奶有了病，父母带孩子一起去照料；在公共汽车上父母带孩子一起扶老携幼、主动让座位；父母参加集体劳动带领孩子让其学习劳动本领等。通过生活实践中的传、帮、带，使孩子逐步形成良好的思想品德。

良好的家庭道德环境还要体现在家长的严格要求和经常性的行为训练之

中，有的家庭围绕着文明礼貌、勤奋学习、热爱劳动、讲究卫生、健康生活等五大行为提出一些字少句短押韵易记的要求：如"尊行辈、爱幼小、对老师有礼貌"，"不旷课、不迟到、课堂上多动脑"，"个人事要自理、家务活要学习"等。为了使这些要求转化为行为习惯，家长还需要在实践中进行严格训练，如在文明礼貌上不仅向孩子提出"27"个字的礼貌用语和"10"个尊称，还要通过严格训练使学生真正会说、会用、言行统一。

总之孩子的大部分时间是在家庭环境中度过，他会有意或无意地接受着环境对他的教育和影响。有些家长常常发出疑问："有的孩子不教就好，而我的孩子为什么说破了嘴皮还是教育不好？"这些家长把教育孩子单纯地看成"说"，而认识不到环境教育在孩子成长中的重要作用，恐怕是生疑的一个主要原因。家长要想把自己的孩子教育培养成一个朝气蓬勃、健康向上的少年儿童，就努力为孩子创建一个良好的家庭教育环境吧！

让独生子女
受到良好的家庭教育

如今只有一个孩子的家庭越来越多。有些父母产生"四怕"心理：一怕孩子学坏，认为社会上不健康的因素多，孩子模仿性又强，容易一学就会。二怕孩子不成才。现在社会上越来越重视知识，"铁饭碗"捧不住了。孩子如不成才，就得吃苦，感到痛心。三怕子女不孝顺。如有几个孩子，这个不孝还有那几个，而现在只有一个孩子，如果不孝顺，年老了依靠谁。四怕孩子生病，死亡。万一孩子出意外，再生一个也来不及了。

由于许多独生子女家长心理过分紧张，常常在教育孩子的方法和态度上不是溺爱就是过严，普遍存在着"四过"的现象。即：过分宠爱。一切以孩子为中心，全家都围着"小太阳"转。由于家长的过分关心、疼爱，处处特殊对待，结果使孩子只要别人关心，不知关心别人。过度保护。怕自己的孩子在与其他孩子交往中"受欺负"，故给孩子准备应有尽有的玩具、图书……使孩子整天只能与物打交道。这在客观上筑起了一堵不可逾越的墙，使孩子没有机会和小伙伴交往。结果束缚了孩子的智力发展和集体主义思想的形成。过多照顾。孩子的生活、学习等，家长一切包办，甚至入学后还为孩子穿衣、系扣、端水盛饭、削铅笔、戴红领巾等，使孩子自幼养成饭来张口、衣来伸手的习惯。结果使孩子处处依靠大人，一切无所谓，自学、自理、自治能力得不到发展。过高要求。"望子成龙"心切，对孩子文化学习期望过高，一切都压在孩子身上。结果，学习负担过重，影响了身心健康发展。

那么，独生子女的家长怎样正确教育自己的孩子呢？我认为需要坚持四个"统一"：

严和爱的统一。严是爱，松是害。爱是严的基础，严是爱的体现。爱孩子不是溺爱、偏爱和无原则的迁就。但"严"绝不是采取简单粗暴的打骂，而是立规矩、建制度、提要求、讲道理、培养良好行为习惯。这样"爱"也就立在其中了。

情和理的统一。晓之以理，动之以情，导之以行，持之以恒，这是对孩子进行品德教育的有效方法。但要孩子晓之以理，家长必须动之以情。只要家长用无限的深情、亲切的语言、和善的态度，根据孩子特点，结合具体事例通俗浅显地讲道理，孩子就能逐步知道什么对，什么错，什么好，什么坏。

言和行的统一。父母要以身作则，言传身教。遇事给孩子讲清道理是必要的。但为孩子做出榜样更为重要。小孩子可逆性大，模仿性强。父母的言谈举止，为人处世，都对孩子起着潜移默化的作用。如，母亲爱打扮，女儿也好打扮，母亲多嘴多舌，女儿也不例外。父亲好喝酒，儿子往往也学着喝，父亲好交结"哥儿弟兄"，儿子也好结"小团伙"，可以说，"孩子是父母的影子"。父母的品德、学识都会在孩子身上打下深深的烙印。所以，家长必须加强自我修养。

精神和物质的统一。激励孩子上进需要精神鼓励和物质鼓励相结合。行为科学研究证明：精神鼓励比物质鼓励起的作用要大，持续的时间要长。因此，在教育孩子上要以精神鼓励为主，不要过多地用物质去"刺激"积极性。当前值得注意的倒是有所忽视精神的作用。

学校要重视和关心
少年儿童的社会教育

随着社会发展，少年儿童从社会各个信息渠道获取的知识逐渐增多。据调查，当前小学生从校外获取的知识和技能占所获知识技能总量的 21—37.6％。社会教育对少年儿童的作用和影响显得越发重要。教育工作者，特别是从事基础教育的同志，应该在做好校内系统教育工作的同时，主动争取社会各种力量，充分利用一切可以利用的社会阵地，有目的、有计划、有组织地开展少年儿童喜欢参加的思想性、知识性、趣味性、实践性、创造性较强的形式多样的社会教育活动，进而促使他们全面发展。

但是，近几年在学校管理中，由于对与经济发展相适应的教育思想研究不够，调控不够，使得一些领导办学指导思想不够端正，部分教师教育思想不够明确，导致工作实践中较为普遍地存在偏重校内教育，忽视校外教育；偏重智育，忽视德育、体育等；偏重知识传播，忽视实践锻炼的现象，少年儿童的社会教育没有引起所有学校足够的重视。本文想就社会教育的意义、作用及实施途径谈点意见。

一、校外的广阔天地是儿童获取知识的大课堂

在少年儿童的知识结构中，一部分，也是主要的部分是从学校的系统教育中获得的。另外一部分则是从家庭生活和社会各种交往活动中获取的，特别是现代社会里，国内外许多政治、经济、军事等重大事件，许多发明创造

和尖端科学的成就，经常不断地通过网络、电视、图书、报刊等各种渠道广泛地传播，影响和激励着儿童的好奇心、求知欲和探索的兴趣。学校的课程设置、教材内容都有一定的稳定性，课堂上传授的主要是"昔日信息"，而广阔天地的"即日信息"又难以立即引入课堂。这样，光靠校内的教育和教学活动，已经不能够满足少年儿童求知欲发展的需要。因此，学校既要重视和关心儿童的校内教育，又要重视和关心少年儿童的校外教育，在工作实践中把校内的系统教育和良好的社会教育结合起来。

二、一定的社会环境影响着少年儿童思想品德的形成和发展

少年儿童总是生活在一定的社会环境中，他们思想品德的开发和发展受着多种因素的影响，其中包括校内的有目的、有计划的教育影响，也包括来自社会环境的既有正面、积极的影响，又有反面、消极、潜移默化的影响。当今信息社会，信息渠道越来越广，泥沙俱下的信息、生活方式、人际关系等，都在积极或消极、迅速而深刻地影响着少年儿童思想品德的形成和发展。面对这些新情况，学校领导与教师应该大胆地把学生放在现实社会环境中，指导学生通过各种社会现象的观察了解、分析鉴别，去认识真理，锻炼思想。有的学校领导与教师怕少年儿童受影响，整天把他们关在学校和教室里，死死捆在书本上，认为少让孩子与复杂的现象接触，就可以保护其幼小而纯洁的心灵。这种愿望和动机是美好的，但事实上是办不到的，行不通的。学校领导与教师应该坚持放中有防，放手让少年儿童在自然的社会环境里，经风雨、见世面，摔打锤炼，从而提高分辨是非、认知社会的能力。

三、社会教育活动有助于培养少年儿童的爱好和发展其个性特长

苏联教育家苏霍姆林斯基非常重视这个问题。他认为一个学生如果没有一门特别喜欢的学科，没有一项入迷的课外活动，没有自己最喜爱的书籍等等，教师就应该对学生施加影响，指导他们发展爱好和特长。这是因为儿童正处在发育成长阶段。他们精力旺盛、好奇爱动、兴趣广泛，乐于参加各种活动。教育者只要为他们创造一定的环境和条件，他们的聪明才智就会得到较好的发挥。有的学校对参加北京市少年宫各种兴趣小组的学生展开调查，发现有67%的人进入了相应的专业单位和专业学校，另外33%的人养成了正当的业余爱好，成为其精神生活中的重要内容。

四、少年儿童参加社会教育活动有利于其自学、自理、自治能力的发展

学校以外的社会教育比起校内教育更为灵活多样，有其自身的特点。一是自愿选择，即学生可以根据自己的兴趣爱好选择活动内容。二是独立自主，即把开展活动的主动权交给学生，教师不加包办代替。三是实践锻炼，即把学和用结合起来，让学生动脑、动口、动手解决问题。四是积极探索，即在集体和个人活动中鼓励少年儿童积极思考，勇于创造。因此，社会教育活动的开展为培养儿童的"三自"能力开辟了一条重要途径。经验证明，只有早放手，才能早独创；只有早当家，才能早成熟；只有在当家做主的实践中才能锻炼未来的"当家人"。

总之，少年儿童的社会教育问题是学校教育工作整体的一个重要组成部分，是发展少年儿童智力、才能、培养良好思想品德和增进身心健康的重要途径，是学校教育适应时代的需要。学校的领导与教师应当怎样重视和关心少年儿童的社会教育呢？从这项工作做得比较好的学校那里得出：

1. 明确意义。社会教育的意义和作用，不仅校长教师要明确，也要让少年儿童知道为什么必须这样做。因为人只有产生了某种动机后，才能促使自己产生某种行为，并推动这种行为的进行。有的校长和教师为了让儿童懂得社会教育的意义，采取走出去和请进来的办法，组织少年儿童参观校外教育活动展览，观看各种兴趣小组活动的表演，搜集剪贴少年儿童参加校外活动的事迹图片；让在社会教育活动中取得一定成绩的大哥哥、大姐姐到学校班级作汇报、搞表演；然后再通过组织少年儿童编儿歌、讲故事、制作社会教育活动图片集锦等活动，使他们懂得参加校外教育活动有助于巩固已学的知识和获得新的知识，有助于培养自己的兴趣爱好和发展特长，有助于高尚道德观念和良好行为习惯的形成。这样，少年儿童被激发起的内部动机，就会形成一种内力，促使其积极参与各种社会教育活动。

2. 组织集体。社会教育活动是少年儿童利用社会空间的各种条件在课余时间开展的，有必要建立相应的组织以保证活动的顺利进行。学校要根据社会教育的特点，指导并帮助少年儿童建立各种社会教育活动集体。如：围绕思想品德教育可以组织"跟着革命前辈学本领小组"、"道德行为评定小组"等；围绕科学技术教育，可以组织"科学实验"、"模型制作"、"动物饲养"、"植物栽培"、"气象预测"等小组；围绕体育艺术教育，可以组织武术队、游泳队、棋艺小组、书法绘画小组、编织、刺绣、剪纸小组等。在组织这些集体时，教师要帮助少年儿童选好组长，订好计划，健全制度，并随时解决实践活动中遇到的困难。

为了加强少年儿童的社会教育活动的辅导，学校要十分重视校外辅导员集体的建设。如有的学校邀请学区内的党政领导干部，离退休的地方和军队的老干部，授予各种称号的英雄模范人物，有各种业务、技术职称的专家名人，当地驻军的指战员和教子有方的家长等社会力量当代表，组成学校及班级社会教育指导小组，并分别担任各个活动集体的辅导教师。实践证明，这些都是行之有效的组织形式。

3. 开辟阵地。近几年来，各地政府部门为孩子们在德、智、体、美、劳等方面生动活泼地发展，开辟了一些校外教育阵地，提供了一些社会教育的活动条件。但它还远远不能满足广大少年儿童的需要，这就要求我们校长和教师努力工作，创造性地为孩子们开辟一些小型多样的社会教育阵地。可以本着就地就近的原则，在家庭和社会有关部门的支持配合下，在街道、村庄里为少年儿童开辟一些"少年之家"、"小队之家"；在老干部活动室、农村文化室里开辟一些"图书角"、"知识角"；在敬老院、老红军院里设立"为人民服务辅导站"；在工厂可以为孩子提供参观学习基地；在商业服务网点上，可以为孩子设立服务台、利民点；在广大农村可以通过开辟小饲养、小栽培以及采挖中药材，制作动、植物标本等活动使少年儿童受教育、学知识、长本领、起作用。

4. 指导活动。学校在指导少年儿童的社会教育活动上，除了要坚持过去行之有效的做法外，还要根据时代的要求，注意创新。比如，为了扩大少年儿童的视野，使其获得新的信息，让校外科技辅导员向儿童介绍一些遗传工程、海洋开发、航天技术等方面的常识。为了培养少年儿童的动手能力，在辅导员指导下，让他们学习安装收音机、电视机，制作简单模型，学习设计学习用具等。为了培养少年儿童的创造精神，让孩子们自己动手办小报、当小记者、做小编辑，组织信息分析会，开展"一日队长"、"一日校长"、"一日经理"等活动，都是很有意义的。

　　总之，社会教育意义重大，内容丰富。在新的历史条件下，希望广大中小学教育工作者，都来重视和关心少年儿童的社会教育，从实际出发。

Part4
第四部分

科研探索

依靠教育科研提升
学校育人质量的思考

现在大家都在研究素质教育问题，通过改革实验使学生在思想、道德、文化科学、劳动技能、身体和心理等方面都得到生动、活泼、主动的发展。我认为素质教育的核心和灵魂是高扬人的主体性，即培养高质量的富有独立性、主动性和创造性的新型人才。就学校管理而言，要培养和造就这样一批新世纪的新型人才，就必须对影响其发展的诸多因素进行全面分析，优化组合产生整体效益。一般来说，影响一所学校育人质量的主要因素有三个：一是办学的物质条件；二是教师队伍的整体素质；三是学生的来源及现有发展水平。在这三者之间，物质条件是基础，教师素质是关键，学生发展水平是根本。学校的一切人员所从事的一切工作都应该围绕着学生的发展这个根本来运行。因此，管理就是质量，管理就是效益的观点应该为大家所接受。在当前应试教育向素质教育转变时期，就一所学校而言，靠什么实施素质教育，怎样提高学生的整体素质，这是一校之长必须认真研究主动回答的一个至关重要的问题。

什么是校长？校长是一个领导者、教育者、管理者的有机统一体。他的主要职责是管理，即充分发挥学校管理的职能作用（计划与决策、组织与指挥、控制与协调、用人与激励）。一个优秀校长，应是一个品质好、学识广、才能高的人，应该是一个"管有主见、办有特色"的人。特别是党和国家把教育放在优先发展的战略地位，邓小平提出科技是第一生产力后，社会的进步、经济的发展，越来越要依靠教育，这已越来越成为人们的共识，这就越来越要求我们的校长必须学会理性思考，逐步成为教育家，按照教育发展的规律来办学。当前，学校管理的思想应该抓科研促教研，抓教研促教改，为全面实施素质教育服务。基于这样的认识，现把我校科研兴校的一些思考向大家汇报一下，希望能得到同行们的共识。

我校是省市实验学校，中国名校之一，在如何实施素质教育问题上，经过较长时间的思考与论证，提出了一个依靠教育科研，振兴发展学校的初步思路，简称为"科研兴校"的战略思考，为了便于好记，我们归纳为"一体二翼三点四线五面"。一体就是确立主体教育思想，开展小学生主体性发展教育实验；二翼就是一方面构建小学生主体性发展目标体系，另一方面研制一套小学生主体发展水平的测评体系；三点就是抓住影响小学生主体性发展的三个主要因素进行专题研究；四线就是对影响学生发展的四条主要途径加强科学管理；五面就是这一战略思考付诸实施后要从五个方面出成果。下面分别向大家介绍一下具体构想与实施情况。

一、关于确立主体教育思想，开展小学生主体性发展教育实施问题

21世纪是机遇与挑战并存的时代，人类将面临新形势、新问题。教育是面向未来的事业，谁先掌握了领先的教育，谁就在竞争中处于战略的主动地位。小学教育是一项未来工程，现在的小学生将是未来社会各方面的主力军，小学教育应有超前性和预测性，应根据经济发展和社会进步对人才素质的要求进行改革与发展。当前世界上不少国家的初等教育都在面向未来进行着广泛研究和诸多领域的改革。在日本，文部省针对学校教育的现状特别是存在的问题提出"教育改革的重要问题是打破目前教育中存在的划一性、僵硬性、封闭性和非国际性等弊端，树立尊重个人，尊重个性、自由、自律、自我责任感意识——也就是确立重视个性的原则"，并认为"重视个性原则是教育改革中最主要的也是贯穿其他的基本原则"。日本明确提出现阶段学校教育的培养目标是：①宽广的胸怀、健康的体魄，丰富的创造力。②自由、自律与公共精神。③面向世界的日本人。而为了实现这一的培养目标，要求其人才具备的起码条件是：①在广泛的国际视野和全人类视野上处理事务的知识和能力。②能同异国文化疏通意思的语言能力、表达能力、国际礼仪、知识和教养。③在国际社会中能对日本的历史、传统、文化和社会做出有说服力的介绍的能力。在法国教育部长对小学教育提出了新政策，即"将孩子置于教育体系的中心"。并重新提出了教育目标："培养具有丰富个性的人才"。他们广泛推行"教育行动计划"，实施一种以学生为中心的教学方法，研究怎样适应学生的节奏，怎样围绕学生进行教学，从教学内容、组织和时间安排上考虑学生的需要。

从发达国家的教育改革动向可以看出，重视人的主体性，发展"教育个性化"已成为当今教育改革的一个重要趋向。

教育要促进现代化，就必须重视培养学生的主体性，使他们成为有独立自主性、主观能动性、创造进取性的社会主体，弘扬学生的主体性是当代教育的主题，是正确做出教育价值取向，提高教育质量与人口素质的关键。有的学者认为，马克思主义关于人的全面发展学说的精神实质，就是要发展人的主体性。主体性是全面发展的人的根本特征，主体性集中了人的一切优秀品质和个人特征，是身心和德、智、体、美劳诸方面都得到发展的综合表现。主体性强的人就是自觉能动性强的人，主体性强的人就是在客体面前拥有主动权和自由的人。教育对人的发展从而对社会的发展所起作用的大小，基本是取决于它在多大程度上培养出具有主体性的人来。就这个意义上讲，主体性发展是素质发展的核心，抓住主体性教育也就抓住了素质教育的灵魂。有的学者认为，把我国的教育放在世界范围中来考察，我们培养出来的人最缺少的不是知识和技能，在知识主面我们可以与西方发展国家的学生比肩，但几十年我们没有培养出一位诺贝尔奖获得者。我们的教育所培养的人最缺少是一种内在的精神，即自主精神和创造精神。我们的教育应该是弘扬人的主体性精神的教育。当前的教育应着眼于人的主体性发展，改革和克服传统教育中重共性轻个性、重知识灌输轻智能开发，重理性训练轻民主和谐发展等弊端，实现人的社会化与个性化的统一。

近几年来，我国小学教育虽然在不同层次进行着多种改革与实验，并取得了可喜成果，但对日益成为教育的基本主题——小学生主体性发展并没有更多认真系统地进行研究。由于历史原因和社会因素，教育要促进人的社会化被片面地理解为对社会的顺应，而很少强调把人培养成改造社会的主体，在教育过程中强调的是人对社会的服从而不是创造。当前的小学生并不是在一个平等、民主、和谐的环境中生活，他们受到来自多方面不应有的限制和束缚，主体性并没有真正得到独立的、自由的全面发展：①学生的独立人格得不到重视。在我们的教育活动中，教师常常是两只眼盯着学生的缺点毛病，把批评、训斥和禁止、惩罚作为常用的教育手段，结果剥夺了学生的主体地位，伤害了学生的幼小心灵。②学生的自主权得不到保证。在我们的教学实践中，常常把学生视为客体，当做容器，一味地填鸭灌输，包办代替，剥夺了学生在学习和生活中自愿选择、独立自主、实践锻炼和积极探索的自主权。③学生的兴趣和爱好得不到充分发挥。由于我们的教育统得过死，从教育目的、教学制度到教材教法过多地强求一律，化整为一，致使培养出来的学生往往千人一面，伤害了儿童的个性和主体性生动活泼地发展。④个性差异得不到承认。小学生由于受生理、环境和教育的不同影响，客观上存在着个性上的差异，我们就应该面对有差异的学生，实施有差异的教育，并允许学生有差异的发展。但长期以来，我们对有差异的学生在要求上一个模式，在考核上一个标准，严重地忽视了学生的独特性、差异性。结果我们培养出来的人才不尽如人意，集中表现为缺乏主体性：在独立性和自主性上，常常表现为处于被人规定、被人指派、被人掌握的境地，不能根据自己的需要、愿望、兴趣、爱好自主地选择适合自身的教育，不去积极取得独立的人格地位；在主动性和自觉性上，常常表现为没有明确目标，缺乏进取精神，害怕困难，回避矛盾，缺乏社会交往、主动参与、大胆竞争、涉猎广泛和强烈的求知欲等意识和能力；在创造性和批判性上常常表现为不善于独立思考，盲目随从别人，办事不灵活，喜欢循规蹈矩，不爱表现自己，缺乏理解分析和实际解决问题的能力。因此，从我国小学教育的现状和未来社会对人才素质的需求上来研究小学生主体性发展问题，应该是我们的主旋律。小学教育要想主动适应现代社会特别是我国的市场经济大潮，抓住学生主体性发展这个带有根本性的问题就能把教育改革引向深入。

　　学生主体性发展既是一个理论问题又是一个实践问题。它的理论基础一是马克思主义关于人的全面发展学说，二是教学认识论。发展学生主体性是我们党的教育方针和培养目标的核心和精神实质，是教育改革的主旋律。但学生主体性发展受到多种因素的影响与制约，从内部因素来讲有学生的品德、智力、体力的结构和能力，从外部来讲有学校教育、家庭教育和社会教育的作用与影响。因此，发展学生的主体性是一个非常复杂的整体系统工程。1992年春，我们安阳人民大道小学和北京师范大学教育系顺应历史和时代的发展，两家联合围绕着小学生主体性发展问题展开了理论研究和教育实验。我们认为，主体性是指在对象性活动中作为主体的人具有的本质特性，是主体在同客体相互作用时由自身一定的素质结构所产生的功能表现。主体性反映出人的高度的主观能动性，它集中体现为人的独立性、主动性和创造性。学生作为教学认识的主体，在学习活动中只有充分发挥主观能动性即主体性，才能使教学认识成为可能，也才能使他们自身真正成为教学认识的主体，实现他们的社会化与个性化统一。基于以上认识，我们构建了主体性发展的三维结构、即独立性、主动性和创造性。独立性即自主性，是对自我的认识和实现自我的不断完善，其发展目标分解为自尊自信、自我调控、独立判断、决断、自觉自理等四个方面；主动性是对现实的选择，对外界适应的能动性，其发展目标分解为成就动机、竞争意识、兴趣和求知欲、主动参与社会适应性等五个方面；创造性是对现实的挑战，其发展目标包括创新意识、创造思维能力和动手实践能力等方面。小学生主体性发展实验的理论假设是：依据马克思主义关于人的全面发展学说和教学认识论的基本原理以发展小学生主体性为主要目标，通过树立主体教育思想，严肃严格地进行基本训练，诚心诚意把小学生当做主人，逐步调整，改造现行教材和教育教学管理，促使小学生主体性不断发展提高，并对小学生主体性的具体表现、发展规律和有效的教育影响进行探索，以使教师应有的素质获得科学知识，推动教育改革，丰富教育理论，同时为教育实验探索出一条新路子。四年来我们两家理论工作者和实际工作者一直捆在一起，构建出小学生主体性发展大纲，列入国家重点科研课题，并已取得阶段性成果。

二、构建小学生主体性发展目标体系及研制相应的测评体系

我们进行的小学生主体性发展实验是一种探索性教改实验，一些理论构想，只有通过建立主体性发展目标体系才能具体化，并得到初步验证。主体性作为人在对象性活动中表现出来的本质特征，是一个包含特质层、分析单元和行为层的结构系统，只有通过建立主体性发展指标体系及相应的测评指标体系，使定性分析和定量分析相结合，才能使理论构思趋于完善和具体化。我们构建的小学生主体性发展目标体系分为三级：第一级是总目标即发展学生主体性；第二级是将总目标具体分解为十二个特质层；第三级指标则是能进行具体操作的行为目标。指标体系的上下层是一种充分必要的构成和隶属的关系，同一层次的指标之间是并列关系，即各指标必须保持相对独立性，不存在因果关系和包容关系。我们在构建指标体系时大体经历了：①收集项目。根据我们对主体性意义及范畴的理解，组织力量对 200 名优秀学生进行了个性特征调查，同时听取了有经验的专任教师的意见。另外，我们还参照国内外有关量表的内容，尽可能收集各种反映独立性、主动性和创造性的行为条目，这样我们从意识和能力两个方面组成了 18 个分析单元，共列出行为表现 118 项。②项目的初步筛选。在广泛征求有关专业人员和教师意见的同时，又参阅了有关量表，使每个条目形成了强、一般、弱三级。具体行为表现为了使所有条目尽可能具有典型性和代表性，我们在安阳、北京选取了四所学校的三、五年级学生，发问卷 320 份，做有关项目的参照调查，在调查的基础上最后形成了独立性、自主性、创造性三个方面的特质，12 个分析单元，41 个基础上的五级评定的主体性发展指标体系。（见图）

特质　分析单元　　行为层

```
                 ┌（1）自尊自信
           ┌独立性┤（2）自我调控
           │     │（3）独立判断和决断
           │     └（4）自觉自理
           │     ┌（5）成就动机
           │     │（6）竞争意识
主体性──┤主动性┤（7）兴趣和求知欲
           │     │（8）主动参与
           │     └（9）社会适应性
           │     ┌（10）创新意识
           └创造性┤（11）创造性思维能力
                 └（12）动手实践能力
```

（一）独立性

1. 对自己有信心，相信自己的能力，不自卑。

2. 关心自己的形象，不容许别人侮辱自己。

3. 做事有条理，效率高。

4. 注意稳定，自制力强，不易受干扰。

5. 有毅力，不达目标不罢休。

6. 办事认真、精细、周密。

7. 有主见，不盲从。

8. 能根据情况正确、果断地下决心，采取对策。

9. 对自己、对别人的评价公允、客观。

10. 学具用具带齐，不用家长提醒。

11. 生活上能自己照顾自己，主动做自己的事情。

（二）主动性

12. 为自己确定较高的学习目标。

13. 努力争当优秀生，渴望成功。

14. 想方设法使自己有某种特长。

15. 关心自己在集体中的形象。

16. 时刻想超过比自己强的人，总爱和别人比着干。

17. 渴望挑战，不怕困难。

18. 总想表现自己，"好出风头"。

19. 喜欢问各种各样的问题，什么都想弄明白。

20. 涉猎广泛。

21. 有一项或几项着迷的爱好，有一门或几门特别有兴趣的学科。

22. 主动提问积极思考。

23. 主动要求回答问题。

24. 班集体活动踊跃争先。

25. 积极参加课外小组活动，力求担当活动的积极分子。

26. 在集体活动中，能巧妙地协调不同方面的意见。

27. 人缘好，受别人尊重。

28. 宽容、尊重、关心他人。

29. 主持公道，敢于批评不良行为。

（三）创造性

30. 很好奇，富于幻想、联想。

31. 爱标新立异，好发表新异见解。

32. 不愿循规蹈矩，希望变化。

33. 思考问题的方法新颖巧妙，善于从多方面多角度解决问题。

34. 能灵活运用学过的知识。

35. 善于总结自己的学习方法。

36. 遇到困难问题，善于分析综合和概括。

37. 善于直觉思维，借助具体形象解决问题。

38. 善于解决日常生活中遇到的实际问题。

39. 有自己的小制作、小设计、小发明。

40. 积极参加并组织有创新性的竞赛活动和游戏。

41. 在实践性活动课程学习中表现出很强的动手能力。

③对指标体系的检验。我们采用预试方法，从一年级至六年级每年级抽两个班100名学生作为预选对象，将其按主体性表现的强、一般、弱分成三个群组，然后从每个群组中随机抽取10人，教师根据学生的实际情况按问卷所列条目，给每个学生做出五级评定（很符合、比较符合、一般、比较不符合、很不符合），问卷测试的数据通过计算机进行统一处理后，得出了小学生主体性发展测评指标，共计10个分析单元，49个项目。

目前，我们课题组正在进一步构建各学科小学生主体性发展目标体系及相应的测评体系，各学科组也在构建各学科中的指标体系。这是一个系统工程，它是随着主体性认识论的深化，实验的深入而逐步构建逐渐完善的。

三、抓住影响小学生主体性发展的三个关键因素，列专题进行深入研究

（一）幼儿入学准备教育实验

全国不少地区由于受经济发展水平的制约，幼儿七岁才能入小学，幼儿园毕业的小朋友为数不少的要在小学读学前班，当前学前教育普遍重视幼儿的智能发展，忽视幼儿的人格培养，把小学一年级要学的知识提前在学前班进行，出现一种学前教育小学化的倾向。我们为了使小学生主体性发展教育实验有一个较好、较高的起点，从1992年秋开始，围绕着幼儿入学需要做好哪些准备，怎样准备，如何在准备教育过程中发展幼儿的主体性等问题，成立了由人民大道小学科研处与北京师范大学学前研究室组成的"幼儿入学准备教育实验课题组"，围绕着发展幼儿的适应性进行专题研究。我们的实验内容一方面是培养发展幼儿的学习适应能力，包括数学准备，突出数量关系，激发幼儿思维的积极主动性；读书准备，包括激发兴趣，揭示对语言的理解能力，提高口头语言的表达能力及发展幼儿的方向知觉、空间知觉和观察力等。另一方面是培养和发展幼儿的社会适应能力，包括参与活动的积极主动性、任务意识与规则、良好的行为习惯以及生活处理能力等。在实验处理上将社会学习、科学启蒙、户外活动等都纳入了学习内容，开展以看、听、说、唱、做、画相结合的系列主题教育活动；以游戏为主使幼儿在活动中获得发展，提供良好的教育环境，如：图书角、游戏角、卫生角、英雄角、知识区、手工区、音乐区、科技制作区等，还综合运用全体的、分组的、个别的教学形式，为幼儿提供更多表现自己的机会。我们采用《中国儿童发展量表》，彩色瑞文推理测验量表以及社会适应能力问卷，对幼儿整体发展水平进行了前后测，并与全国同龄儿童发展情况进行了比较分析。幼儿的发展水平从前测时，属于全国同龄儿童发展水平的正常偏下，提高到后测时属于全国同龄儿童发展水平的正常偏上，实验取得了较好的效果。同时也为我们建立和验证小学生主体性发展指标体系及理论构想提供了事实依据。现在幼儿入学准备实验已进行到第四轮，它不断在丰富我们的理论构思和实验的内容。

（二）社会主义市场经济条件下，小学德育新格局的构建

德是一个人的灵魂，也是一个人的主体性的核心成分。一个人的德性好坏故然受其生理因素影响，但后天的教育和环境的影响起着关键作用。学校德育对人的主体性发展起着导向作用，因此，研究并促进小学生主体性发展就必须研究并加强学校德育工作。学校德育本来就是一项复杂的系统工程，特别是在改革开放以来，影响学校德育及作用于学生思想品德形成和发展的诸多因素都在发生着显著的变化，致使学生思想品德出现许多新特点，学校德育遇到许多新问题。在这样的情况下，加强对学校德育的研究就显得尤为重要。

当前，学校德育存在的突出问题是实效性差，即学生的思想品德的现状不尽如人意，在德育过程中造成这种"投入"与效益明显反差的原因是什么，固然有社会大环境的负面影响，家庭教育与学校教育不协调，以及学校德育不到位等因素，但我认为更重要的原因是缺乏对教育对象的深入了解，学校德育缺少针对性。现在，学校德育"自上而下的多，自下而上的少"。这些年来，学校德育忽视深入研究教育对象，不去下大工夫弄清学生的思想品德的现状与出现的新特点，以及如何从实际出发使德育真正做到"入脑入心"。实效性来源于针对性，对牛弹琴的教育很难收到理想的教育效果。目前，学校德育在观念、内容、方法及途径上都明显滞后于变革的社会现实，落后于当今学生的实际需要。基于这样的认识，我们初步构思了教育目标与

学生发展相统一的以中华民族优秀道德为源头，吸收世界优秀文化遗产，形成以马克思主义道德为主流的新的德育理论框架。（中华传统美备教育是以品德修养为主要内容的做人教育，做人的核心是"仁"，即爱人爱众，它在德育内容体系中具有"根"的性质，居于源头和基础地位；世界优秀文化遗产中诸如西方的积极道德观、价值观，强调的是人的自我意识，注重个人价值，在构建社会主义市场经济条件下德育体系时完全可以参考和借鉴；马克思主义道德教育是以"五爱"为基本内容，以集体主义教育为核心，它在新的德育体系中居于主体地位，起着导向作用。新的德育体系的三大要素并非各自处于均衡并列状态，则是处在一种相互联系的辩证关系之中。）在这样的理性思考下，对现在小学德育内容进行了新的构建，提出了一个以"五爱"为基点，以集体主义教育为核心的思想品德教育和以良好行为习惯与正确的礼仪规范为重点的养成教育，及以修养人格为中心的品德心理教育的三维内容体系。具体化为勤学好问、勤劳节俭、文明礼貌、遵纪守法和整洁健身的五好习惯和爱惜生命、孝敬父母、关心他人、热爱集体和报效祖国的五爱情感及自主独立、自觉自理、自我表现、自我调控和自我评价的五自能力（简称为三五教育），并初步拟定了一个"三五"教育大纲，编写了一个由四字书、名言录、故事集组成的"三五"教育读本。在试点班实验的基础上，已在三年级以上班级铺开，目前进展顺利，已取得阶段性成果。

（三）现代化教师队伍建设的策略研究

现代化的学生需要有现代化的教师来培养，现代化的教师是个什么样的形象，应具有哪些基本素质呢？我认为起码应该：①有一个现代化的教育思想，即一切为了学生发展的主体教育思想。②把握好两条基本教育原则，即在教育教学过程中既要对学生进行严肃严格的基本训练，又要诚心诚意地让学生做主人。③练好三项基本功，即师德修养基本功、专业理论基本功、教育教学基本功。④具有四种教育能力，即能根据社会和学生的发展需要，自觉转变教育思想，更新教育观念，为了学生的主体性发展主动改革教育教学方法和手段；能够广觅博览，将已有的科研成果转化为教育生产力，创造性地把学校的系统教育与良好的家庭教育和社会教育有机地结合起来；会选题立项开展教育科研和实验，具有撰写及使用现代化教育媒体的能力。为了实现上述目标，在教师队伍建设的策略上有以下举措：在师德建设上，我们广泛深入持久地开展为人师表活动，围绕着忠诚事业、甘为人梯、热爱学生、诲人不倦、勤学博采、勤于业务、团结协作、共同奋进等要求，制定了《文明教工守则》、《职业道德规范细则》、《教职工礼仪规范》、《为人师表公约》、《爱生守则》等，对教师的仪表、举止、语言、心灵等方面做出了具体要求，提出了"五要五不要"，"三同六带头"，做到"三个一"的要求，即：要面向全体学生，不要只抓少数尖子；要全面关心学生成长，不要重智轻德，忽视体美；要亲近尊重学生，不要用简单、粗暴的态度责罚学生；要多做调查研究，不要武断处理问题；要既做学生的教师，又做学生的朋友，不要孤立讽刺后进学生。与学生同受教育，同参加劳动，同上操、游戏；带头尊老爱幼，带头不讲粗话，带头遵纪守法，带头爱护公物，带头值日扫地，带头作自我批评。坚持和一个后进学生交朋友，调查分析一个学生的成长变化的规律，经常为学生办一些好事。在学校领导班子成员率先垂范的影响下，教师们逐步树立了为教育事业献身的理想和信念，涌现出一个个事迹感人的先进典型。如：几十年如一日，退休不退岗、默默无闻地坚持在教学第一线的"越春娥式的女强人"张玉珍；事业重于生命，一切为了学生，不是母亲胜似母亲的优秀班主任、全国劳动模范闫素枝；爱校胜过家庭、业务精益求精、教学成绩名列前茅的优秀教师秦凤荣；再如：既敬业、又精业，带头开展教改实验，热心培养青年教师的全国人民教师奖章获得者卓玉琴；还有团结并肩搞科研，开始走向学者型教师的"黄金搭档"刘可钦和郭艳……在理论水平和业务上，我们为了培养一支既有实践能力、又有理论水平的专家型的教师队伍，先后采用了：①选送青年骨干教师到北京师范大学、华东师范大学、北京舞蹈学院、中央美术学院等近十所重点院校离职进修；②创造条件，如与河南大学联合办班，以及鼓励教师通过电大、函授、自学等方式取得大专以上文凭；③采取走出去、请进来的办法，有计划地组织教师到外地参观学习，同地邀请全国著名的专家、学者到校传经授艺，切磋研讨；④对新分配到学校的毕业生，一进校就要求拜一名经验丰富的教师当师傅，签定为期两年的"师徒合同",举行"拜师会",达到具有独立授课能力等标准后,再举行"谢师会";⑤有计划地组织全体教师举办"观摩课"、"优质汇报课"、"改革示范课"和"课堂教学经验交流会";⑥实施"科研兴校"战略,要求教师人人选课题,人人搞实验,人人出成果。同时,我们在全体教师中还经常开展大练教学基本功的活动,如"一话三字"活动,即说一口流利的普通话,写一手好的钢笔字、粉笔字和毛笔字。学校每天下午为教师安排 20 分钟时间练习书法,每学期举行"一话三字"教学基本功比赛,进而提高教师的业务水平和教学能力。目前,我校已有 32 名教师到重点院校深造后,成为学校的教育教学的骨干力量,52 名教师通过电大、函授、自学等式取得大专以上文凭。现有硕士毕业生水平的 2 人,本科 18 人,大专 73人,小学高级教师 57 人,中学高级教师 8 人,特级教师 1 人,区管优秀专家 2 人,市管优秀专家 1 人,省管优秀专家 1 人,国家级优秀专家 1 人。由于我们狠抓了教师队伍建设,1988 年以来,教师获国家级奖励或荣誉称号 24 人次,省级 41 人次,市级 85 人次。在各种报刊上发表经验文章 189 篇,其中国家级 19 篇,省级 24 篇,市级 51 篇。教师优质课获国家级奖的 5 人,省级 7 人,区市级 27 人。参加各种专业学术团体有 28 人,其中国家级 8人,省级 10 人。形成了一支思想好、作风正、业务精的教师队伍,保证了教学质量的提高。

四、通过四条基本途径促进小学生主体性的健康发展

(一)学科系列

教学不仅是师生的双边活动,也是思想教育与传授知识的集合体,是培养和发展小学生主体性的最基本途径。如何通过各科教学活动促进学生主体性发展呢?我们采取了四种办法:

1. 转变教师的教育思想,更新教师的教育观念。经过四年的探索,广大教师初步树立起了四种现代教育观念:①相信每个孩子都是特殊个体,需要尊重和关怀,中心点在于理解孩子;②教育应促进学生主动发展,给每个孩子提供思考、创造表现及成功的机会,中心点是促进发展;③相信所有的学生都能学习,不存在绝对意义上的差生,需要的是耐心与指导,中心点是区别对待；④应该实施有特色的教育，使每个学生能主动发展自我，中心点是特色教育。

2. 调整教学计划，优化课程结构。我们的基本思路：加强基础，发展特长，优化结构，促进发展，将国家教委课程计划规定的九门课程进行组合，构建了学科课程与活动课程，必修课程与选修课程，显性课程与隐性课程有机结合的工具性学科、社会性学科、艺体性学科"三组板块"为主的新的课程结构。一是以语文、数学为核心的基础课、工具课；二是以适应社会为目的的思品、社会、自然、生活劳技等课；三是以发展个性特长为宗旨的体育、音乐、美术等课。构建了学科课程、活动课程、环境课程三维一体立体交叉的课程结构。①学科课程实行常规课和短时课结合。常规课即 40 分钟课，短时课是从有关的学科课程中抽出，时间为 20 分钟，主要用于新增学科（如英语口语、保健、计算机等课）及学科技能专项训练（如语文的佳作欣赏、数学的思维训练等）。学科课程一般集中在上午进行，共安排五节，常规课、短时课交叉进行。②活动课程分班级必修课和校级选修课。班级活动分两类：一类为对学生进行思想教育和培养良好行为习惯的晨会、班会；一类则以培养学生创造思维、动手能力为目的。辅导教师以有特长的班主任为主，同时兼聘有特长的科任教师或家长。班级活动做到"四定"（定内容、定时间、定人员、定目标），"五有"（有计划、有记录、有检查、有评比、有奖励）。校级选修活动课安排在每天下午，活动内容有六大类：思想教育、学科兴趣、科技、手工、艺术、体卫，成立了 58 个兴趣小组，全校学生根据个人的兴趣爱好选定活动内容。目前，除学校有专长的教师担任辅导教师外，我们还从高校、群艺馆、文联等聘请了专家担任辅导教师。活动课的必修、选修极大提高了学生的参与率，现在参加校级选修活动课的学生达 40％。③为发挥教育的全方位功能，构建了融思想道德、科学文化、自然和文化三类交融的环境课程。我们在教室、走廊、校园墙壁上布置有领袖、科学家、战斗英雄、劳模等画像，制有供学生展示才能作品的活动墙。科技艺术馆前的眼睛湖、汉白玉小桥、垂柳、果树、庄稼、蔬菜、花园、苗圃，均使学生在无意识中受到了启迪和教育。课程改革方案的设施为应试教育向素质教育的转变，全面提高教学质量起到了积极作用。

3. 研究有特色的学科教学，逐步形成有效教学策略。经过四年的实践探索，我们初步形成了发展小学生主体性的六条有效教学策略：①创设和谐情境，鼓励学生合作学习（关键词是"合作"）；②鼓励学生积极学习，主动参与（关键词是"参与"）；③加强学科间的协作，严格教与学的要求（关键词是"严格"）；④注意个别差异，尊重学生的个性与才能（关键词是"差异"）；⑤培养学生自我调控能力，鼓励学生大胆创新（关键词是"创新"）；⑥创设自我表现的机会，使学生不断获得成功体验（关键词是"成功"）。现在各科教师都在学习并运用这六条策略，研究从教学科的特点，进而形成各有特色的学科教学。

4. 改革考试评价制度，促进学生全面素质发展。由于各学科在促进学生素质发展过程中所处的地位及其作用的不同，所以各学科就必须有自己的促进学生素质发展的评价标准。我们在认真分析各学科特点，并对其评价内容、标准、等级进行综合设计的基础上，将原来的考试成绩单变为素质发展报告单，又经过在实践中摸索，制订出《学生素质发展手册》，对学生进行综合评价。各学科等级评价标准分为优、良、达到、欠缺。如三年级语文素质发展报告单中，设有成绩评价、发展水平、突出表现、受奖情况以及教师评语等栏目，其中成绩评价学期点评为 100 分，平时成绩占 20%（作业占 10 分，课堂表现 10 分），能力测试占 40%（包括识字 5 分，写字 5 分，朗读 10 分，听话 10 分，写作 10 分），期末考试占 40%。各年级各学科针对各自特点都有各自的标准，这样《手册》不只是对学生学习知识结果的评价，更多的是对其形成过程及能力的评价，它比较客观而全面地反映出了学生的整体素质发展情况及水平。学生和家长以及有关人员通过《手册》内容，不仅能从整体上看出学生全面素质的发展状况，而且还能具体看出学生的优势和不足，并且根据教师的评语能分析出其产生的原因。客观公正、科学合理的评价，易于为学生所接受，增强家长对学生的了解，便于教师因材施教，三方共同努力，使学生扬其长而克其短，更好地全面发展。

（二）活动系列

活动，是主体身心参与的主客体相互作用过程，是学生积极能动地获得切身体验的过程，具有感性实践与心理过程有机联系的特征。通过活动能丰富学生的精神生活，满足学生不同层次的求知需求，使其进入积极进取状态；通过活动能促进学生主体意识，使其自主性、主动性和创造性得到培养和发展；通过活动能发展学生的特长，挖掘其潜能，使之具有多种爱好和较高的审美能力；通过活动能使学生逐步适应未来社会发展，形成现代人具有高度文明的情趣和文明行为习惯，进而为成为人格完善的人打下坚实的基础。因此，在小学理想的活动系列应与学习系列组成高效的教育网络，创造一个更有效的教育环境，促使每个学生的主体性都能得到生动活泼主动的发展。四年来在活动系列的构建中我们规范了六类内容，坚持了四条原则，摸索出四种形式，即：

1. 活动的四类内容：①思品类；②学科类；③艺术类；④劳技类；⑤科技类；⑥武体类。

2. 活动的四条原则：①自愿选择。学生根据自己的兴趣爱好选择适合自己的活动内容，可以多项多次选择，直到自己满意为止。教师可以指导但不指令。②独立自主。学生要成为活动的主人，在活动中能正确认识自我，为自己确定奋斗目标，在自己管理自己的过程中，充分发挥其聪明才干。教师可以诱发，但不包办。③勤学苦练。在活动中要锻炼动脑、动口、动手解决实际问题的能力，要刻苦锻炼自己的毅力，想方设法使自己的爱好形成个性特长，要渴望成功，关心自己在集体中的形象，教师可以引导但不能代替。④积极探索。学生在活动过程中要积极思考，主动发现问题及时提出问题，能自觉能动地分析和解决问题，教师要鼓励，但不能指责。

总之，"只有早放手，才能早独创；只有早当家，才能早成熟；只有在当家做主的实践中，才能锻炼未来的'当家人'"。

3. 活动的四种形式：①集中性的教育活动。根据形势和任务的要求，在一个时期内围绕一定的主题开展的教育活动。②传统性的教育活动。就是按照节日和纪念日编制《一年中的重要节日和纪念日活动表》，有计划、有针对性地开展教育活动。③校内外的阵地性教育活动。一是主动联系校外教育机关，二是充分利用当地自然环境和名胜古迹，三是创造性地开辟教育阵地。④实践性的教育活动，就是组织学生参与各种校内外的实践活动。

（三）班级系列

班级有多种功能，但有一个重要功能，即培养学生社会技能的功能。在过去时期里并没有系统地进行研究，结果我们培养出来的学生，有的从小学到大学，甚至到了研究生，装了一肚子知识，但当他满怀激情走出校门步入工作岗位时，却显得过于幼稚。人人常常用"书呆子"、"高分低能"等来讥讽缺乏社会技能的学生。学校是社会的有机成分，班级也像社会的一个小缩影，这在培养学生社会技能方面处于重要地位，起着重大作用。因此，研究班级建设如何培养学生的社会技能是现代教育思想的体现。

所谓社会技能指的是在一定的社会交往的情境中，个体运用已有的社会知识和经验，通过观察模仿而形成的能带来最大社会适应效能的活动方式。社会技能保证人们适应社会环境，在尊重他人的同等权利的基础上，实现个人的交往目标和权力。它的主要任务是正确处理自己与他人的关系，正确处理个人与整体的关系及正确对待自我。几年来，在班级建设中如何培养学生的社会技能，我们从以下三个方面进行了一些初步研究：

1. 人际交往技能。主要是培养学生学会正确处理自己与他人、个人与集体的关系。①学会自己处理小矛盾；②根据班集体目标制订小组目标；③根据小组目标制订个人目标。

2. 完成任务的技能。主要培养学生具有初步克服困难、善于合作、惜时高效的技能。①合作学习；②岗位服务；③社会实践。

3. 正确对待自我的技能。主要是让学生正确认识主观的我和客观的我的关系，学会认识自我、悦纳自我、调控自我。

（四）家教系列

家庭教育是人生教育中的一个重要组成部分。它直接关系到人才的培养质量。因此，各国在培养人才的教育工程中都很重视家庭教育这一环。但时至今日我国不少家庭的家教仍未走出误区。从中国与西方国家的家教来比，西方国家育儿的着眼点在于培养孩子成为适应各种环境和具有独立生存能力的社会人。他们认为孩子的成长必须靠自身的力量，自主意识和生活能力来自从小锻炼，如：劳动锻炼、坚强意志锻炼、忍耐心和吃苦精神的锻炼等等。而中国家庭育儿观就大不相同，家长着眼于孩子将来有出息，有个好职业，一生能在安定的环境中度过等。因此，家长的责任就是让孩子生活得好，若能给孩子创造最优越的生活条件，再苦再累也心甘情愿，特别是最关心智育，为了孩子学习好，能够成龙成凤，除了学习功课什么都不让孩子干。由于育儿观上存在着根本的差异，导致教养孩子的方式方法也完全不同。西方国家从锻炼孩子独立生活能力出发，对孩子采取放手而不放任的方法，就是根据不同年龄让孩子做自我服务性的劳动和各种力所能及的事情，从动手中发展他们的爱好和特长。所谓放手不放任，一般反映在三方面：一是宁苦而不娇；二是家富而不奢；三是严教而不袒。而我们中国家庭对子女的教养方法就有不少欠妥：一是情感上过分宠爱，二是社交上过度保护，三是生活上包办代替，四是学习上过高要求，五是经济上过度放任。结果西方国家的儿童少年从小就表现出：①具有很强的自立能力；②具有适应市场经济的头脑；③具有适应社会环境的本事。与此相反，中国的少年儿童乃至大学生虽然学业上不亚于西方，但普遍存在着：①独立生活能力差，缺乏自立意识，依赖性强，做事被动、胆怯；②缺乏适应环境和应变能力，不会恰当交往技巧，人际关系差；③怕苦怕累，只要求别人的照顾却缺乏同情心和帮助别人的能力；④在家不关心自己的长辈，在外缺乏社会责任感。

再拿中国和日本比较，北京师范大学和日本福岛大学合作，对中日家庭教育进行研究比较，结果显示：①在家长希望孩子成为什么样的人上，除了都希望自己子女能充分发挥自己的能力外，中国家长希望自己的子女将来有一定的社会地位，说明几千年的封建统治官本位思想具有广泛深刻的影响；而日本家庭希望子女经济富有及工作平凡，但能构建家庭，说明日本富有经济思想和务实态度。②在教育内容上，除了都重视子女的基本生活习惯培养外，日本的家长比较重视培养子女的正直、果断、丰富的感性和个性及自制力、忍耐力；而中国的家长比较重视子女的学业成绩及获得学历，这反映出中国长期以来重视学历教育及片面追求升学率。

通过上述分析，中国的家庭教育存在的突出问题是：重智育的发展，忽视做人的培养。我们培养的人应该是独立性、主动性、创造性很强的人，这也是家庭教育所追求的理想境界。基于这样认识，我们在构建家庭系列方面进行了以下探索：

1. 全面调查分析家庭教育的现状，研究和制订了学生在家庭中的主体性发展的目标体系。这一目标体系包括学生在家庭中学习、生活、品德三个方面的独立性、主动性、创造性的基本要求。如生活方面，要求孩子会自觉整理自己的学习用品及简单的生活用品；对家庭发生的事情评价公正、客观；喜爱学习一些生活技能、技巧；能主动地参与一些力所能及的家务；有良好的饮食习惯；有较强的"主人"意识，积极参加家庭事务的讨论；会用自己的绘画、小制作等美化居室；在钱物的使用上，能作出合理的选择，善于一物多用；动手能力强，喜爱摆弄、拆装小物品。由于目标要求具体明确，从而较好地发挥了对家庭教育的指导规范作用。

2. 研究家庭教育的基本特点，即通过创建家庭道德环境、家庭学习环境和家庭生活环境等教育和影响学生的主体发展。

3. 成立了校级、年级、班级三级家长工作委员会。不仅协调家长与学校的关系，更重要的是指导家长充分发挥家庭的教育功能。

4. 开办家长学校，提高家长教育素质及参与学校教育的能力。开办有特色的家长学校，家长学校每学期两次，学习的主要内容：介绍主体性发展实验，以及教育学、心理学方面的基本知识、结合实验中出现的问题及家长们关注的焦点问题，不定期组织专家专题讲座，内容涉及当前教育发展趋势、国内目前教育状况、儿童营养与健康、儿童的心理与身体监测、儿童的品德发展等方面的内容。三年来我们共举办专家讲座 18 次，收到了很好的效果。在举办家长学校的同时，我们还开展了家庭心理咨询小辅导。

5. 成立家庭教育研究会，围绕家教问题开展专题研究。三年来研究会围绕小学生主体性发展家庭教育这个中心，拟定若干专题组织家长讨论，如："什么样的孩子才是好孩子"、"孩子没考 100 分就没希望了吗"、"孩子学习有困难家长应该怎么办"、"未来社会需要我们培养孩子的哪些品质"

……在专题研讨基础上研究会组织家长撰写论文。三年来有 60 多篇共约十几万字，其中 14 篇选登在论文集上。与此同时，创办《家校之间》小报，每学期两期，既解决家庭教育中的疑难问题，又相互交流家教经验和体会。

正是通过学习、讨论和研究，通过家长的积极参与，逐步转变了家长的教育观和人才观，提高了教育能力，在市里组织的家庭知识问答竞赛活动中，有 12 位家长获市级优胜奖。家长在参与过程中，逐步破除了以往那种视子女为私有财产、视分数为人才的旧观念，尊重孩子的人格与尊严，建立民主平等、相互理解的父母子女关系，注意培养孩子自理、自控能力和好的品德，真正发挥家庭教育的功能。

五、科研兴校的战略实施要出五个方面的成果

（一）出质量。我们的质量是全面＋特长，即：使每个学生在打好全面发展的基础上，人人都有爱好和特长。这个目的已基本实现。

实验班学生主体性发展情况测查

		入 学 初						二 年 级 末					
		强		一般		弱		强		一般		弱	
		人数	百分数	人数	百分数	人数	百分数	人数	百分数	人数	百分数	人数	百分数
独立性	自尊自信			14	15.7	75	84.3	45	50.6	26	29.2	18	20.2
	自我调控			11	12.4	78	87.6	28	31.5	34	38.2	27	30.3
	独立决断判断			3	3.4	86	96.6	14	15.7	36	40.4	39	43.6
	自觉自理	25	28.1	64	71.9			38	42.7	48	53.9	3	3.4
主动性	成就动机	24	27.0	65	73.0			52	58.4	18	20.2	19	21.3
	竞争意识	16	20.2	71	79.8			33	37.1	35	39.3	21	23.6
	兴趣与求知欲	5	5.6	35	39.3	49	55.1	50	56.2	29	32.6	10	11.1
	参与意识与能力			17	19.1	72	80.9	37	46.1	35	49.4	17	19.1
	社会适应性	2	2.2	15	16.9	72	80.9	34	38.2	51	57.3	4	4.5
创造性	创新意识			6	6.7	83	93.3	14	15.2	45	50.6	30	33.7
	创造思维能力			8	9.0	61	91.0	8	9.0	3	33.7	51	57.3
	动手实践能力			13	14.6	76	85.4	15	16.9	47	52.8	27	30.3

（二）出经验。就是我们总结出来的东西，同行认可，能够借鉴。目前已出书六本反映实验的阶段性成果。全国各地不少学者同行专程到校指导研

讨。

（三）出队伍。教师已由教书匠向研究型教师转化，我们的目标是出一批专家型、学者型的教师。

（四）出理论。对现有的教育学、教学论有所突破，最后理论成果为专著，堪称国内第一流、国际有影响。目前已有 20 余篇重要论文在《教育研究》、《人民教育》、《大众心理学》等国家核心期刊上发表，反映小学生主体性的专著《我要成为最佳的我》一书由北师大出版社出版。

（五）出效益。即六个效益，广大家长都愿意把孩子送到这所学校学习，真正成为各级领导和社会各界十分信赖的"义务教育先进校，科学管理先进校，教育科研实验校和社会主义文明校"。

国家教委派专家组到我校进行科研鉴定，经过三天紧张的工作，最后得出三条结论：一是科研课题选得准，具有世纪意义；二是研究队伍庞大，全国第一家；三是学生主体性发展水平全国也不多见。六位专家在鉴定书上写道：《少年儿童主体性发展实验研究》这个课题既有较深的理论意义，也有重大的现实意义。实验研究的目标明确，研究设计也科学合理。课题组立足现代教育的高度，为着适应未来的需要，克服当今教育培养人才上的弊端，试着从教育理论上有所发展和突破，构建教学论的理论新体系，这一愿望是好的，为此的努力也是应予充分肯定的。经过三年多的实验研究，项目的既定目标已基本实现，成绩相当显著。课题组提出的主体性基本结构及行为表现特征、实验的两条基本原则都是正确的。发展小学生主体性的四条主要渠道和六条教学策略也是常有规律性的经验总结。尤其值得称道的是实验校的教师都初步确立了教育主体思想，提高了教育科研的能力，表现了以育人为荣为乐的无私奉献精神。本课题实验始终抓现代教育思想的普及，强调科学管理，抓好师资队伍建设，因而使得本项实验研究的科学水平达到了国内现有教育实验研究少有的高度。专家组在审读研究报告和有关论文资料，到实验校考察，听课与干部师生接触，听取家长意见后，一致同意通过鉴定。

深化小学生主体性
发展实验研究的一些思考

　　利用五年的时间，我校与北京师范大学教育系亲密合作走理论与实践相结合的科研道路，对小学生主体性发展问题进行了积极的理论研究和实践探索，并取得了一定的阶段性成果。同时在实验研究过程中也开始对主体性教育与当前大家都关注的素质教育、全面发展教育和实现教育现代化等问题有了一些粗浅的认识，进而增强了我们继续把小学生主体性发展实验研究深化下去的信念和力度。

一、粗浅认识

（一）主体性教育与人的全面发展问题

　　人的全面发展问题是马克思教育思想的核心，也是毛泽东教育思想的精髓。大家天天讲，连续讲了几十年，并早已作为我们的培养目标写进党和国家的教育方针。目前我国越来越多的理论工作者和实际工作者围绕着教育如何促进人的发展问题，从诸多方面进行理论研究和实践探索，并已呈现出有积极影响的不同教育模式。但是，人的全面发展的根本特征是什么？为什么要追求全面发展而避免片面发展呢？并不是都想得深、讲得清的问题。近一个时期，北师大王策三、裴娣娜教授和华中师大王道俊、郭文安教授等对这个问题进行了深入研究，他们共同认为，人的全面发展最根本的特征就是主体性。王策三教授讲："我们之所以要培养全面发展的人，就是要发展人的主体性。抓住了主体性，就抓住了全面发展的精神实质。"我认为，这几位教授已经把人的全面发展的根本特征讲清楚了。但当前的教育实践中有时把全面发展视为平均发展，有时偏重于认知结构而忽视人的精神培养。我们现在培养的学生虽然在知识技能等方面存在着一定的缺陷，但这不是主要的缺陷，最主要的缺陷是一种内在的主体性精神。我国青少年学生在国际数理化大赛中不少人可以拿金牌、银牌，但几十年我们所培养的堪称世界一流的科学家、学者屈指可数，更不用说培养出一位诺贝尔奖获得者。人的全面发展不仅是指德智体美劳等方面的知识技能得到发展，而且还应包括人的内在精神的发展，如人格精神、创造精神等。主体性是人作为对象性活动的主体所具有的本质特征，是作为认识主体的人在处理外部世界关系时表现出来的一种功能特性，是主体在作用于客体的活动中表现的能动性，它具有独立性、主动性、创造性等基本的本质特征。主体性强的人就是自觉能动性强的人，是在客体面前拥有主动权和自由的人。这种人在客体面前，在条件许可的范围内能最大限度地发挥自身的力量去认识世界、改造世界和创造世界，从而做成那些缺乏主体性的人认为做不到的事情。当前我们的教育不仅在行为上存在着片面性，而且在认识上也对"全面"产生片面的理解。比如，在我们的教育过程中，强调的是人对社会的服从、顺应而忽视人的自身发展，致使学生独立人格得不到尊重，自主权得不到保证，兴趣爱好得不到充分发挥，个性差异得不到承认，结果培养出的人缺乏主体性。学生在独立性和自主性上，常常表现为处于被人规定，被人指派，被人掌握的境地，不能根据需要主动地选择适合自身的教育，也不去积极取得独立的人格地位；在主动性和能动性上，常表现为没有明确的目标，缺乏进取精神，害怕困难，回避矛盾，缺乏社会交往、主动参与、大胆竞争等意识和能力；在创造性和批判性上，常常表现为不善于独立思考，盲目随从别人，办事不灵活，喜欢循规蹈矩，不爱表现自己，缺乏理解分析和解决实际问题的能力等。因此，抓住主体性教育不仅是抓住了全面发展教育的实质，而且也正好切中当前教育的弊端，对推动当前教育改革，全面贯彻党的教育方针，促使学生全面发展将起到积极有效的作用。

（二）主体性教育与素质教育问题

目前，我国基础教育正处在一个由"应试教育"向素质教育转变时期。素质教育吸引着越来越多的人开始对这一问题进行理论研究和实践探索。我们认为"应试教育"是依据传统教育和现实教育中的弊端而定名的，素质教育是作为一种与"应试教育"相对立的教育思想而提出的。一般人都认为"应试教育"是一种面向少数人的选拔性教育，实施的是一种不完全的教育，培养出来的是片面而又被动发展的人。而素质教育则是一种面向全体学生，全面提高学生的思想道德、文化科学、劳动技能和身体心理素质，促进学生生动活泼发展的教育。但深思起来，素质教育的是实质是什么，培养出来的人基本特征是什么，并没有深入研究以至达成共识。当前的素质教育比较注重学生素质结构的研究，强调学生的全面发展，但学生整体素质的发展及某一方面素质的发展靠的是什么？是依靠自身内在的因素呢，还是依靠外界强加给的力量呢？教学认识论告诉我们，教学过程是一个学生认识发生发展的过程。学生在教师的"传道、授业、解惑"面前不是消极被动的，而是一个认识内化的过程，即根据自身的需要主动进行选择，并化为自身的东西。学生在教育教学过程中这种自主能动地获取知识技能的行为就是其主体性的表现。因此，在教育教学活动中，教师要尽量面向全体学生，为每个学生的自主教育、自我发展提供和创造必要的条件和机会。作为处在主体地位的学生更要充分发挥自己的主体性（即独立性、主动性和创造性），学会认知，学会做事，学会生活，学会生存，学会做人，这是我们的教育特别是素质教育所追求的。主体性强的人，把自然生存条件置于自己控制之下做自然的主人，把适应和改造社会的实践活动置于自己的控制之下做社会的主人，对自我进行解剖、设计和改善，做自己本身的主人。主体性教育就是要不断地提高受教育者的主体意识、能力和主体人格，使其成为进行自我教育的社会主体。当前的素质教育研究需要再往前走一步，即对学生素质发展的核心和灵魂问题，即主体性发展问题进行深入的理论研究和实践探索进而构建出诸多主体性教育的模式。

（三）主体性教育与实现教育现代化问题

现在大家在深入学习和进一步理解邓小平"教育面向现代化，面向世界，面向未来"的过程中，开始注重研究教育现代化问题，并已初步形成一定的共识，即在坚持正确的办学方向的前提下，实现教育思想现代化，教学体系现代化，师资队伍现代化和教育条件现代化等，进而培养出具有现代化素质的人才。教育现代化是以社会现代化发展为前提，进而又为实现社会现代化服务的。当今世界正处在一个以经济发展和科技实力为基础的综合国力激烈竞争的新时代，未来世界将是一个科技迅猛发展而又充满竞争和挑战的世界，我国也将以巨人的步伐向着富强、民主、文明的国度迈进。社会现代化的进程，又将要求教育必须走向现代，培养现代化所需要的人才。因此，作为教育自身必须主动"适应"围绕着现代化社会对人才的需求积极进行改革，通过教育现代化，培养现代人。但是现代人的基本特征是什么？怎样才能有效地培养出这样的人？也是当前研究得不够深入的问题。

人本来就是认识的主体和自然界的主人，但由于社会历史的原因，使得人并不从来就是独立和具有自主权利的人。在专制社会里，少数人统治、压迫、剥削多数人，致使多数人没有平等的地位和民主的权利，成为没有独立自主的个体，没有主体性的人。与专制社会相比，生长在社会主义条件下的人成为社会的主人，有了自己的人格地位和民主、平等的权利，自身的聪明才智和创造能力得到了发展。社会越发展，现代化程度越高，人的依附性越少，人越不做财富的奴隶，精神境界将越来越高，所追求的将是自我人生价值和个性全面自由的发展，成为主体性强的人。这种人自尊、自信、自主、自强，能自我调控，独立判断决断；这种人有良好的道德品质和健康的心理，有理想，有抱负，对国家和社会有强烈的责任感和奉献精神；这种人能主动获取知识技能，具有主动参与，大胆竞争，勇于进取，开拓创新的精神。现代化的教育正是要培养这种具有现代特征的人。现代化的社会是高扬人的主体性的社会，现代人的最基本的特征就是有主体性。现代化的教育就是要运用主体教育思想，通过一系列的教育改革，培养出现代社会所需要的具有这种主体性的人。

纵观世界发达国家的教育都在围绕着学生个性、主体性的发展问题，进行诸多领域的改革，我国小学教育现代化也应该围绕着学生主体性发展问题进行理论研究和实践探索，支持和鼓励多种教育模式的呈现，逐步求得理论上的共识和实践中的认同，进而形成具有中国社会主义特色的现代化教育。

二、回顾

五年时间，"小学生主体性发展实验研究"走过了前期准备阶段和初步探索阶段。

前期准备阶段主要做了四件事：一是论证研究课题，制订实验方案，形成了一个三维结构（独立性、主动性、创造性），12 个特质层（自尊自信，自觉自理，自我调控，独立判断决断；成就动机，竞争意识，兴趣和求知欲，主动参与，社会适应性；创新意识，创造思维能力和实践动手能力）及41 个行为表现特征所构成的《小学生主体性发展大纲》，同时还制订了四个系列实施方案。二是成立理论与实际相结合的课题组并对实验教师进行在职专题培养和离职进修培训。三是为使这项实验有一个较好的起点，提前开展幼儿入学准备教育实验。四是在物资上为实验工作做了较充分的准备。

初步探索阶段围绕着五个问题逐步展开。一是采用多种方式研讨主体教育理论，在实践中逐步树立起四种现代教育观念。即：①相信每个孩子都是特殊个体，需要尊重和关怀。中心点在于理解孩子。②教育应促进学生主动发展，给每个孩子提供思考、创造表现及成功机会。中心点是促进发展。③相信所有学生都能学习，不存在绝对意义上的差生，需要的是耐心和指导。中心点是区别对待。④应实施有特色的教育，使每个学生能主动发展自我。中心点是特色教育。二是构建主体性发展教学系统，逐步形成有特色的学科教学。即：①调整教学计划，优化课程结构，初步构建了学科课程与活动课程，必修课程与选修课程，显性课程与隐性课程等"三维"有机结合的工具性学科、社会性学科、艺体性学科"三组板块"为主的课程结构。②研究有特色的学科教学，逐步形成了发展学生主体性的六条教学策略，即创设和谐情境、鼓励学生合作学习；鼓励学生积极学习，主动参与；加强学科间的协作，严格教与学的要求；注意个别差异，尊重学生的个性与才能；培养学生自我调控能力，鼓励学生大胆创新；创造自我表现的机会，使学生不断获得成功体验。③改革考试评价制度，将原来的考试成绩单变为素质发展评价手册。三是初步构思了一个社会主义市场经济条件下教育目标与学生发展目标相统一的，以中华民族优秀道德为源头，积极吸收世界优秀文化遗产，以马克思主义道德为主流的德育理论框架，初步构建了一个以"五爱"为基点，以集体主义教育为核心的思想道德教育和以文明礼貌、行为规范为重点的养成教育及以修养人格为中心的心理品质教育的三维内容体系，并具体化为"五爱情感"、"五好习惯"和"五自能力"（简称"三五"）。通过制订"三五"教育大纲，编写由四字书、名言录、故事集组成的"三五读本"，开展多种教育活动，提高了德育的实效性，促进了学生健康发展。四是实施大教育，把学校的系统教育与良好的家庭教育和社会教育有机结合起来。五是注重实验教师队伍建设，初步培养了一支既敬业又精业，既有科研意识，又有一定科研能力的主体性较强的实验队伍。五年来的实验研究，初步探明了小学生主体性的基本结构和行为表现，初步分析出影响小学生主体性发展的基本因素，进而构建了小学生主体性发展的目标体系和测评体系，寻找到一些发展学生主体性的基本途径，使学生的主体性开始得到了生动活泼、主动和谐的发展。同时，在实验研究的进程中，也遇到了不少困难和困惑，困难或困惑也促使我们对一些问题开始理性思考。

（一）小学生主体性发展实验也是一种教育思想的实验。未来社会是一个高扬人的主体性的社会，人的主体性发展需要一种主体教育思想来主导。我们这个实验当前最需要的是理论，但目前主体教育理论还没有真正形成科学的体系。几年来我们是"摸着石头过河"，认识每提高一次，实验就前进一步。目前已有不少理论工作者在研究主体教育理论，但这种理论体系的构建还需要在实践中不断丰富和充实。因此，我们认为这项实验是一种教育思想的实验，理论工作者和实际工作者都要从教育思想上来做文章。在我们这个实验中学习问题具有更为重要的意义，不是单纯学习某些方法和措施，而主要是学习理论。实验教师要系统地读书，要讨论交流，要撰写文章，逐步形成主体教育思想。这项实验的效果如何，主要决定于我们的教师是否是一个勤奋学习、积极探索、确立了主体教育思想的人。

（二）教育实验研究需要走理论工作者与实际工作者相结合的道路。新中国成立后，我国几乎没有出现著名的教育家，分析原因主要是理论工作者脱离实际，实际工作者缺乏理论，没有融理论与实践为一体。近几年来，我国中小学教育改革凡是取得显著效果的多系"理论"与"实际"紧密结合的结果。我们和北师大教育系联合进行的《小学生主体性发展实验研究》获国家教委科研成果一等奖也充分说明了这个问题。理论与实际相结合是指理论工作者和实际工作者亲密合作，理论工作者亲自参加实验，实际工作者也进行理论研究，两者滚在一起参加实验研究的全过程，而不是那种理论工作者提出一个理论假设，制订一个实验方案，让实际工作者去具体操作，最后由理论工作者撰写文章的形式上的结合。特别是目前我国小学教师在基础理论的修养上，在专业知识和技能的素质结构上都存在着一定的局限，独立地开展科研活动确实有不少困难，没有专家学者的亲密合作、具体指导，实验研究是很难取得显著成效的。小学也是一块肥沃的土地，需要更多的理论工作者来开发，并和广大小学教育工作者一起耕耘、播种，最后开出鲜艳的花朵，结出丰硕的果实来。

（三）教学活动是发展学生主体性的主渠道，在实验过程中要重点进行。教学活动是师生双边有机结合的活动，也是一个学生认识不断深化发展的过程，教学活动不仅要确立学生的主体地位，更要重视学生的主体性发展；不仅要进行严格的基本训练，更要诚心诚意地让学生做主人；不仅要使学生掌握必要的知识技能，更要使其具备一种内在的精神。总之，要促使学生主体性的发展就需要对教学活动进行认真的研究和组织。几年来的教学实践使我们认识到，发展性教学系统的构建需要把握住以下五个环节：①要转变教师的教育思想，更新其教育观念，逐步确立主体教育思想。②要适度调整教学计划，优化课程结构。③要研究课堂教学策略，形成有特色的教学模式。④采用多媒体进行教学，逐步实现教学手段现代化。⑤改革考试评价制度，构建学生主体性发展的评价体系。

（四）主体性发展实验越深入，越需要优化组合教育队伍。就一所学校来讲，一般情况下，影响教育质量的主要因素有三个：一是办学物质条件，二是学生来源，三是教师队伍素质。但有时要素相同，质量不同，其原因主要出在管理上。传统的管理注重研究物的因素，现代管理注重研究人的因素，就我们进行的小学生主体性发展实验来看，开始时我们只注重专职教师队伍建设，但实验越深入，学生越发展，光靠这支专职队伍就显得很不够了。在几年的实验研究中，我们逐步认识到，影响学生发展的人的因素大致有五种：一是专职教师队伍，二是管理服务队伍，三是专家学者队伍，四是兼职教师队伍，五是学生家长队伍。专职教师队伍是促进学生主体性发展的骨干力量，起着示范作用；管理服务队伍中有决策者、执行者、服务者，都直接或间接地影响着学生主体性发展；专家学者队伍在主体教育理论构建和学生主体性发展中起着导向作用；兼职队伍能弥补专职队伍素质结构上的缺陷，有利于学生个性特长的发展；家长队伍已成为学校教育的一支重要力量，并直接影响着学生主体性的发展。因此，在小学生主体性发展实验研究中，不仅要注重专职教师队伍建设，同时对其他四支队伍的功能作用也需要进行认真研究，进而通过优化组合，形成整体性，实现一加一大于二的管理效果。

三、构思

五年时间虽做了很大努力，但实验研究的进程与预期目标还有很大距离。为此，下一个五年将在此基础上，实施"科研兴校战略"，把小学生主体性发展实验研究由点到线再到面地铺开，真正形成依靠科研促改革，联合起来搞实验的可喜局面。具体构思为"一体两翼三点四线五面"工程。

一体就是深入开展小学生主体性发展实验研究。这是实施科研兴校的龙头。一方面修改并完善《小学生主体性发展实验大纲》，另一方面进一步构建小学生主体性发展的目标体系和测评体系，使这项实验逐步走向规范化、程序化和科学化。

两翼是指逐步构建主体教育理论体系和实践探索主体性发展教育模式。目前，主体教育理论研究跟不上实验的步伐，实验在呼唤理论。紧迫的现实向人们昭示，如果没有主体教育理论的指导，实验将难以深入发展。因此，课题组要加大学习研究理论的力度，初步构建一个主体教育理论框架，同时也要加强小学生主体性发展的行动研究，在实践中探索出一个小学生主体性发展的教育模式。

三点即抓住影响小学生主体性发展的起始点"幼儿入学准备教育实验"，核心点"道德与心理自主性活动研究"和关键点"现代化教师队伍建设的策略研究"，列专题进行研究。

幼儿入学准备教育实验，主要围绕着发展幼儿的适应性进行专题研究。在实验内容上，一方面是培养发展幼儿的学习适应能力，另一方面是培养发展幼儿的社会适应能力。两种能力都要在幼儿的看、听、说、唱、做、画等活动中得到主动地发展，为入小学一年级主体性发展实验打下基础。

道德与心理自主性活动研究，主要是想把对道德主体的研究和心理健康的研究结合起来，进而通过对各种有利于学生道德品德形成和心理健康发展的自主性教育活动的研究，寻求出一个在活动中进行自主教育、促进自我发展的教育模式。

现代化教师队伍建设的策略研究，主要想从两个方面展开。一是现代化教师的基本形象，如：教师应有一个什么样的教育思想，掌握哪些基本教育原则，练有哪些基本功力，具有什么样的教育能力等。二是教师队伍建设的基本策略，如：在人格修养、师德建设、提高理论水准和业务能力等方面所采取的有效措施等，真正建设成一支思想先进、品德高尚、学识渊广、业务精湛、能力高强的现代化教师队伍。

四线即通过学科系列、活动系列、班级系列、家教系列等四条基本途径促进小学生主体性的发展。学科系列是发展小学生主体性的主要渠道，将在此前研究的基础上进一步构建发展性的教育系统。围绕着各种教学研制出一套可供师生共同操作的融双基训练和主体性发展为一体的课本辅助资料。活动系列最有利于学生主体性发展，一方面要进一步研究活动的内容、方法、方式，另一方面要深入研究在活动中发展学生主体性的教育原则和策略，使学生真正在活动中能独立自主，自愿选择，勤学苦练，积极探索。班级系列重点研究培养学生的社会技能，让学生学会正确处理自己与他人的关系，个人与集体的关系，以及学会正确地认识自我、悦纳自我、控制自我和创造自我的能力。家教系列要扭转重视智育的发展，忽视人格培养的偏向，进一步研究和制订学生在家中主体性发展的目标体系，包括学习、生活、品质等方面的独立性、主动性和创造性的基本要求。同时要研究提高家长教育子女的能力及家长参与学校教育的正确方法方式。

五面即实验研究最后要从五个方面出成果。一是出质量。我们的质量标准是使每个学生在打好全面发展的基础上，逐步形成个性特长，即"全面＋特长"。二是出经验。就是我们实验总结出来的可操作性的东西，同行认可，能够借鉴。三是出队伍。实验教师由原来的教书型向研究型转化，有的要成为学者型的教师、特级教师和知名教师。四是出理论。在理论研究上力争对现有教育学、教学论有所突破，能初步构建出主体教育理论框架，并在国内产生一定影响。五是出名校，使人民大道小学真正成为全国知名的教育科研实验校。

上述基本构思，有的是实验中提出的还有待于深入研究的问题，有的是实验中认识到的但没有进行研究的问题，也有的是随着实验的深入发展，需要研究的新问题。鉴于上述情况，为把"构思"落到实处，再提出以下保障措施。

（一）系统地学习理论，逐步确立主体教育思想

我们深入进行的小学生主体性发展实验研究，也是一种对主体教育思想的研究。教育思想是建立在一定的信念基础上，是深层次的，勤学深钻反复探索的结果。要想树立和形成主体教育思想，光凭感情经验是不够的，必须通过长期不懈系统地理论学习才能实现。下一步我们要把系统学习理论、指导教育实践作为指导思想贯穿于实验研究的全过程。在学习内容上，一方面要认真读书，系统地学习基础教育理论，特别是对教育哲学、教学认识论和教育心理学的学习。另一方面，要认真研究古今中外教育家的教育思想，特别是对马克思、毛泽东、邓小平、杜威、苏霍林斯基和叶圣陶等教育思想的研究。还要广泛地吸取国内外教育实验的成功经验，如：合作教育、愉快教育、和谐教育、成功教育和创造教育等。通过不断认真地"学习"、"研究"和"吸取"，逐步构思主体教育思想。在学习方法上，坚持"学习、研究、

实验"相结合，学习要坚持"个人为主，互相交流，专家讲座"，研究要坚持"围绕专题开展多种形式的研讨活动"，实验要坚持"理论指导实践，学以致用"的原则。在学习考核上，要从"读书学文，收集资料，撰写论文"等方面进行综合评价。总之在下一个五年，要把学习"紧紧抓住，学习、学习、再学习"。

（二）"构思"要以课题形式落实下来

构思涉及多方面的课题，必须构建出一个课题系列，组建一支"三组合"队伍，通过教学、科研、实验相结合的途径才能落到实处。首先，经半年多的努力，从"构思"中筛选出 5 个课题，如：小学生主体性发展实验研究、人民大道小学现代化教育模式研究、心理与道德主体自主性活动行动研究、小学教育实验管理研究和小学德育新格局初探等，已被正式列入省、市重点科研课题。还有 10 项立为校级研究课题，小组和个人研究课题共立了30 项。三级课题的构建形成了竖成线、横成片的课题网络。其次，在我们和北师大原有科研队伍的基础上，又从省内外聘请了科研顾问、教学顾问和管理顾问等，进一步组建了理论队伍、实验队伍、管理队伍相结合的科研队伍。不少顾问都直接参与到各个课题进行具体指导。其三，坚持"教学、科研、实验"三结合，鼓励教师走"人人选课题、结合搞科研、合作搞实验"的道路，使整个学校逐步形成一个依靠科研促教研、全面实施素质教育的氛围。

（三）注重行动研究，落实实验的基本原则

上一个五年，就这项实验提出了两条基本原则，一是严肃严格的基本训练，二是诚心诚意地把学生当主人。经过几年的实践越发认识到两条原则内涵非常丰富，它不仅要求我们在教育教学过程中，把学生知识技能的增长和主体性发展有机结合起来，而更为重要的是要求我们在实践中去寻找"东方"和"西方"两种教育的结合点。上一个五年，这个问题我们没有解决好，下一个五年要注重行动研究，在实践中探索体现"基本原则"的操作模式。一方面要对之前制订的《小学生主体性发展目标体系和测评体系》进行深入研究，通过修改、补充使其进一步完善，在此基础上，要组织实验教师依据各科教学大纲和小学生主体性发展大纲，制订出融知识技能增长和主体性发展为一体的实验方案，通过对"教学、科研、实验"相结合的实践活动研究，逐步形成一个"严肃严格与诚心诚意"有机结合的实现自主教育，促进学生自我发展，操作性强的教育模式。另一方面，也要通过专设课程及其他方式对学生进行主体性教育，让学生明白自己在教育教学活动中不仅处于主体地位，而且要使自己的主体性得到充分发展，并能根据主体性发展的目标要求及行为表现，积极主动地制订和实践自主发展、自我教育的行动计划。

(四) 运用行为科学理论，发挥教师的主体性

学生的主体性发展需要有主体性的教师来培养。教师在教育教学活动中，表现出的独立性、主动性和创造性来自什么地方呢？行为科学研究结果认为，人的积极性、主动性来源于需要，需要产生动机，动机支配行为。教师在教育教学活动中表现出来的主体性也是自身的各种需要的结果。要发挥教师在育人过程中的主体性，就要研究其合理的需要。一般来讲，教师有"参与"的需要（当家做主人），有"满足"的需要（包括精神和物质），有"提高"的需要（自我完善）。因此，在实验过程中我们一方面要坚持知人善任，充分发挥每个实验教师的智慧和才能，另一方面又要尽力满足实验教师在精神和物质等方面的合理要求。因为他们是我们选派的一流教师，干的又是一流水平的工作，应该得到一流的待遇。

抓住素质教育的核心和灵魂探讨小学生主体性发展的教育模式

　　当前实施素质教育已成为我国教育的热点和焦点，无论理论工作者还是实际工作者都在逐步对素质教育进行诸方面的积极探索，并开始出现一些有积极影响的素质教育模式。近几年来，我校也顺应时代并以《中国教育改革和发展纲要》精神为指导，围绕着学生整体素质发展问题在教育教学实践中对应试教育向素质教育转变进而实现现代化教育进行着一些有益的探索。

　　"应试教育"是一种不完全的教育，给学生带来的结果是片面发展。素质教育注重研究主体的素质结构进而使学生在思想品德、科学文化、劳动技能、身体心理等方面得到全面发展。但同样是全面发展，有的表现为生动活泼，主动和谐，有的却缺乏主体意识，表现为消极被动。我们现在培养的学生虽然在道德品质、知识技能等方面存在着一定的缺陷，但这不是最主要的缺陷，最主要的缺陷是一种主体性精神，即独立人格精神，主观能动精神和创造开拓精神。我国青少年在国际数理化大赛中不少的还能拿金牌或银牌，但为什么建国几十年来我国没有一个诺贝尔奖获得者呢？分析起来恐怕给我们的教育长期忽视人的主体性发展有关。主体性强的人正是具有这种独立性、主动性和创造性的人，把自然生存条件置于自己控制之下做自然的主人；把适应和改造社会的实践活动置于自己的控制之下做社会的主人；对自我进行解剖、设计和改善，做自己本身的主人。主体性发展教育实验就是要不断提高受教育者的主体意识和能力，并使其成为进行自我教育的社会主体。主体教育论认为，主体性是全面发展人的本质属性，是主体素质的核心和灵魂，是现代人的基本特点，弘扬人的主体性已是时代精神的主旋律，现代化的教育就是要培养这种具有主体性的人。因此，在研究和实施素质教育的过程中不能仅着眼于学生素质结构以求整体素质的全面发展，而且还要再往前走一步，对学生素质的核心和灵魂，即主体性发展问题进行深入的理论研究和实践探索。基于上述认识，我们便提出了《小学生主体性发展实验研究》这一课题，与北京师范大学教育系一起，从理论和实践的结合上进行积极地探索，并已取得阶段性成果，被国家教委评为科研成果一等奖。下面把这一实验研究情况向大家作以汇报。

一、主体性发展实验的目标及理论基础

小学生主体性发展实验是人的发展的实验，是一种探索性的教育思想实验。

（一）实验的主要目标

该实验以马克思主义人的发展学说和教学认识论为理论依据，以发展小学生主体性为主要目标，以小学生主体性的具体表现、基本结构、发展规律和有效的教育影响，以及教师应具有的良好素质为主要研究内容，旨在促进小学生生动活泼主动地发展，以促进我国教育改革和教育科学理论体系的改造和完善，同时探索进行教育实验的新路子。

具体包括以下几方面内容：

1. 探明小学生主体性的基本结构和行为表现，分析影响小学生主体性发展的基本因素，寻求发展学生主体性的基本途径，促进学生生动活泼主动地发展。

2. 建立小学生主体性发展的目标体系和测评指标体系。

3. 进行教育主体论、教育活动论、发展性教学系统等专题研究，构建小学生主体性发展理论的基本框架。

4. 未来社会教师素质结构研究。

5. 适合我国国情的教育实验基本理论和方法的研究，不断提高教育实验的科学化水平。

（二）实验的理论基础

该实验的理论基础，一是马克思主义关于人的全面发展学说，二是教学认识论。

首先，发展学生主体性体现了马克思主义关于人的发展，人的全面发展教育学说的精神实质。

人的本质是什么？马克思主义关于人的发展理论从哲学、政治经济学、社会主义学说等不同方面进行了论述。基本观点是：人是劳动基础上形成的社会化的高级动物，是社会历史活动的主体，区别于其他动物，人具有主动性、自主性、社会性、抽象思维能力以及高度创造性等基本属性。马克思对人的本质的分析，突出了人的社会历史性与自觉能动性的特点。主体性，是人的本质的最高层次，最高表现，是全面发展的人的根本特征。主体性强的人，就是自觉能动性强的人，是在客体面前拥有主动权和自由的人。这种人在客体面前，在条件许可范围内，能最大限度地发挥自身的力量去认识世界、改造世界和创造世界，从而做成那些缺乏主体性的人认为做不到的事情。这里要特别指出的是，当前我们面临着对人的主体性发展的现代意义的思考，在 20 世纪 50 年代以后，随着现代科技、现代社会的深刻变革以及人文主义思潮的发展，对人的研究也进入一个新的时期。面对现代科技的迅猛发展，生产过程日益智化以及新科技革命带来的深刻危机，人们追求的是人与社会的协调发展，追求人的自由充分的发展，要求从现代社会高度，培养具有开拓创新性的人才。教育对人的发展从而对社会的发展所起作用的大小，基本上取决于它在多大程度上培养出主体性强的人以主动适应社会发展的要求，即为社会培养既具有相应的知识技能，尤其是具有开拓、进取、创新意识，竞争和合作的精神，以及随机应变、办事能力强、工作效率高的人才。教育致力于培养主体性愈来愈强的人的事业，已经从美好的理想逐步走向现实，从科学的理论转化为实践。杜威的儿童中心论，维果茨基及赞可夫的教学与发展理论，我国教育工作者关于师生关系的探讨以及促进学生生动活泼主动发展的各种实验，其研究成果正在验证马克思曾预言并描述的历史进程：人的依赖（附）关系→以物的依赖为基础的人的独立性→自由个性。

其次，发展学生主体性体现了教育教学工作最重要的规律性。

在教育教学过程中，学生作为认识的主体，在教师指导下有目的地去获取对于客观世界认识的知识，发展社会适应性，这是一个能动的反应过程。学生认识的能动性，一方面表现为学生对外部信息的能动选择上，主要受学生本人兴趣、需要以及所接受的外部要求的推动和支配，表现为自觉性、选择性；另一方面表现为学生对外部信息的内部加工上，受学生原有知识经验、思维方式、情感意志、价值观等制约，表现为独立性、创造性，而学生作为认识主体，他们的实践活动则决定着认识的起点、范围、程度水平和个性差异。如果学生缺乏自我意识，缺乏自我控制、自我调节的能力，缺乏主体性，那么认识过程就不可能发生。正是依据教学认识的基本原理，抓住主体问题以揭示教学过程的规律，提高教育质量。

（三）实验的重大意义

该实验将小学生主体性发展作为全面发展教育理论的核心，试图探讨一条使小学生生动活泼主动发展的基本途径，同时构建主体性发展的基本理论。

1. 基于对马克思主义关于人的发展涵义的重新认识，使我们对全面发展教育方针的理解和贯彻，提高到一个新的自觉阶段

我们的教育方针和培养目标，是使学生全面发展。但是，对什么是"全面发展"，由于没有真正把握马克思主义人的全面发展教育理论，长期以来在实践中存在极大的盲目性。主体性，是个人全面发展的核心，是全面发展人的根本特征。只有少年儿童主体性得到充分发展，才能实现社会化、个性化的发展。因此，可以说，抓住了人的主体性发展问题，就是抓住了培养目标的核心，使我们找到了一条实现人的全面发展的基本途径。

2. 主体性发展问题的研究，将有助于促进教育观念的转变，针对当前我国教育实践存在的弊端，转换研究主题，寻求我国教育改革的立足点

现代教育的发展，关键是确立现代教育的意识。目前我国在教育现代化进程中遇到的最严重问题就是教育观念问题，我们的教育体制存在片面追求

升学率所带来的严重弊端。如何走出这一误区，长时间以来我国教育工作者进行了一系列有意义的探索，无论理论研究还是实践探索，逐渐将视角聚焦于人的主体发展这一根本问题上。因此，主体性发展问题的研究将为正在进行的教育改革和探索提供一种理论准备，帮助教育工作者反思和克服当前教育实践中不合理的传统教育观，增强实践活动的合乎规律性、自觉能动性，进而增强教育改革意识，明确教育科学研究的方向和主题。

3. 主体性问题的研究，将促进现代教育的发展，使我国教育走向世界

未来的人将是全面发展的现代人，人的主体价值空前提高，人的发展越来越较为全面和自由。目前世界各国面向未来的教育，从根本上说就是追求个人全面发展，即充分发挥每个人的主观能动性，这是一个世界潮流。我们要面向未来，让中国的教育走向世界，也必须抓住发展人的主体性这个根本方向。我们的实验是面向未来的，意义上是深远的。

4. 主体性问题的研究，将有力地促进我国教育科学理论体系的改造与构建

很长时间以来我国的教育理论基本框架，基本上是 20 世纪 50 年代学苏基础上形成的，面对现代科技、现代社会的发展，这一理论体系已远远不能适应时代发展的要求，教育科学理论必须进行革命性的思考。如果我们以主体性发展理论作为改造原教育理论的依据和理论基石，那么，将会对现代教育理论的发展具有根本性突破的意义。

5. 主体性发展实验对我国教育研究方法论科学化的重要意义

教育科学的发展，重要的在于方法论的科学化。主体性发展实验作为一种教育思想实验，在方法论方面，首先表现在体现了多学科参与的综合性。其次，主体性发展实验，由于其理论构建层次高，多因素多变量参与以及实践性强的特点，将为我们探讨教育实验的规律提供了有利条件，通过对教育实验中若干理论与实际问题的探讨，尝试建立符合我国教育发展规律的教育实验方法体系。

二、主体性发展实验的理论构想

（一）主体性的基本概念

主体性是人作为对象性活动的主体所具有的本质特性，是作为认识主体的人在处理外部世界关系时表现出来的一种功能特性，是主体在作用于客体的活动中表现出的能动性。相对于依赖性、被动性、模仿性、简单适应性，主体性作为人的一种特性，它集中体现为人的独立性、主动性和创造性。能正确认识客观、认识自己、掌握规律、改造客观，实现自己的目的，做到一般被动的人做不到的事情，培养学生的主体性，才能使他们成为教育认识的主体，实现他们的社会化和个性化，才能真正实现学生生动活泼主动地发展。

主体性是主体意识和主体参与的稳固的行为方式的统一体，具有外在表现特征。

（二）主体性的基本结构及行为表现特征

根据哲学认识论、教育学和心理学有关理论，我们认为，主体性是人作为社会活动主体的本质属性，它包括独立性、主动性和创造性三个基本本质特征。独立性即自主性，是对自我的认识和实现自我的不断完善；主动性实质是对现实的选择，对外界的适应的能动性；而创造性则是对现实的超越。主体性发展水平一方面表现为主体意识，另一方面表现为主体能力。人的主体意识和主体能力构成人全面发展的内在因素。

正是基于以上认识，我们构建了主体性发展的三维结构：独立性、主动性和创造性。独立性也称为自我完善性、自主性，它是人成为主体的前提和基础。独立性是主体独立自主行使、支配自己的权利并具有这种能力。独立性在思想观念上集中表现为自尊、自立、自决、自强等自我意识，即对自己作为从客体中分化出来成为相对独立实体的存在这一意识，包括符合实际的自我评价、积极的自我体验和主动的自我调控能力。当然，这种独立性是以接受客观规律的制约为前提的，独立性发展的目标可分解为以下四个方面：①自尊自信。其表现为自我肯定、维护独立人格以及对自己的优缺点有公正客观的认识。②自我调控。即在行动上按自己的计划、意图行事，不简单受外部条件所左右。其表现为强的注意力，做事有始有终，遵守学校的各项制度以及与伙伴游戏时能遵守集体规则等。③独立判断决断。其表现为善于独立思考，对同学的优缺点有公正客观的认识以及遇事有主见且合理果断地作出决定。④自觉自理。其表现为力所能及的事情自己做，能合理安排学习时间，有良好的饮食起居习惯以及会做一些简单的家务劳动。

主动性集中表现在有目的、有意识地认识世界、改造世界的理性活动中。人不是被动地适应和应付客观世界，而是积极自觉地行动。选择性，作为主动性的重要表现，是对客观发出信息的选择、加工、分析和推断，既反映主观性，也反映出认识的客观性。对学校的学生来说，不仅体现在对社会的适应性，同时也体现在对学习的适应性。主动性发展的具体目标主要表现在以下五个方面：①成就动机。即努力追求高的目标，有远大理想。其表现为渴望当优等生，以及有强的集体荣誉感等。②竞争意识。主体性强的人，喜欢挑战，表现欲强，有进取心，并具有取得成功的本领。他们积极参加竞赛活动并努力取胜，在各种活动中总是想表现自己并超过比自己强的人，在游戏中总是充当组织者、指挥者。③强烈的兴趣和求知欲。他们有一门特别有兴趣的学科和某方面的兴趣爱好，课外有丰富多彩的活动，有自己的小书库，广泛阅读各种课外读物。④主动参与。他们不仅在课堂上认真思考问题，积极发言，而且踊跃参加各种集体活动，并努力完成集体交给的工作。⑤社会适应性。社会适应性指个体逐步接受现存社会的生活方式、道德规范、行为准则的过程。社会适应性强的人，表现为好的合群性、利他性和社交能力。他们不自私，乐于助人，尊重人，与伙伴友好相处，有自己不能克服的困难时，能找别人帮助。他们善于交际，有一定凝聚力，敢于主持公道，敢于批评不良行为等。

创造性是对现实的超越，是主体性发展的最高表现。创造意味着突破、革新、进步，而不是重复、模仿。主体性强的人在创造性方面，不仅表现为有强烈的创新意识，如爱标新立异，爱发表与别人不同的见解，总是喜欢出"新点子"，喜欢解难题，而且表现在具有创造思维能力和动手实践能力，思考问题的方法独特新颖等方面。他们在学习上能举一反三，灵活运用知识，有丰富的想象力，善于直觉思维和借助具体形象解决问题。他们有自己的小制作、小设计、小发明。他们不仅在实践活动课程中表现出强的动手能力，而且善于解决日常生活中遇到的实际问题。

总之，独立性、主动性和创造性构成了人的主体性不可缺少的特征。

为了验证这一理论构思，我们通过建立小学生主体性发展指标体系，对学生主体性结构层次进行了初步研究。

少年儿童主体性发展层次结构如图1所示。

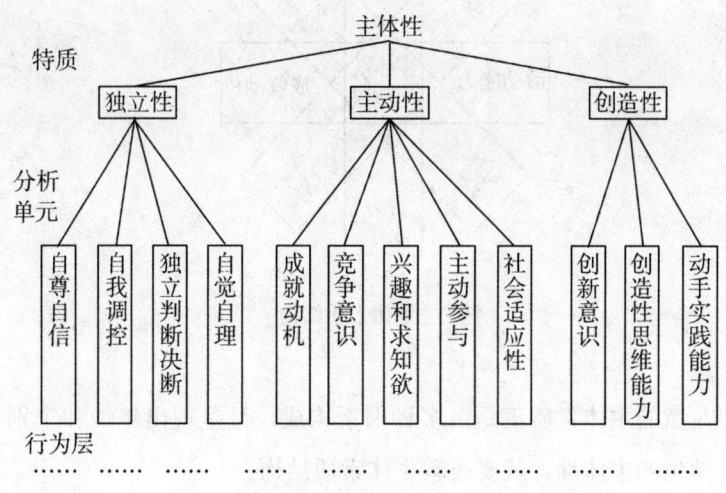

图1　主体性层次结构

（三）小学生主体性发展的基本条件

探讨主体性问题有两个重要前提。

一是对教学认识特殊性的把握。教学认识的主体和客体构成认识的两极，在两极中"嵌入"了一个起主导作用的中介因素——教师。因此，研究小学生主体性的培养，必须以正确处理三者间的关系作为基础。也正是从这一点出发，我们将转变教师教育观念作为实验中一个重要的变量加以认真对待。

二是对影响小学生主体性发展的基本因素的整体把握。

1. 内部因素——主体素质结构决定主体性水平及发展

马克思主义辩证唯物论认为，任何事物的发展变化不外乎外因和内因两个方面。内因是事物发展的依据，外因是事物发展变化的条件，外因通过内因起作用。影响主体性发展的主体素质结构，我们把德、智、体全面发展加以具体化。（见图2）

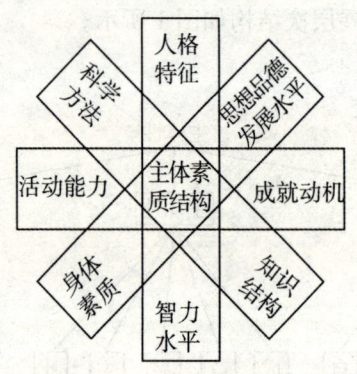

图2 主体素质结构

少年儿童的主体素质正是由多种因素构成，且呈现出年龄和个别差异。要发展小学生的主体性，就要改善主体素质结构。

小学生主体性发展不是由各部分因素作用拼凑而成的，而是由他们所受的一切影响的总和，综合地在一些外部条件影响下发挥作用。

2. 影响小学生主体性发展的外部因素。

小学生主体性发展是一个多方面发展的过程，受到各种外部因素的影响，是在与社会群体相互作用中实现的。

影响小学生主体性发展的主要外部因素是：学校教育、社会教育和家庭教育。我们也把它具体化。（见图3）

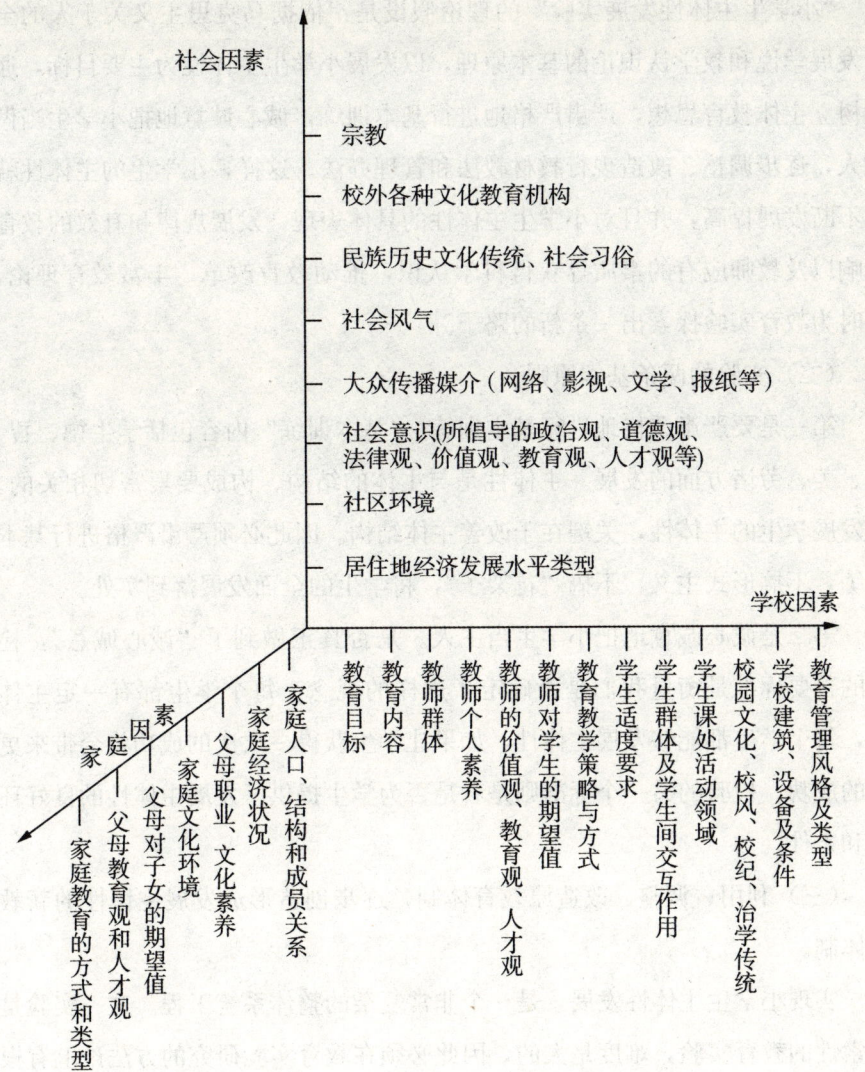

图3 影响小学生主体性发展的主要外部因素

在以上的诸因素中,学校教育在学生主体性发展中起关键性作用,而良好的社会环境是实现学生主体性发展的重要条件。我们必须把主体性发展放在教育与社会环境关系中考察,从而合理确定发展主体性、优化环境的措施。

三、小学生主体性发展实验的设计

(一)实验的理论假设

"小学生主体性发展实验"的理论假设是：依据马克思主义关于人的全面发展学说和教学认识论的基本原理，以发展小学生主体性为主要目标，通过树立主体教育思想，严肃严格地进行基本训练，诚心诚意地把小学生当做主人，逐步调整、改造现行教材教法和管理办法。这样，小学生的主体性就会不断发展提高，并且对小学生主体性的具体表现、发展规律和有效的教育影响以及教师应有的素质等获得科学认识，推动教育改革，丰富教育理论，同时为教育实验探索出一条新的路子。

（二）实验的两条基本原则

第一是要严肃严格地进行基本训练。"基本训练"内容包括学生德、智、体、美、劳诸方面的发展。主体性是与主体的结构、构成要素密切相关的。要发展学生的主体性，关键在于改善主体结构。因此必须严肃严格进行基本训练，不搞形式主义，不搞"花架子"，将学生的全面发展落到实处。

第二是诚心诚意地把小学生当主人。是否真正做到了"诚心诚意"，检验的首要标准是衡量我们是否确定了这样的观念：每个学生都有一定主体性，每个学生都能够发展主体性，如果让学生获得一次次的成功将会带来更大的成功。检验的另一个标准则是看是否为学生提供了发展主体性的良好环境和条件。

（三）利用、调整、改造原教育体制，逐步创造形成发展主体性的新教育体制。

实现小学生主体性发展，是一个非常复杂的整体系统工程。这一实验是探索性的教育实验，难度是大的，因此必须在教育实验研究的方法论上有根本性突破。我们并没有采取一般教育实验的做法，而是不打乱学校现有的教材体系和教学秩序，以"主体教育"思想为指导，通过转变教师的观念，充分发挥教师和学生的主体性，独立地、主动地进行探索和创造。

四、小学生主体性发展实验的过程及措施

我们根据实验的总体构想和总的研究目标，四年来主要研究了以下问题。

1. 幼儿衔接，学前班儿童主体性发展问题。

2. 小学生主体性发展指标体系层次结构问题。

3. 小学低年级学生主体性的具体行为表现。

4. 建立主体性发展教学系统的问题。

5. 小学低年级的养成教育以及良好行为习惯，社会适应性培养的问题。

6. 小学生体质测查与健康教育问题。

7. 优化育人环境，改善办学设备条件。

8. 家长教育观念的转变以及家长主体参与。

9. 教师教育主体观确立以及作为教育实验改革家的基本素质和行为表现。

10. 提高教育实验科学化水平的有关问题。

该实验采取的主要措施：

（一）优化课程结构

基本思路：加强基础，发展个性，培养能力，优化结构，促进发展。

现有小学课程共 9 门。这些课程可组合为几个基本板块并形成一个内在的有机结构：一是以语文、数学为核心的基础性、工具性学科；二是以获取社会知识为目的的思想品德、社会、自然、生活劳技等知识性学科。三是以体育、音乐、美术为主要内容的艺体性学科；四是带有综合整体特色的活动课。学科课程与活动课程结合，学科间的协作、沟通，同时明确每一门课程在课程体系中的地位作用。在不增加国家教委提出的教学计划所规定教学时数的前提下，对课程计划作适当调整。这种课程思想，为保证学生主体性发展提供了基本条件，较好地体现主体教育思想。

（二）建立发展小学生主体性的四条主要渠道

1. 德育系列

德育的根本点就在于解决人与社会的矛盾，培养我们的下一代具有强的社会适应能力，学会做人。我们在总结和发扬学校原有先进经验的基础上，进行调整和进一步创新，建立了以"三五"为重点的德育新的目标格局。"三五"的具体内容为"五爱情感"——爱惜生命、孝敬父母、关心他人、热爱集体、报效祖国。"五好习惯"——勤学好问、勤劳节俭、文明礼貌、遵纪守法和整洁健身。"五自"能力——独立自主、自觉自理、自我表现、自我调控和自我评价。

为实现主体性发展的"三五"德育目标，我们制订了"三五教育提纲"，编印了由四字书、名言录、故事集构成的"三五"教育读本，并通过班级民主管理、少先队实践活动等培养学生的自我教育能力。

2. 学科系列——建立主体性发展教学系统

要发展小学生主体性，就要改造原有的不太合理的教学模式和教学策略，形成有利于发展学生主体性的新的教学模式系统。

首先，建立各个学科明确的教学目标和要求，使其具有目的性、层次性和可操作性。

其次，构建发展性教学系统，形成有特色的学科教学。

数学课，高度抽象性、严密逻辑性和应用广泛性为特色。教学中强调使学生动口动手动脑，与学生生活密切联系，培养学生用数学眼光来观察和认识周围事物的数量关系的兴趣和意识，提高学生逻辑思维的能力。

语文课，思想内容与语言文字结合，生动形象具体。教学中我们强调以"情"入手，严格读、写训练。在掌握语言文字的基础上培养学生自学能力、自学习惯。

体育课及身体素质训练，占总学科时数的 10.78％，我们的宗旨是养护与锻炼并重，进行健康监测和健康教育。在使学生掌握体育基础知识、技能基础上，培养学生的体育意识，增强身体素质。

自然课，重在创设科学的情境，培养学生爱科学、学科学的意识、态度和动手实践能力。

音乐课，注重培养学生的情感体验，提高学生对音乐的感受和音乐的综合表达能力，发展学生在音乐方面的创造意识和初步的创造能力。

美术课，激发学生学习兴趣，重视手、脑、眼的协调发展，鼓励学生大胆想象，大胆创作。

正是基于教师高水平地驾驭教材，把握学科教学过程规律，融合自己的教学经验及教学个性风格，使学生多方面汲取营养，在整体优化的教学氛围中得到生动活泼主动的发展。

再次，创设小组合作学习的形式，做到集体教学，小组合作学习与个别辅导相结合。

我们的做法是：将全班学生按发展水平高、中、低分等，然后按比例混合分成几个均组，小组每个人均编成序号。课桌椅按"T"形排列，每组5—7人。在各学科学习中，小组学习的形式提高了学生教学中的参与率：小组之间的友谊竞赛，互帮互学，友善的激励竞争，从而使小学合作学习成为师生间、学生间合作性交往的主要形式，发展了良好的人际关系，培养了学生的群体意识，同时，给每个学生提供公平的参与机会，在参与中自我表现，找到了自我的价值，从而提高了自尊自信，提高了学生学习的主动性、独立性、协作性和创造性。

3. 活动系列

活动，主要指专门的学科教学之外的各种实践活动，各种社会实践活动以及传统性教育活动。活动系列与学科教学组成高效率的教育网络，创造一个有效的教育环境，促使学生主体性得到生动活泼的发展。通过活动，加强学生的参与精神，培养学生的主体意识和自主能力。

活动的基本内容及组织形式：

（1）传统性教育活动。是指围绕着一年中的重大节日和重要纪念日以及学校工作的规律性而有目的、有计划开展的活动。

（2）知能性教育活动，内容以科技艺体活动为主，既有校内各种学科小组、文体小组、兴趣小组，又有校外的少年宫、科技馆等丰富多彩的活动。其特点是调动学生的自主性、实践性，是一种群体文化，以满足少年儿童求知、求乐、求发展的要求。

（3）社会性教育活动。主要包括社会调查、专题社会考察、军训、各种无偿社会服务和公益劳动，勤工俭学性质的工农生产劳动和科技活动等。其目的主要是使学生了解社会，了解国情、民情。树立社会责任感，使学生了解社会，从而客观地认识自己，正确地把握自己，通过活动过程，培养学生的创造精神、创造能力和实际工作能力。

4. 家庭教育系列

要使小学生主体性得到充分发展，必须有社会、家庭的密切配合，三者形成合力。从实验一开始，我们就将家庭教育系列作为变革措施中的一个重要组成部分。

我们在对家庭教育现状进行全面调查的基础上，确定了工作的基本思路，这就是转变家庭教育观念，在积极参与中不断提高家长的教育能力，为小学生主体性发展提供良好的家庭教育环境。

为此，我们采取了以下主要措施：

首先，研究和制定了学生在家庭中的主体性发展目标体系。这一目标体系包括在家庭中学习、生活、品德三个方面独立性、主动性、创造性的基本要求。如生活方面，要求孩子会自觉整理自己的学习用品及简单的生活用品；对家庭发生的事情评价公正、客观；喜爱学习一些生活技能、技巧；能主动地参与一些力所能及的家务；有良好的饮食起居习惯，有较强的"主人"意识，积极参加家庭事务的讨论；会用自己的绘画、小制作等美化居室；在钱物的使用上，能作出合理的选择，善于一物多用；动手能力强，喜爱摆弄、拆装小物品。由于目标要求具体明确，从而较好地发挥了对家庭教育的指导规范作用。

第二，成立家庭工作委员会，不仅协调家长与学校的关系，更重要的是指导家长充分发挥家庭的教育功能。

第三，办家长学校，组织家长学习主体教育理论。

第四，成立家庭教育研究会，围绕家教问题开展专题研究。

（三）转变教师教育观念，确定主体教育思想

在整个教育实验中，教师作为实验的研究者、实施者，对实验能否健康发展、正常运行起着举足轻重的作用。区别于日常教学工作，实验教师必须在现代教育观指导下勇于实践，勇于创造，这正是教育实验作为教育思想实验的关键所在。这就要求参与实验的教师必须具有以下三方面素质，一是真正确立主体教育思想，二是要有一定的科研意识和科研能力，三是对教育实验目标执著追求，对教育事业的忠诚和无私奉献的精神。

　　教育实验，作为一种特殊的教育科学研究，本身是一个复杂的认识过程，如何促进参与实验的教师尽快向科研型教师转化，我们采取了以下措施：

　　1. 通过各种形式组织教师学习理论，提高教师的理论修养

　　为了提高本校教师队伍的学术水平，培养一批学科带头人，实验学校先后选派了 32 人进修大专学历（目前在全校 136 名教师中，有大专学历的教师 121 人，占 83.4%），到目前为止，还选派了 32 名教师分别到北师大、华东师大、河南大学、北京音乐学院、首都师大进行为期一年的单科进修，在高等学校学术氛围中受到陶冶。

　　为了能对主体教育思想、主体性问题有较好的把握，我们编辑了《学习文集》（第一集），选编了 10 篇有关主体、主体性的文章，共 10 万字，供课题组全体成员学习研讨时参考，坚持了每周一次的学习活动，同时还组织了一系列的专题讲座。既有系统的教育基本原理，又有学科教学专题讲座，聘请了北京、上海等地有丰富实践经验的特级教师及高校学科研究方面的学者讲学。正是抓住了学习理论这一点，使我们的实验有了一个较高的起点。

　　2. 在积极参与研究的全过程中转变观念，培养科研能力

　　实验教师作为课题组成员，必须参与实验的全过程。

　　首先，实验方案的制订过程实际上正是一个科研过程，课题组全体成员在反复学习讨论、实验班教师总结自己原有的好的经验以及一年学前班准备性实验的基础上，集思广益，以整体的智慧形成了《实验设计》（第二集）共 10 万余字，既有理论构思，又有德育、学科、活动、家教几个系列的具体明确目标及措施。第二，按总体实验目标的要求，每位实验教师都确定了自己的科研课题。第三，每学期召开一次全校教师都参加的学术讨论会，交流初步成果及经验体会。第四，实验班的班主任教师坚持记班级教育日记，各科教师每周至少写两篇教学札记，每学期至少写一篇小论文。四年来，共编选了 8 本实验文集和 6 本丛书，约 300 万字。

　　（四）改善设备条件，优化育人环境

　　主体性发展实验要求各种因素的相互协调配合进行整体的改革。其中美

化校园，改善设备条件，创设一个良好的外部条件正是一项带有基础性的工作。学校为改善办学条件，多方筹集资金，同时争取上级教育部门的支持。

首先重新装修了教室和楼厅。室内不仅布置了图书角、植物角、展示柜以及卫生保健箱、工具箱，而且配备了多媒体设备。在楼厅，开辟了格言专栏、名人画像，设置了每个孩子存放书籍杂物的生活柜。

第二，投资 300 多万元建成了面积 4000 多平方米的科技馆，设立了学科专用教室。包括书画室、音乐室、舞蹈训练室、自然实验室、语音室、微机房、图书阅览室，配备了相应的设备。购置了乐器，使校园生活更加丰富多彩，生动活泼。

第三，美化校园。在新建的校园中心花园，汉白玉的小桥连接两个眼镜湖，两旁矗立着两个象征希望和未来的高大的不锈钢雕塑，四周种植了各种花草、树木和农作物。平整的操场，加上格局上的美，使人感到朝气蓬勃，生机盎然。

第四，改建了学校食堂，为实验班学生提供中午的营养配餐。

正是通过以上措施，为学生创造了一个融知识性、思想性、艺术性为一体的良好的育人环境。

五、实验取得的初步成效

四年的实验，取得了以下几方面的成效：

（一）初步构建了少年儿童主体性发展的指标体系，并从理论与实践两个方面验证了实验的研究假设

1. 构建了小学生主体性发展的目标体系及测评指标体系。这就是包括独立性、主动性、创造性三个特质层，创新意识（4）、创造思维（4）、动手能力（5）、成就动机（5）、竞争意识（5）、兴趣和求知欲（5）、独立判断决断（7）、自我调控（4）、社会适应能力（5）、自觉自理（5），共计 10 个分析单元 49 个项目的指标体系。

2. 初步构建了语文、数学学科主体性发展的指标体系、学科主体性发展指标体系按小学低年段、中年段、高年段分别设立。以独立性、主动性和创造性为经，以学科学习特点为纬。

3. 编制了小学生学习主动性评定量表。

4. 小学生社会技能的测量与评价。

5. 小学生身体素质测查及心理卫生监测。

（二）初步形成了有特色的学科教学，提高了教学质量

教学作为发展小学生主体性的主渠道，其成效集中表现在以下两个方面：

1. 学生学习成绩，学习能力有显著提高

以数学学科为例，数学知识和技能情况，由北师大参加课题组的专家编出测试题，结果见表 2。

表 2　　　　　　　　　实验班数学知识和技能调查结果

班级	人数	第一学年		第二学年	
		X	S	X	S
一班	36	97.4	3.24	96.3	4.31
二班	45	96.6	4.49	94.1	4.95

说明实验班学生基础知识掌握是较好的。

在数学能力方面，采用中央教科所赵裕春研究员主编的《小学生数学能力测查》试题，主要内容包括：数的概念、数的概括与推理，空间关系三个方面。测试在每一学年即将结束时进行，第一、二学年分别采用第一套和第二套试题。测试结果与北京常模对比。（见图 4、图 5）

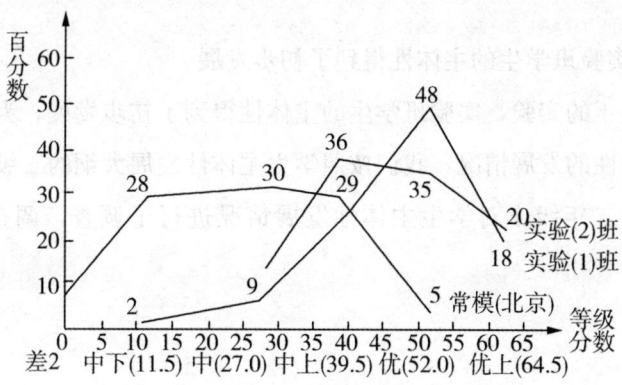

图 4　第一套五级划分标准及人数百分比比较

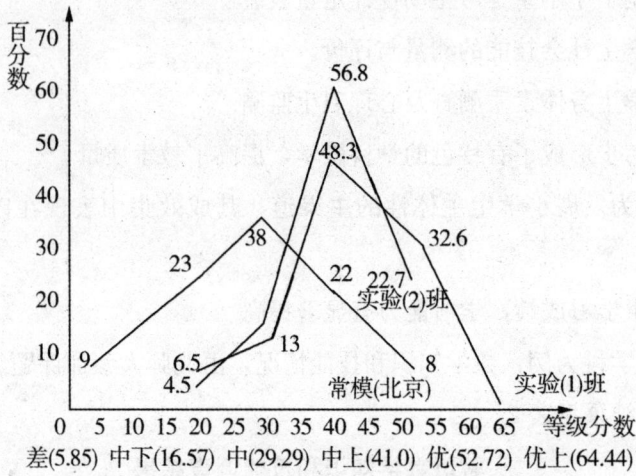

图5　第二套五级划分标准及人数百分比比较

2. 在有特色学科教学基础上，初步形成了六条有效的教学策略

①创设和谐情境，鼓励学生合作学习——关键词是"合作"。

②鼓励学生积极学习，主动参与——关键词是"参与"。

③加强学科间的协作，严格教与学要求——关键词是"严格"。

④注意个别差异，尊重学生的个性与才能——关键词是"差异"。

⑤培养学生自我调控能力，鼓励学生大胆创新——关键词是"创新"。

⑥创设自我表现的机会，使学生不断获得成功体验——关键词是"成功"。

（三）实验班学生的主体性得到了初步发展

通过两年的实验，实验班学生的主体性得到了初步发展，为了进一步说明学生主体性的发展情况，我们按照学生主体性发展大纲的二级指标，分别在入学初和二年级末对学生主体性发展情况进行了调查，调查结果如下：（见表3）

表 3　　　　　　　　实验班学生主体性发展情况测查

		入 学 初						二 年 级 末					
		强		一般		弱		强		一般		弱	
		人数	百分数	人数	百分数	人数	百分数	人数	百分数	人数	百分数	人数	百分数
独立性	自尊自信			14	15.7	75	84.3	45	50.6	26	29.2	18	20.2
	自我调控			11	12.4	78	87.6	28	31.5	34	38.2	27	30.3
	独立决断判断			3	3.4	86	96.6	14	15.7	36	40.4	39	43.6
	自觉自理			25	28.1	64	71.9	38	42.7	48	53.9	3	3.4
主动性	成就动机			24	27.0	65	73.0	52	58.4	18	20.2	19	21.3
	竞争意识			16	20.2	71	79.8	33	37.1	35	39.3	21	23.6
	兴趣与求知欲	5	5.6	35	39.3	49	55.1	50	56.2	29	32.6	10	11.1
	参与意识与能力			17	19.1	72	80.9	37	46.1	35	49.4	17	19.1
	社会适应性	2	2.2	15	16.9	72	80.9	34	38.2	51	57.3	4	4.5
创造性	创新意识			6	6.7	83	93.3	14	15.2	45	50.6	30	33.7
	创造思维能力			8	9.0	61	91.0	8	9.0	30	33.7	51	57.3
	动手实践能力			13	14.6	76	85.4	15	16.9	47	52.8	27	30.3

（四）教师初步确立了教育主体思想，提高了教育科研的能力

三年教育实验，突出成果之一，就是教师教育观念的变化以及科研能力的提高。教师及教师群体的总体素质和精神面貌均发生了较显著的变化。

1. 初步确立了教育主体思想和现代教育观念

①每一个孩子都是特殊个体，需要充分尊重和关怀，中心在于理解孩子。

②给每个孩子提供思考、创造、表现及成功的机会，中心点是促进发展。

③所有的学生都能学习，不存在绝对意义上的差生，需要的是耐心与指导。中心点是区别对待。

④实施有特色的教育，使每个学生能主动发展自我。中心点是特色教育。

2. 初步确立了改革意识、科研意识，提高了科研能力

通过实验，教师们明确认识到，必须改革原有的不合理的教育方式和方

法，才能真正培养第一流人才。只有将发展学生主体性作为改革的目标，才能不断提高自己的教育教学水平。正是通过改革的实践，老师们开始从应付教学的"教书匠"逐步向学者型教师转变。

首先教师进入科研角色，自觉地结合教育教学工作，围绕实验的总目标选择适合自己的研究课题，反映老师们研究选题"新"、"实"、"小"的特色。在整个实验过程中，教师总是以研究的眼光不断发掘新的课题作为自己的研究点。有的教师很有感触地说："过去脑子里好像一片空白，不知道该研究什么，从何入手，现在似乎每天都有研究不完的问题。"正是这种科研的意识，老师们在完成繁忙的工作任务的同时，记下了十分生动的教学笔记，撰写百多万字的论文。其中有 27 篇分别发表在省级以上刊物，获省市优秀论文奖。正是通过教改实验，已形成了一个素质好的科研群体。

3. 实验教师经受了锻炼，增强了敬业奉献的精神

经过学习和实验，实验老师已深深地认识到这项实验的重要意义，也深感到实验的复杂和艰难。一种强烈的使命感促使他们把整个身心都投入到了实验上。每天早 7：20 就来到学校，晚八九点才回家，中午也不休息。为了实验，他（她）们加班加点，没有节假日和星期天，利用一切可以利用的时间来学习理论，钻研教材教法，了解学生，写实验札记……他们的这种吃苦精神，全力投入、虚心好学的精神以及他们对教育事业的执著追求赢得了师生、家长和专家学者的高度赞扬。一位专家看到实验老师的工作评价说："我来到这里，仿佛到了一方净土，在许多人都为钱而拼搏时，竟还有一批这样的人为祖国的教育事业而兢兢业业地工作，我确实受到了一次很好的教育。"

（五）对构建现代教学论理论新体系的启示

教学认识，体现了特有的教学主体与客体的相互关系——在一定教学系统中进行的教与学这一基本关系。要实现教学论的科学化、现代化发展，必须解决认识活动主体能动性与认识论的唯物主义基础相统一的问题，这就是科学实践观与主体能动性（能动的反映论）的统一。这是科学的认识论。

四年的主体性发展理论与实验研究证明：主体性发展观是现代教学论体

系构建的逻辑起点和基点。

现代教学论理论体系的构建，关键的问题在于对教学认识论中主客体关系的理解。马克思主义认识论高度重视认识活动中的主体能动性，充分肯定人的认识总是表现为主体用现有的认识结构去"同化"外界世界的过程。这个过程是由实践活动（包括社会交往）及其结构在人的大脑中观念内化的结果。认识是在实践基础上主体对客体能动的反映，实践与主体性，正是现代教学论发展的两个基点。确立主体性发展的理论，使我们能从一个更深的理论层次上把握教学认识的实质，使现代教学论体系的构建有一个正确的着眼点，有一个相对稳定的思路。这也正是在新的历史条件下对马克思主义教育理论的进一步发展。

《少年儿童主体多元发展实验研究》阶段性成果报告

尊敬的张民生会长、各位领导、各位专家，与会代表们：

大家上午好！

下面请允许我代表中国教育学会殷都教改实验区课题组向诸位汇报一年来《少年儿童主体多元发展实验研究》这一课题的实施情况。

殷都教改实验区是中国教育学会 2007 年批准成立的以少年儿童主体多元发展实验研究为主课题的教改实验区。成立以来，根据中国教育学会的指示精神，我们制定了实验方案，组建了课题组，选准突破口，开始了理论研究与实践探索，初步取得了一定的阶段性成果。现将实验区成立前后课题实施的情况作一简要汇报：

一、课题的提出与实验的设计

（一）课题的提出

1. 理论依据

主体教育是一种发展学生主体性的实践活动，即发展学生的自主性、主动性和创造性。在教育教学过程中要改变两只眼睛总是盯着学生的缺点、毛病，把批评、训斥、惩罚作为常用的教育手段。要用欣赏的眼光、宽容的胸怀、理解的态度、善待的方针对待每一个学生，使学生的独立人格得到应有的尊重，自主权利得到必要的保证，个性差异得到真正的承认，兴趣爱好得到充分的发展。主体教育论认为：主体性的实质是人的一种内在精神，它能使人产生一种内动力，主体性强的人会把这种内动力变成一种内驱力，成为一种自觉能动的行为。

智能教育是一种承认差异、尊重差异、善待差异，开发人的智慧潜能的扬长教育。智能是人认识世界和改造世界的一种功能。目前脑科学、心理学、教育学资深专家研究的结果认为，人的大脑智慧潜能有语言沟通、数理逻辑、空间视觉、科学探索、身体运动、音乐旋律、人际交往、自我认识等，但具体到每个人，智能结构与功能强弱并不相同。智能教育论认为，大脑是智能的特质载体，人的智能是多元的，但有长有短；智慧的潜能是丰富的，但有大有小。真正的教育应该是正视差异、善待差异。

如果把主体教育思想与多元智能理论相融合，构建出一种主体多元发展的教育模式，把人的内在精神即主体性作用于人的个体差异的智能开发上，不就把主体教育进一步引向深入了吗？在教育教学过程中，教师首先观察了解学生进而分析研究学生，根据善待差异原理，实施扬长教育，使每个学生都能成为最佳的我。

2. 政策依据

新《义务教育法》明确提出：要全面实施素质教育，提高教育质量，搞好中小学课程改革。抓好素质教育，是党中央、国务院做出的重要决策，是事关创新人才培养和创新型国家建设的基础和关键，也是着眼于国家和民族未来的战略考虑。

素质教育是一种面向全体学生，全面提高学生思想道德、文化科学、劳动技能和身体、心理素质，促进学生全面和谐生动活泼发展的教育。但深思起来，素质教育的实质是什么？培养出来的人基本特征是什么？怎样培养出具有这些特质的人？是依靠自身内在的因素呢，还是借助外界强加给的力量呢？北师大王策三、裴娣娜教授和华中师大王道俊、郭文安教授等对这个问题进行了深入的研究，他们共同认为：实现人的全面发展就是要激发人的主体性和开发人的智能多元性。抓住了主体性和多元性，就抓住了人全面发展的精神实质。当前的素质教育研究需要再往前走一步，即抓住少年儿童主体多元发展问题就是抓住了素质教育的核心和灵魂。

3. 事实依据

多年来，殷都区委、区政府始终把教育放在优先发展的战略地位，先后实施了一系列卓有成效的教育改革。如：投资 7500 万进行的"教育资源整合"工程，把 29 所农村中小学整合成 5 所高标准的新型农村学校，全区教育实现了优质均衡发展，几代人的梦想终成现实。面向社会公开招聘名师、学科带头人百余名与本区名师、学科带头人共同组建起一支教书育人的精英团队。"名师工程"的实施充分调动了全区广大教师投身教育、终身学习、追求专业化成长的积极性，培养了一种团结奉献、勤奋求实、科学探索、争创一流的团队精神。

几年时间，殷都教育的硬件和软件建设虽已逐步完善，但摆在殷都人面前的突出问题是：如何提升教育质量，真正实现殷都教育跨越式发展。经过多方论证、考察，区委、区政府决定：依靠教育科研振兴殷都教育！明确提出"内练真功、外树形象、走内涵式发展"的教育创新之路，确定了"创办优质教育、建设特色学校、打造教育精品"的宏伟目标。

（二）实验的设计

根据主体多元理论并在北京师范大学和安阳市人民大道小学联手合作开展的主体教育实验研究的基础上，我们适应现代教育的需要，构建了将主体教育思想与多元智能理论相融合的主体多元发展教育模式。这一模式初步设计为一个中心、两条原则、三个重点、四个系列、五种成果。简称"一、二、三、四、五"。

一个中心：以学生全面和谐、主动活泼发展为中心。注重突显两个方面：一是发展学生的自主性、主动性和创造性；二是开发学生的语言沟通、数理逻辑、空间视觉、科学探索、身体运动、音乐旋律、人际交往、自我认识等智能。

二条原则：在教育、教学和管理实践中，努力把诚心诚意地让学生做主人和严肃严格地进行基本训练这两条基本原则融会贯通。

三个重点：抓住影响实验研究的三个重点问题进行深入研究。一是强化理论学习，注重教育思想创新；二是加强校本培训，不断优化组合师资队伍；三是研究制度创新，构建质量目标评价体系。

四个系列：一是德育系列。构建以做人为重点，以"五爱"（爱惜生命、孝敬父母、关心他人、热爱集体、报效祖国）为基本内容，以集体主义教育为核心的三维内容体系。二是教学系列。以知识和能力，过程与方法，情感、态度和价值观为重点。加强基础，优化结构，促进发展，构建出学科课程、活动课程、环境课程三维交叉课程结构，形成发展性教学系统。三是活动系列。以自主性组织、自主性活动、自主性评价为重点。通过活动发展学生特长：1—3年级重点是激发兴趣；4—6年级重点是培养爱好；7—9年级重点是发展特长，形成"我之最"。四是家教系列。以创建家庭道德环境、智力环境、生活环境为重点，培养学生学会生活、学会认知、学会做人的优良品质。

五种成果：课题结束时，这项实验研究要从五个方面出成果，即：出质量、出经验、出理论、出名师、出名校。

出质量：我们的质量标准是使学生在打好全面发展的基础上，逐步形成个性特长，即"全面＋特长"。

出经验：我们实验研究出来的可操作性的东西，同行认可，能够借鉴。

出理论：在理论研究上力争对现有教育学、教学论有所突破，能初步构建出主体多元教育理论框架，并有一定影响。

出名师：教师由原来的"教书匠"向"研究型"教师转变，有的要成为名师和专家。

出名校：依靠教育科研，打造殷都第一流，安阳有影响的特色学校。

二、实验研究的实施与突破性措施

（一）实验研究的实施

少年儿童主体多元发展实验研究这一课题历时五年共分四个阶段来进行。第一阶段：前期准备阶段（2006.9—2007.9）；第二阶段：初步探索阶段（2007.9—2008.9）；第三阶段：深入发展阶段（2008.10—2010.10）；第四阶段：总结成果阶段（2010.10—2011.10）。前期准备阶段，我们主要做了三件事：论证实验课题、制订实验方案；确定实验校、培训实验教师；做好相关的物质准备，营造良好的育人环境。

目前，课题研究正处在初步探索阶段。在这一阶段主要做了三项工作：

1. 这项实验首先是一种教育思想的实验。我们通过组建学习型组织，开展教育思想大讨论，把转变教育思想，更新教育观念，确立主体多元发展教育观作为实验研究的第一要务来抓。

2. 实验研究能否达到预期目标，关键是教师队伍的专业化成长。我们通过"引进、培养、善任、满足"这八字方针，来实现"组建一支素质较高的、结构合理的、相对稳定的"实验教师队伍。

3. 指导实验学校选准突破口，并扎实地开展实验研究，使这项实验研究由点到线再到面逐步在全区展开。

(二) 实验研究的突破性措施

1. 制定三个文件，规范实验研究的行为

教科所研制、下发了《"十一五"教育科研规划课题指南》、《"十一五"教育科研课题管理办法申报、开题、结题、评奖》、《"十一五"教育科研课题申报书》三个文件。并召开全区科研兴教动员会，组织具体课题申报活动。在大家认真申报的基础上，经过严格审查，批准14所学校36个课题予以立项。

每年区教科所从这些区级研究课题中选出优秀课题向全国、省、市教科研部门推荐并取得了可喜的成绩。

2. 确定实验学校，选准突破口

为了保证实验研究扎实有效地进行，教体局确定了安阳外国语小学、梅东路小学和殷都实验中学等三所实验学校。

安阳外国语小学、梅东路小学申报国家级"十一五"课题《小学生主体多元发展实验研究》成功，并分别在2006年6月25日和9月19日召开了课题的开题会。殷都实验中学作为国家级"十一五"2007年年度滚动课题申报的《中小学衔接》课题也展开了研究。由此，殷都教改实验区形成了以三个实验学校为依托的主体多元发展实验研究。

通过学习主体教育思想和多元智能理论，开展教育思想大讨论，各校从实际出发首先在一个方面进行突破，通过突破口来实现课题研究的良好开端。安阳外国语小学选准以"教师的专业化成长"为突破口，梅东路小学的突破口是"发展性教学系统的构建"，殷都实验中学作为一所九年一贯制学校确立的突破口是"在中小衔接中提高德育实效性的研究"。2007 年 9 月，三所实验学校在为期三天的成果展示中，通过动态和静态两种形式全面汇报了各自取得的成绩。外国语小学研究教师成长规律：成长期为 3—5 年，成熟期 5—10 年，成名期 10—20 年，成家期 20 年以后。梅东路小学：突破传统课堂教学，构建高效课堂。实验中学：寓德育于各科教学之中。更为难得的是通过展示，实验校课题组的领导和老师都尝到了进行课题研究的甜头，体验到了教师专业成长与提升的快乐；教科所的兼职研究员和兼职编辑参加了这次展示，看到了课题实验给实验学校带来的巨大变化，坚定了在自己的学校开展课题实验的决心和信心。

3. 抓好师资培训，培育研究型教师团队

①为教师专业成长搭建学习平台，开办"殷都教育论坛"。截至目前，共举办了 43 期。邀请了中国教育学会常务副会长谈松华先生、郭振有先生，国家教育部基础教育司王定华副司长，国家教育部教育发展研究中心杨银付主任，国家副总督学原基础教育司王文湛司长，北京师范大学肖川教授，联合国教科文组织 EPO 项目中国委员会执行主任史根东博士，当代著名教育改革家魏书生、李炳亭、孙双金、卢志文、刘可钦、武琼、窦桂梅、华应龙、崔其升、韩珍德等全国知名教育专家 30 多位到殷都区讲学，培训教师一万余人次。通过一系列卓有成效的培训，教师的理论水平得到了不断提高，教师的教育理念得到了进一步更新，教育教学方法得到了不断改进，为今后全区学校的课题研究、课程改革的深入开展奠定了坚实的基础。

②有计划、有重点、分层次进行课题培训。为使少年儿童主体多元发展实验研究这一课题真正形成全区的共识，我们有计划地进行全员培训。首先对全区教师进行了培训。接着，又对教体局机关、局二级机构工作人员、三所实验学校的实验教师和区属各学校的主要领导、各级骨干教师进行了课题培训。教科所的同志又多次对外国语小学、梅东路小学、实验中学进行了专

题培训。培训采取了专题讲座和讨论交流相结合的形式，培训提升了大家的教育理念，增强了对主体多元发展课题的信心，激起了全区对主体多元理论认识的思想大讨论，形成了浓厚的教育科研氛围。

走出去考察见习，促使课题组成员快速成长。截至目前，组织实验学校到重庆参加了 2006 年中国小学教育第二届学术年会；到南宁参加了 2007 年中国小学教育第三届学术年会；组织课题组成员"中国名校北京行"，考察北京第二实验小学、北京小学、光明小学、史家小学、北京一师附小、中关村四小；组织"中国名校山东行"，考察了济南师范附小、南上山街小学、纬二路小学、青岛胶州向阳小学、茌平县杜郎口中学；另外还考察了吉林第二实验小学、重庆巴蜀小学等。通过考察，实验校领导教师开阔了视野，解放了思想，激活了智慧，找到了方向。

在对名校进行全面考察的基础上，安阳外国语小学与北京中关村四小联姻，建立起教师研修基地，分批派骨干教师离岗研修。

另外，充分利用本地优质教育资源，与全国名校安阳人民大道小学建立长期合作关系。

4. 借助外脑，引领科研兴区之路

2007 年年初，区政府成立了殷都区教育改革与发展高端智囊团，聘请中国教育学会会长顾明远先生，联合国教科文组织亚太地区主席陶西平先生，中国教育学会常务副会长谈松华先生、郭振有先生、郭永福先生，副会长韩绍祥先生、秘书长马建华先生，中国人才研究会学术委员会主任滕纯先生，国家副总督学王文湛先生，教育部教育发展研究中心杨银付先生，中国教育报社副总编翟博先生，中国教育学会高中教育专业委员会理事长王本中先生等 19 位知名教育专家为高端智囊团成员。高端智囊团是殷都区教育发展的智慧宝库，是殷都区教育决策高水平的导师团队，是教师专业成长最前沿的专家团队。

聘请教育发展顾问。为充分利用安阳市优质的教育资源，区教体局又聘请了安阳市第一中学乔建平等 20 位校长为"殷都区教育发展顾问"。

5. 创办殷都教育科研杂志、殷都教育报和殷都教育网，全方位、多层次、多角度地为教育科学研究和课题实验提供平台和服务。

6. 加强科培中心的自身建设

为了加大实验区课题研究力度,教体局在成立安阳市五县四区首家教科所的基础上又成立了"科培中心",中心由教科所和培训中心两个部门组成。教科所负责全区的各级课题实验指导、检查和评估工作;培训中心负责全区的各级教育常规和科研课题培训工作。科培中心人员都是从全区各部门中挑选出来的精英人才,不仅有丰富的教育教学经验,还有较高的理论研究水平。科培中心两个部门职责明确,分工清晰,既有分工更会合作,是一支善于研究、办事高效的和谐团队。科培中心每个人都有重点负责的实验学校和个人主攻的课题研究重点,为深入课题实验校指导研究工作打下坚实的基础。

7. 建立学习型组织,打造教育科研精英团队

2007 年 5 月,从全区优秀教师中,选聘了十一名兼职研究员、四名兼职编辑和十名兼职教师,这支队伍是我区进行教育科研和课题实验的中坚力量。这支队伍在教科所的领导下,正在为殷都区的科研兴区战略发挥愈来愈重要的作用。研究小组规定学习研究内容,阅读相同书目,交流学习心得,开展主题漫谈,参与科研实验,参加大型活动,促进了主体多元发展实验研究在全区的开展。

8. 举办殷都区学期和年度科研兴教研讨会

每学期期末,教科所都要听取外国语小学、梅东路小学、殷都实验中学三所实验学校校长科研兴教的汇报,并召开由三十六个课题负责人参加的殷都区年度科研兴教研讨会。会上,通过听取区属实验学校经验交流及困惑来研究对策,最后教科所再根据全区情况为新一年实验研究指明方向。

三、课题实验所取得的初步成果

1. 主体教育思想和多元智能理论在殷都区得到了确立。

2. 研究型队伍逐步形成。开始涌现出以科培中心为主体的科研引领队伍;以校长为核心的管理育人队伍;以骨干教师为主体的教书育人队伍。

3. 学校知名度不断上升

两年来,安阳外国语小学先后被评为安阳市教育教学质量优秀奖。2008

年 4 月,学校承担的"小学生主体多元发展实验研究"被评为全国教科研先进课题组。李艳红副校长代表全国 150 余所实验校在大会上进行了典型发言。

梅东路小学被市政府授予"文明单位";2008 年 3 月,被中国教育学会小学教育专业委员会授予先进学校。

殷都实验中学被市教育局评为教学质量优良奖,分别被教育部、市政府、区政府等评为"中国西部教育顾问先进单位"、"教育工作先进集体"、"科研先进单位"。

4. 积累了一定的科研经验

通过少年儿童主体多元发展实验研究,促进了学校的发展和教师的专业成长。教育观念得到了更新,专业素养得到了提升;课堂教学出现了亮点;新模式、新方法正在孕育生成;学生主动参与,自主发展开始得以实现。殷都教育的各方面开始朝着良性循环态势向前发展。

2008 年,殷都区教体局被评为河南省教育科研先进单位,还被推荐为省师资培训先进单位。

两年来,全区先后有国家、省、市级课题 55 项,其中 34 项获省、市科研成果一、二、三等奖,位列安阳市各县区之首。

2007 年年初,安阳市第三批"名师工程"评选揭晓,殷都区获评教师总数居各县区前列。

四、前进中的问题,深入发展中的思考

少年儿童主体多元发展实验研究虽取得了明显效果,但在前进中也遇到了一些问题:

1. 一线教师缺乏专业理论和实践指导。

2. 实验教师由"经验型"向"研究型教师""专家型教师"转变还有一个过程。

3. 实验进展到深入研究阶段后,更需中国教育学会专家引领。

各位领导,各位专家,真诚地感谢您对殷都教育的厚爱和支持,真诚地需要领导和专家给予具体的指导,真诚地希望对殷都区教育今后的发展提供更多更优质的帮助!

殷都区全面推进"主体多元"教育,打造高效课堂动员暨培训会动员报告

尊敬的李南沉书记、尊敬的李炳亭站长、乔建平局长、各位领导、各位专家、与会教职工同志们:

在这天寒地冻、数九严冬的日子,1200 名殷都教育人怀抱深化教育改革追求育人质量的一颗火热的心,聚集在安钢大会堂,举行全区推动主体多元、打造高效课堂动员暨培训会。这充分证明了殷都人对教育的忠诚,也表明了殷都人要办好人民满意教育的决心。恰逢吉日,我们真诚的战略合作伙伴——中国名校共同体李炳亭秘书长带领一行也来到我们身边并出席今天的动员会,还有我们尊敬的乔建平局长带领市局领导和校长一行也来支持鼓励我们,在这里请允许我代表全体同志对他们的到来表示热烈地欢迎和真诚的感谢。

我国基础教育已进入一个坚持科学发展观,依靠教育科研促进内涵发展,全面提升育人质量的新阶段,并呈现出五种情势:一是实施素质教育已基本形成共识,但还没有真正转化为广大教育工作者的教育教学和管理行为。二是九年制义务教育已基本普及,但教育的均衡发展尚未真正解决。三是孩子上学问题已基本解决,但上好学、接受优质教育的问题并没有满足家长的需求。四是教师队伍在数量上基本满足,但整体素质偏低,不能完全适

应素质教育及新课改的需要。五是校长队伍已基本稳定，但专业化水平偏低，教育家型校长数量甚少。

以上五种教育情势都跟质量有关。质量是个"一果多因"的问题，一般说来育人质量的高低，受三大要素所制约，一是物质条件，二是教师素质，三是学生来源。如果说物质条件主要是政府行动，那么现在各级政府经费投入已基本到位；如果说教师配备、师资培训主要是各级教育行政的责任，那么现在教育主管部门正在积极地履行自己的职责；如果说学校生源的好坏与家庭教育有关，那么现在众多家长为了孩子在经济投入和智力开发上不惜付出。

学校是专设的育人机构，确保育人质量的主阵地。学校的一切人员所从事的一切活动都是为了育人。因此，全面提升育人质量是历史赋予学校教育的政治任务，是一个不可回避而必须认真回答的问题。向学校教育要质量，向校长管理要质量，向教师课堂要质量，已成为全社会的共同呼声，也是基础教育发展新阶段的一个重要标志。当今学校教育抓住提升育人质量就叫"好钢用在刀刃上，智慧用在关键处。"

联系殷都教育，我们在加大教育投入力度实现城乡教育一体化的基础，又适时引进人才，优化教师队伍，实施名师工程。从2006年起区委区政府就明确提出科教强区、科研兴教战略，把外塑形象，内练真功，走内涵式发展道路作为指导思想，把创办优质教育，建设特色学校，打造教育精品，全面提升育人质量作为奋斗目标。先后建立了教科所、教科培中心、全国校长培训基地，并正式成功申报全国教改实验区，《少年儿童主体多元发展实验研究》成为我国"十一五"重点科研课题。如果说加大教育投入力度，促进教育均衡发展实现城乡教育一体化是唱响了殷都教育的第一部曲，适时引进人才、优秀教师队伍、实施名师工程是唱响了殷都教育第二部曲的话，那么成功申报国家教改实验区，开展主体多元发展实验研究，向科研要质量就是又唱响了殷都教育的第三部曲。正当我区主体多元教育由点到线再到面向前推进并选择发展性教学系统为突破口、以提升育人质量为目标在全区铺开的关键时候，李炳亭站长的研究成果《高效课堂22条》问世并传入我区。一向重视、支持、参与、引领我区教育的区委书记李南沉同志在认真拜读的基础上及时发出指示：人手一册，认真拜读，先临帖，再破帖，进而打造我们主体多元教育的高效课堂。因此，就有了今天的"两厢情愿、相得益彰、合作共好"的新局面。

什么是质量？分数、升学率是检测质量的一种手段而不是质量的本身。我们所追求的质量不是口号式的办学质量、管理质量、教育质量、教学质量等笼统的工作质量，而是育人质量，即学生全面、和谐、主动、活泼的发展。这种发展凸现在主体性的激活和智能的开发上。即把主体性这种内在的精神作用于智慧潜能的长项，使人人成为最佳的我。

怎样提升育人质量呢？当然方法途径多种多样，但首先要向课堂要质量。用我们主体多元教育的质量观来审视现实的课堂，有目中无人的无效课堂；有知识本位的低效课堂；也有学生本位的有效课堂；但不是我们所追求的高效课堂。我们要打造的是主体性和多元性相融合的课堂。即把激活学生的自主性、主动性和创造性作用于学生多元智能的开发上。这样的课堂应该是以学生发展为中心；既要诚心诚意地让学生做主人，又要进行严肃严格的基本训练；围绕知识和能力、过程与方法、情感态度价值观三维目标；坚持学案主导、学生主动、问题主线、活动主轴等原则，把学生预习与教师导学、学生合作与教师参与、学生展示与教师激励、学生探究与教师引导、学生达标与教师测评融为一体，简称为"双项五环教学法"。

打造高效课堂是我们主体多元发展性教学系统的一个重要组成部分，但不是全部，它还包括调整教学计划、优化课程结构、研制评价体系。基础教育不是选拔适合教育的学生，而是创造适合不同学生的教育。好的教学是在调查了解学生、分析研究学生的基础面对有差异的学生实施有差异的教学，通过有差异的评价激励学生有差异的发展。那种"一张试卷、一次考试、一个标准"来评价每一个学生既不合情又不合理，既没有科学性又没有激励性。因此，在创建发展性教学系统过程中必须重新构建新的育人质量评价体系，确保教学改革沿着正确的方向健康地发展。

今天我们在这里隆重召开殷都区全面推进主体多元教育打造高效课堂动

员会，就是为了借鉴中国名校共同体创造的高效课堂的成功经验，进而共同构建具有殷都特色的发展性教育系统，打造我区主体多元发展的新品牌。为了实现上述目标，我们研制了一个由指导思想、推进目标、组织体系、时间安排、实施过程和制度保证等六部分所组成的实施方案。初步计划是：

（一）春节放假前为学习动员、临帖培训阶段。重点作以下五项工作：

1. 学习规定书目，召开动员会。

2. 有计划地组织骨干教师外出考察。

3. 请中国名校共同体专家对全区教师进行高效课堂专题培训。

4. 请中国名校共同体名师到我区做高效课堂示范课。

5. 各校要充分做好高效课堂所必备的硬件和软件准备，确保新学期全面推进高效课堂工作的顺利进行。

（二）2010 年春季新学期开学后 3 至 6 月份为临帖实践、全面实施阶段。重点做好以下七项工作：

1. 专家驻校亲临指导。通过讲解、交流、作课堂示范、听课、评课等方式进行高效课堂教学模式的运用培训。

2. 双休日进校强化培训。使每个教师尽快掌握高效课堂模式，会上临帖课。

3. 发现典型，培养骨干。精心组织和安排观摩课、汇报课和示范课，促进全体教师快速提高。

4. 严格按照规范操作课堂，不折不扣的临帖，保证每个教师不掉队。

5. 围绕高效课堂举办校长论坛，教师论坛，小课题研究交流，创刊"高效课堂在行动"和"殷都教育科研"等报刊，为教师理论经验交流搭建平台。

6. 组织专家定期进行诊断，确保高效课堂顺利实施和真正实现高效。

7. 阶段成果验收。2010 年 6 月份教体局和外聘专家联合验收组对全区学校、教师进行阶段性成果验收，确保达标率 100%。

（三）暑假期间（2010 年 7 月至 8 月份）组织力量研制出主体多元发展性教学系统实施方案，包括调整教学计划、优化课程结构、打造高效课堂、研制评价体系，同时进行骨干培训和全员培训。

（四）新学年开学后（2010年9月至11月份）一个主体多元发展性教学系统的"四组板块"的具体实施场面就呈现在世人面前，同时其他德育系列、活动系列、家教系列也要有计划地实施。

（五）成果展示、终结验收，奖惩兑现（2010年12月—2011年元月）

1. 展示内容分静态和动态两部分。

2. 终结验收由高端智囊团成员组成评价验收队伍，逐校逐人进行。

3. 根据奖惩制度，对表现突出的先进集体和个人大张旗鼓地进行表彰；对措施不力，推进不力，效果不明的学校和教师进行批评与惩罚。

教师同志们，育人质量是学校生存与发展的生命，也是教育不断探索追求的永恒主题，构造发展性教学系统打造高效课堂是提升教育质量的必由之路。国际经验表明，在人均GDP超过1000美元后，人们对教育等公共服务的需求开始进入到快速增长阶段。从我国现状看，2003年人均GDP突破1000美元，2007年已达到2360美元，中国老百姓素有的重视教育的传统也更加彰显出来。当前由于物质生活水平的不断提高，人民群众对教育的期盼正在呈现出新特点：①希望获得更加平等的受教育机会，通过教育改变命运创造幸福的人生；②希望接受更高质量的教育，切实让子女成人成才；③希望拥有灵活多样的受教育途径，拓宽自我发展道路获得更多选择的机会；④希望通过教育获取更多的知识，丰富精神文化生活，提高精神境界。在所有上述这些方面，我们广大学校教育工作者都负有重要的使命和直接的责任。刘延东同志在谈到自己对教育工作的认识体会时曾经说过教育的"六个千万"：教育事业关系到千秋万代，涉及千家万户；谈教育千言万语，看教育千差万别；办教育千辛万苦，办好教育千方百计。我想，我们每个人也会有同样感受，愿我们今天到会的同志们，想人民群众之想，急人民群众之急，增强责任感、紧迫感，更加努力地工作，以实际行动和优异成绩为办人民满意的教育做出更新更大的贡献。

我对殷都区创建高效课堂的一些思考

一、"主体多元"高效课堂的提出

随着生产发展和社会的进步，人们对教育本质的认识越来越深刻。未来的社会是高扬人的主体性和开发人的智慧潜能的社会，进行的是一场智慧革命。知识经济的标志是创新，教育的本质是智慧，殷都教育特色是"主体多元"，故在"高效课堂"前加了"四个字"。

课堂的本质是育人，高效课堂的任务是提升育人质量。现实有：负效课堂＝摧残伤害人，无效课堂＝目中无人，低效课堂＝知识本位，有效课堂＝学生本位，高效课堂＝主体多元。

二、"双向五环"基本模式的提出

"双向"是指我们的课堂遵循教学过程的递进和学生认知发展的规律，是由教师和学生双边，通过教与学的互动，既发展学生的主体性，又开发学生的多元智能，进而达到教学相长、双赢共好的最优化的育人效果。

"五环"指课堂教学实践过程中五个相连的基本环节。即学生预习·教师导学，学生合作·教师参与，学生展示·教师激励，学生探究·教师引领，学生达标·教师测评。

"双向五环"是一种把学生的主体性这种内在精神作用于学生多元智能开发上的主体性和多元性相融合的课堂教学基本模式。这一模式的实质是以学生全面和谐、主动活泼发展为中心，在教学过程中既要诚心诚意地让孩子做主人，又要严肃严格地进行基本训练；围绕知识与能力，过程与方法，情感、态度、价值观三维目标；坚持学案主导，学生主动，问题主线，活动主轴等原则，把学生预习与教师导学，学生合作与教师参与，学生展示与教师激励，学生探究与教师引领，学生达标与教师测评融为一体。在教学过程中建立民主、平等、合作的师生关系，构建师生互动、生生互动，师生成为"学习共同体"的一种新型的育人模式。

三、"双向五环"基本模式内容的构建与设计

主体多元高效课堂教学模式是殷都区发展性教学系统的一个核心组成部分。"双向五环"在内容的构建上是遵循"双向"与"五环"各自的功能来进行设计的。

"双向"是沿着教与学的发展方向设计内容的。学的一方是：预习——合作——展示——探究——达标；教的一方是：导学——参与——激励——引领——测评。

"五环"是按照教学过程对内容进行构建的。即学生预习与教师导学，学生合作与教师参与，学生展示与教师激励，学生探究与教师引领，学生达标与教师测评。

如果说"双向"是按纵向构建设计教与学的内容，其核心是发展，那么"五环"就是按照横向构建设计内容的，其核心是结构。"双向五环"组合在一起就使教、学内容形成了一个纵成线横成面的网络化结构。

在具体研制"双向五环"的内容设置与实施途径方法上：一方面要遵循教学递进规律和学生认知发展规律；另一方面要围绕着主体与主导两个方面就"是什么？为什么？怎么做？"等三个问题进行明确的回答。例如，"学生预习·教师导学"这一环节，从主体"学"的角度要回答：什么是预习？预习什么？有哪些途径和方法？从主导"教"的角度要回答：什么是导学？导学案怎样编写？学生在预习时，教师的导起什么作用？导学有哪些途径和方法。具体"双向五环"内容设计解读如下：

第一环：学生预习·教师导学

学生预习

预习是高效课堂教学活动的前提和基础，是贯彻"先学后教"这一教学原则的重要举措。学生预习是根据导学案的学习目标、导学问题、学习方法，尝试用自己已有的知识经验，充分利用各种学习资源，积极主动地阅读教材、独立思考、温故而知新和主动获取新知识的过程。由于学生学习能力存在着差异，教师应在课内外做好预习指导。为使预习能够达到明确重点、难点和疑点的目的，要求在预习新知过程中运用双色笔对问题作出标注。

预习一般有以下三种方法：1. 问题标注法，即边阅读边用特色符号圈圈画画，把重点、难点和疑点等标注出来，在课堂自学、对学、群学过程中解决；2. 温故知新法，即预习已知，联系新知归纳新知的重点，找出疑难问题；3. 尝试练习法，即先练练试试，想想做做，生成新的问题。

教师导学

导学是指教师从指导学生预习开始培养学生的自学能力。教师课前要依据教材和"学情"认真研制编写融教案与学案为一体的导学案。一方面，根据内容，针对学情，明确重点、难点和疑点，重视学法研究，构成"预习——合作——展示——探究——达标"等一条明晰的学法线。另一方面教也要沿着"导学——参与——激励——引领——测评"的方向研制一条与学法相应的导学线。教师要以导学案为抓手，不仅明确本节课的学习目标，还要不断激发学生的学习动力，调整学习状态，创设学习情境，构建知识系统，使教师导学与学生预习融为一体。导学案的实施过程是强化学生学习品质形成和学习习惯养成的过程，使学生逐步形成课前真预习、课堂乐学习、课后善整理的学习风气。

第二环：学生合作·教师参与

学生合作

合作是学生在自主预习的基础上，通过课堂的自学、对学和群学等形式完成共同学习任务的有效策略。小组合作学习是实施高效课堂的组织保证，也是学生自主、合作、探究等学习方式得以落实的有效载体。它既能充分发展学生的主体性，又能较好地开发学生智慧的多元性，实现学生之间智慧的交流、思想的碰撞和思维方式的优势互补，进而培养学生的合作意识、合作能力、创新精神和实践能力。

学生合作首先要关注小组建设，本着"组内异质，组间同质"这一基本原则，进行学习小组的划分。小组长要具有智能长项和一定的社会技能，通过一定的民主程序产生并进行动态管理。

要研制有效的合作学习策略。首先通过同质对学力求解决"对学"过程中存在的问题，然后异质"对学"解决尚未解决的问题，最后组内群学统一解决问题的思路、方法、步骤和结果。组内不能解决的问题留白，在下一环节予以解决。

教师参与

参与是指教师角色由知识的传授者转向学生发展的促进者，由课堂的主角转向"平等"的"首席"，在课堂上教师以一位组织者、引导者、合作者的身份参与到学生动态的信息交流。

教师首先参与学习小组的组建、小组长的培训和小组管理评价机制的建立与实施。其次，要观察了解与指导各学科组长组织本组成员对照导学案开展有效的交流、合作、探究、对子帮扶，真正实现"兵教兵"、"兵练兵"、"兵强兵"。其三，教师要注重巡视，参与到解决问题有困难的小组及学生中去，细心观察，认真听取准确了解信息及时进行指导点拨。同时，也要及时发现有独特、新颖见解的学生，并给以鼓励。

第三环节：学生展示·教师激励

学生展示

展示是指学生在"小组合作、教师参与"的过程中，通过自学、对学、群学对所学内容中的重点、难点、疑点和生成点的研讨结果，以小组或个人形式用简单生动的方式展示出来。

展示必须是学生深入探究的问题，而不是统一答案。展示要突出"三性"，即问题性、互动性、创生性。问题性是指组内或全班带有共性和易错的问题；互动性是指学生对重点、难点、疑点问题进行争议，各抒己见；创生性，是指学生多次思维发表自己的独特见解。

展示分两种，一种是组内展示（小展示），目的是展示个体尚未解决的问题，或生成性的问题。另一种是组间展示（大展示），即全班范围内由教师组织的展示，各小组按照一定的方式进行班内的汇报。

教师组织展示活动时：一方面要提醒优秀学生课堂动态展示占时不要太多，将有限的机会留给潜能生。另一方面，对成功展示的潜能生给予多种形式的表扬和奖赏。

教师激励

教师主导作用的体现就像《学记》中所说的："道而弗牵，强而弗抑，开而弗达。道而弗牵则和，强而弗抑则易，开而弗达则思。和易以思，可谓善喻矣。"这个表达比较贴切。

教师要通过"激励、唤醒、鼓励"等方法培养学生浓厚的学习兴趣和求知欲望，营造生动活泼的课堂气氛。激励应该贯穿在课堂教学的全过程。

激励方法可分两种：

显性激励，对学生提出和回答的问题给予语言上的肯定并根据实际情况进行激励。如：在这个问题上，你可以当老师了；你分析问题这么透彻，老师真希望每课都能听到你的发言；这么难的题你能回答得很完整，真是了不起！你真爱动脑筋，这么难的题你都能解决！你好厉害！敢于向书本提出问题，你的勇气令人羡慕等。还可以用一些亲昵的动作、夸张的表情、加分等表示对个人及小组的激励。

隐性激励：教师要研究学生的最近发展区，适时追问、点拨、启发、引导，让学生"跳一跳能摘到桃子"，自主寻找解决问题的方法。另外课堂上老师要善于利用学生的好奇心，引导学生挖掘各科教材的兴趣点，使学生形成比较稳定的学习动机，把抽象的知识形象化为可操作的实践性知识。

第四环节：学生探究·教师引领

学生探究

探究是指学生在教师的引领下，自主进行探索，并在探索过程中主动获取知识、应用知识、解决问题的学习活动。探究学习以培养学生创新精神和实践能力为宗旨，使学生通过对疑难问题的讨论和争辩，对知识的掌握更深刻、更准确、更全面，有利于发展学生的主体性。

探究学习一般有以下几种方法：1. 形成问题情境，激发学生探究欲望。问题情境的形成是整个探究活动的起因，并决定着探究活动的方向及学生探究的积极性；2. 在三环的基础上使用"问题生成表"，引导学生自主生成探究问题。3. 重视独立探究，倡导合作交流。课堂教学中要坚持让学生独立探究，允许选择自己喜欢的探究方式。4. 探究过程中要大胆设想，提出问题。教师除了对敢于向老师提问的学生进行表扬与鼓励外，还应根据课堂中出现的意外情况抓住机会或创造机会鼓励学生探索；5. 多向交流，有效探究，让学生体验自主学习的成功。

教师引领

在学生探究过程中，教师的角色是引领者、协调者、点拨者，教师除了要创设探究氛围，还要在学生探究的基础上，随机抛出充满智慧挑战的问题，提供解决问题的策略建议，保障自主解决问题的课堂秩序，使他们始终保持高涨的探究热情，从而让学生进行深度思维的思考，让学生成为一个真正的探究者。从知识、情感、方法等方面进行引领，但这里要特别指出我们服务对象是小学生，我们不能以为探究学习就是学生的事，教师不能说话，任由学生说到哪想到哪，教师一言不发，游离于课堂之外。教师要做到心中有数，发挥组织者、协调者、点拨者的作用，教师要恰当地引领才能使学生的探究水乳交融，相得益彰。这就对教师编写的导学案、教师的素养、教师的基本功提出了更高的要求。

教师引领一般有以下几种方法：一要呈现一些提示性的线索，不断鼓励学生能自主解决问题。二要引导学生循序渐进向深层次问题迈进，产生质疑对抗，逐步获得探究学习的自我学习法；三要鼓励学生拥有独特见解，要使学生不轻易认同别人的观点，通过自己的独立思考和判断，勇于提出自己的独特看法；四是引导学生不仅要善于发现问题，还要善于用多种方法解决问题。五是教师要及时点拨与小结，在学生探究的疑难点问题上作出引导，帮助学生走出困惑。教师也要进行及时小结，给学生探究后散乱的思绪一个明确的回答，使学生对所学知识能够有一个整体的概念，克服知识点散乱不成系统现象。

第五环：学生达标·教师测评

学生达标

学生达标，是对本节课学习效果的验收与评估，即学生自行整理导学案并完成当堂的达标检测。其意义在于通过导学案的整理、达标检测，对本节课的学习进行总结归纳、反刍消化、巩固反馈，把知识点连成线，绘成面，将知识转化为能力，实现"堂堂清"的目标。让学生体验"学有价值"、"人人达标"的成功的喜悦，从而增强学习的信心和兴趣。

导学案整理有两种方法：一是改错修订批注法。在前四个环节学习的基础上，把对疑难问题的再认识、新生成的知识与方法、错题的订正修改，用双色笔在指定位置标示、批注出来，达到澄清疑难问题，形成新知的目的。二是总结反思提炼法。在测评前或课后将本节课的知识点形成体系，将所得所思整理到导学案上。

检测达标的方式不拘一格。可以是"口头"的；也可以是"笔头的"，通过导学案、"小纸条"等纸笔形式进行；还可以是"手头"的，通过动手操作进行检测。必须遵循的原则是"分层测评，人人达标"，让最后一名也过关。检测验收时，要求规定时间，独立完成。然后，小组内同质对子比照，异质对子帮扶，小组长督促检查，课代表重点辅导。总之，要对本节课的学习做到心中有数，掌握学情。

教师测评

教师测评不同于传统意义上的试卷测试和作业练习。不仅要通过巡视准确把握学情，力争人人过关堂堂清，而且要特别关注"弱势群体"，从最后一名抓起，通过热情鼓励、适当点拨、个别指导等方式，实现人人达标，培养信心、坚定决心，把主体多元高效课堂的"高效"落在实处。

教师首先要根据本节课的学习目标就重点问题分层设计达标检测题，原则是少而精，根据学情分层次，如基础题、提高题、拓展题。其次，在测评过程中巡视、观察、个别指导做到"三关注"。关注 A 类学生解决问题的创新点，关注 B 类学生解决问题的效率和准确率，关注 C 类（潜能生）学生对基础知识的理解掌握情况。第三，教师要遵循鼓励、赞赏的原则，对学生的学习进行恰当评价，让潜能生也能体验到"学有所获"的快乐。

四、"双向五环"基本模式的实施策略

（一）3月份，将研制的模式解读征求意见稿下发学校。开展"学模式、重实践、创建高效课堂大练兵"活动。"共同体"、"教科培"与各校校长组成指导团，深入课堂面对面进行指导。

1. 成立并召开主体多元双向五环高效课堂领导小组会议，学习"解读稿"，研制实施方案。

领导小组组长：姚文俊

副组长：李炳亭 金耀林 李志宇

成 员：张海晨 张宏敏 原绿色 冯永刚

2. 召开殷都区 2010 年教育工作会议，动员、贯彻实施方案。

3. 指导团要抓住导学案、小组合作、达标测评三个关键问题进行研究和指导。

4. 研制双向五环评课标准并进行培训。

（二）4月份，启动殷都区高效课堂"教学节"，开展"百课大赛"活动。

1. 发起单位：殷都区教科培中心、中国教师报、中国名校共同体、《中国小学教育》编辑部、团中央《辅导员》杂志社，并签订协议书。

2. 研制出"教学节"活动实施方案。

3. 组织开展"百课大赛"活动，评选出 100 节优质课。

（三）5月份，组百课大赛入围者进行第二次大赛，从中评选出 30 节示范课；5月底6月初，再举行第三次大赛，从 30 节示范课中再评选出 10 节精品课。

1. 研制出第二次大赛活动的实施方案。

2. 研制出第三次大赛活动的实施方案。

3. 研制出殷都区首届教学节活动的总结与表彰实施方案。

4. 研制领军人物的评选标准、对象和产生方案。

（四）6 月份，组织开展"百课大赛"和高效课堂"领军人物"的评选与表彰活动。

1. 举行"百课大赛"和"领军人物"总结表彰大会。

2. 各新闻媒体进行宣传报道。

3. 组成殷都区高效课堂报告团奔赴各地进行讲学和上示范课。

五、推进高效课堂需要研究解决的问题

1. 主体教育思想和多元智能理论的研究和实验的设计、把关、定向，确保国家级课题沿着正确的方向健康地发展。（第一责任人：姚文俊）

2. 主体多元高效课堂的"双向五环"教学模式的实践、总结及成果宣传推广。（第一责任人：李炳亭）

3. 主体多元高效课堂的"双向五环"教学模式的逐步完善、解读、培训和实践指导。（第一责任人：金耀林）

4. 高效课堂的导学案的研制与实施，合作学习的组织与效益，达标测评的内容与跟踪措施等三个关键问题的内容研制、教师培训和实践指导等。（第一责任人：张海晨）

5. 高效课堂的人、财、物的保障措施的研究与实施。（第一责任人：李志宇）

6. 关注并研究在高效课堂实施过程中出现的一些个性化的问题，如大班额、低年级、小学科和教师中的弱势群体等解决措施。（第一责任人：张宏敏）

7. 殷都区首届教学节的内容设计与评选实施。（第一责任人：金耀林）

8. 殷都区首届高效课堂领军人物的评选方案及组织实施。（第一责任人：原绿色）

从 1 月份开始，我们先后吸收了近百名骨干组建起"模式起草解读组"、"内容研制设置组"和"课堂实践指导组"，采用"五结合"，历时两个月，六易其稿，才初步形成今天的方案。

我们是国家教改实验区，《少年儿童主体多元发展实验研究》是我国"十一五"重点科研课题。两年多来，我们的方向是明确的，目标是正确的，发展是健康的。在实施过程中，我们要"虚心学习，主动借鉴"，但一定要坚定不移地走自己的路，只有这样才能实现"五出"，即出质量、出经验、出理论、出名师、出名校的目标。

Part5
第五部分

教育人生

运用新思想
采取新措施　开创新局面

　　我自 1959 年参加工作以来，先后在中、小学渡过了 25 个春秋。1978 年，为了充实重点小学的领导，组织上把我调到人民大道小学任党支部书记、校长。几年来，在党支部的集体领导下，我和班子成员以强烈的事业心，遵循教育规律，认真进行实践，采取了一系列行之有效的措施，打开了学校工作的局面，逐步成为市、省和教育战线的先进单位之一。我曾先后 8 次出席省和全国的先进代表会议，受到李先念等中央领导的亲切接见。同志们说："学校变化快，全靠书记带，各项工作这样好，归于校长的好领导。"盛名之下，其实难副，我觉得党和政府给的荣誉越多，自己欠人民的账就越大，只有豁出命来育新人，才无愧于党和人民的重托，下面我向领导和同志们汇报一下自己的学习和工作情况：

一、注重学习，勇于创新

　　20 多年来，我饱尝了教育工作的酸甜苦辣，有求新的渴望，但自己学识浅薄，过去虽注重了自学、进修，但"左"的思想影响，政治运动的干扰，荒废了时机，虚度了年华。在新的历史时期，邓小平同志提出"教育要面向现代化，面向世界，面向未来"。要适应新时期的需要，挑起重点小学校长这副担子，就必须学习新理论，研究新课题，探讨新途径，敢闯新路子。几年来我遵照"打铁先要自身硬"的哲理，注重了政治理论和业务文化的学习。在繁忙的工作中，我坚持有目的、有内容、有计划、有制度的自学，发扬"钉子"精神，利用"三前"（会议前、吃饭前、睡觉前）、"二上"（车上、枕上）的时间系统地学习了《哲学》、《政治经济学》、《科学社会主义》、《党史》、《教育学》、《小学儿童心理学》、《学校心理学》、《教育论》、《学校管理》等15种政治业务理论著作，记录30万字的学习笔记，收集剪贴了上百万字的教育教学资料，写了30余篇，共计20多万字的学校工作的做法和体会文章，被有关会议印发和报刊登载。另一方面注意了向有实践经验的先进单位和个人学习。每年抽出一定的时间或利用外出开会机会向北京、天津和南方各求教，拜专家为师。在我的倡导下，学校先后与全国21个省、市、自治区的36所学校结为友谊单位，请来了全国著名特级教师和学科专家到校传经送宝、上课示范。

这样，使我感到站得高了，看得远了，想得深了，思想解放了，敢于创新了。比如，党的工作重点的转移，学校加强了教学工作，师生的求知欲望很高，但思想政治教育工作却有所放松，领导和教师中对思想政治工作的地位和作用，在认识上有所动摇，在工作方法上感到"老办法不能用，新办法不会用，硬办法不敢用，软办法不顶用"。对新形势下出现的这些新问题，我和其他领导进行了认真分析研究，认为学校忽视德育的原因是多方面的，既有认识问题，也有一个工作途径问题。教学工作任务明确，文化知识学习的要求十分具体；而思想品德教育的任务比较抽象，内容不够系统，要求不够具体，检查也缺乏明确的标准。因此，有人把思想品德教育当成"软"任务——说起来重要，忙起来不要。如果思想品德教育也像各科教学那样，有大纲、有教材、有标准、有要求、有考核办法，执行起来有个章法，那肯定也能变成"硬任务"。经过征求有关部门的意见，我们自编了一个《少年儿童思想品德教育提纲》，规定了教育的基本内容，明确了每学期的教育任务、原则、方法和检查标准及时间安排，运用由浅入深，由易到难循序渐进的方法，对学生进行思想品德教育。后来根据实践中遇到的问题，一方面对《提纲》进行了修改，另一方面又自编了一部分教材。全校普遍运用《提纲》对学生进行教育，后来《提纲》在全国第四次共产主义道德教育经验交流会上印发，受到了团中央、教育部和中央教育科学研究所的重视，被称为"全国第一家"。《人民日报》、《光明日报》同时报道了我校用《提纲》对学生进行思想品德教育的做法。我曾先后参加了全国和省召开的"学校思想教育工作会议"，"小学思想品德课大纲、教材编写"座谈会，小学思想品德教育工作座谈会等，迎来了全国25个省、市、自治区的几百家单位来信交换材料，成千上万的省内外领导和同志到校参观指导工作，这对学校是一个很大的鞭策和鼓舞。

另外，在教师队伍的建设上，我们开展了"在校做个好园丁，在家做个好邻居，在社会做个好公民"的教育活动，后来发展概括为"为人师表"的活动，并取得了一定的成绩，被评为省和全国的五讲四美为人师表的先进集体，出席了去年4月在北京召开的表彰大会。还有我校很早就与当地驻军炮团十一连挂钩定点结成友谊单位，后来发展成军民共建文明学校活动，受到省委、武汉军区和总政的表扬。去年10月份在我校召开了军民共建精神文明现场会。

二、"管有主见，办有特色"

我校有2000余名师生，31个班，是河南省的一所重点学校。校长的工作是繁重的，千头万绪的，但围绕全面贯彻教育方针，努力提高教学质量这个中心，寻找管好学校，办好教育的规律是一校之长的首要任务。校长必须"管"有主见，"办"有特色。

坚持全面发展，掌握办学方向。很长时期由于工作指导上的失误，学校一度出现了重智育、轻德体，片面追求升学率的倾向。领导把考分作为衡量模范教师、先进集体、三好学生的唯一标准，迫使教师加班加点追分数、搞竞赛，学生也一头钻进功课里，不想当干部，不愿参加文体活动和公益活动，结果学校出现思想涣散、纪律松弛、学生体质下降等问题。面对现实，我们当引起重视。如果办学思想不端正，把方向搞歪了，师生的干劲越大，学校背离教育方针越远，在学校工作上，不抓德育要出危险品、不抓智育要出次品、不抓体育要出废品。如果重点学校的工作也随波逐流，那就失去了重点的意义。为了寻找全面贯彻教育方针的正确途径，四处取经，反复研讨，制订出了《全面贯彻教育方针的十三项暂行规定》，如"学校培养目标的基本要求"、"试行教师工作量与建立业务档案的意见"、"关于教职工考核和奖励的暂行办法"、"先进集体"、"三好学生条件及评选办法"等，并刻印成册，一开学就发至每个教师手里。在进行这项工作时，我连续两天两夜没有休息，结果胃病大作，疼得不省人事，同志们把我送进医院，醒过来之后，心神不定，一直惦念着没有完成的任务，于是忍着疼痛，返回学校继续写完了《十三项暂行规定》。同志们知道了，有的说："领导为了教育事业真是把命都豁出来了，我们也得加倍努力工作。"有了暂行规定，同志们觉得办学方向明了，思想亮了，工作有规可循了。使规定变为正确的行动还需要领导深入实际，发现典型，以点带面地指导工作，于是我就深入到五（2）班，总结他们"德智体全面抓，学习上开红花"经验在全校推广。同事们从"以学为主、思想领先、体育过关"和"把思想品德教育，寓于各科教学之中，寓于丰富多彩的活动之中，寓于教师的言传身教之中"的有效做法受到启示，不少班级都在积极探讨全面贯彻教育方针的新途径。经过全体师生的共同努力，学校先后被省政府、教育部、团中央、全国教育工会和全国少儿协调委员会分别授予"文明学校"、"全国红花集体"、"全国五讲四美为人师表活动先进集体"和"全国儿童少年工作先进单位"等光荣称号。教学质量逐年提高，五年来连续四年升学率为100%，近两年又获全市总分第一名。体育达标，被评为省市先进单位，连续五年获得安阳市小学生田径运动会的总分第一名、冬季长跑第一名。学校卫生工作、绿化工作也被评为省市先进单位。

培养优良校风，建设精神文明。好的校风、教风和学风，是一种传统的精神力量，它不仅能使教师很好地完成教学任务，学生很好地完成学习文化知识的任务，而且还会使师生在品德意志、行为习惯上都得到熏陶和锻炼。我们将"两全""两爱"（全面贯彻党的教育方针，面向全体学生，热爱教育事业，热爱少年儿童）"三严""四认真"（严肃的精神、严格的要求、严密的组织；认真备课、认真上课、认真辅导、认真批改）和"自学、刻苦、严格、灵活"八个字定为我们的校风、教风和学风。为使这种校风真正成为师生的一种精神支柱，我们在建设文明学校的规划中，分别对领导、教师、学生提出了不同要求。如领导干部的工作和作风要做到"五不、四坚持"，即政治上不搞特权，思想上不搞领导高明，工作上不搞瞎指挥，生活上不搞特殊化，作风上不搞浮夸，坚持每周政治业务学习制度，坚持党支部领导下的教工大会制度；教师在为人师表上要做到"四要四不要"，即要面向全体学生，不要爱其所好，要亲近尊重学生，不要用简单粗暴态度责罚学生，要多做调查研究，不要主观武断处理问题，要既做学生的老师，又做朋友，不要孤立、讽刺、挖苦学生；要求学生要养成良好的"五大习惯"，即文明礼貌习惯，刻苦学习习惯，热爱劳动习惯，讲究卫生习惯，良好生活习惯。

几年来，我们想方设法，力争使要求变为行动，通过开展"创优争模"、"五讲四美、为人师表"、"队礼领先"等活动，采用值日中队、责任区执勤、文明礼貌监督岗、看谁的红旗升得高等措施，进行监督促检查。现在一个具有自己特色的校风基本形成。广大教师献身教育，甘为人梯，教书育人，勤奋学习，敢于创新，以身作则，为人师表，不少同志担负着繁重的教学和班级工作，每天都是"两眼一睁，忙到深夜"，但从不叫苦叫累。有的身上装着医生开的病假条，有的甚至晕倒在课堂上，也不忍心耽误学生一节课。五（3）班班主任张秀珠，已是三个孩子的妈妈，今年春天她父亲患肝癌，爱人因严重烧伤住进医院。她把肝癌后期的父亲送回老家，白天早到校，迟返家，晚上她料理完家务，到医院护理爱人时带上教科书和学生的作业本，在躺椅上过夜，清晨五点多钟又从医院赶回家里照管三个上学的孩子，就这样，在父亲病危、爱人住院的两个多月里，她没有请过一天假，没耽误学生一节课，学生毕业时100%升入了中学。学生勤奋学习，遵守纪律，文明礼貌，关心集体。在学校做个好学生，在家里做个好孩子，在社会上做个好儿童已成为全校学生的行动准则。三年来，涌现出三好学生1500多人。五（3）班董志斌同学写的小诗《我爱我的妈妈》在《东方少年》上发表后，编辑部寄来了12元稿费，他拿到稿费后，给学校党支部写了一封信，信中说："我来到人民大道小学学习，所取得的成绩都是党的哺育和老师辛勤教育的结果，我今年就要毕业离开学校了。对学校没有什么贡献，就把这 12 元稿费献给学校，支援学校的建设，为把学校建设得更好作一点贡献。"党支部把这个问题交给少先队大队部讨论，大队部决定：用 12 元稿费买一棵柏树，取名"哥哥树"，让三（2）中队种在"育苗园"内，让这象征着美好心灵的"哥哥树"培养每个学生的爱校爱集体的主人翁责任感。最近董志斌同学又接到中央电视台和《东方少年》编辑部的采访通知，他向老师和同学们表示，我一定勤奋努力，用升学考试的优异成绩向党汇报。

深入教学，探索规律。校长的工作犹如"弹钢琴"，主弦是教学，重点学校的校长应带头研究探讨大家关心的难以解决的问题，一年多来，我和班子成员在认真总结经验教训的基础上，围绕由教论变学论，对方法好、负担轻、质量高的路子进行了一些探讨。

加强教学管理，实现教学工作制度化。教学要求标准化，教研工作系统化。在制度上，我们把整个教学活动都纳入"三表"，不经校长批准，不得随意打破正常的教学秩序。在标准化上，我们对备课、上课、辅导、批改、考试、教学活动等基本环节都提出具体要求，做出具体规定。在系统化上，我们要求上学年要为下学年留下教学资料和教具，各年级的教研记录和总结，双基排队、单元过关、卷面分析等资料数据，上下学期交接班时要衔接上。如此教学改革才能在有秩序、有科学数据的基础上进行。改革课堂教学，注重培养能力。一是抓知识规律和思维规律的结合，指导教师在课堂教学上，注意运用引导、点拨、示范、总结的方法，使思维规律和知识规律在教学过程中统一起来。如在识字教学中根据汉字形、音、义是一个统一体，字音、字义寓于字形之中，字形是识字的感觉对象，大部分合体字有其一定的表音、表义性，间架结构有一定的类型性等特点，我们要求教师从一年级开始就让学生建设"部件组合"的概念（一个合体字是由几个什么偏旁部首、独体字合成），培养学生对字形的观察分析能力。这样，学生以部件组合的概念，认识合体字，既简化了识字的心理活动过程，又增添了运用形声字构字规律自觉识字能力，养成了对字形间架结构的观察分析习惯。学生写字时，就不是照葫芦画瓢，而是先想字，后写字，先从整体看这个字是什么类型的间架结构，字的中心点在哪里，关键的一笔是什么，边观察、边思考，脑子里有了形象再去写，学生的写字能力也提高了。教师经过亲身实践证明，学生学得既快，记得又牢，负担又轻，一学期的教材，十二三周就进行完毕。二是知识穿串，单元练习。根据每个单元教学的双基要求，进行知识归类，编写单元练习提纲，上好单元练习课，这样知识穿了串，便于学生记忆和掌握。三是教学习方法，培养自学能力。第一，把预习作为一个教学环节来抓，做到有布置、有检查、有指导。第二，鼓励学生自学，教师讲自学故事教自学方法帮助订自学计划。第三，交流自学经验。如我们让五年级的刻苦自学标兵刘红霞先后在班上、年级、全校介绍自己的自学经验。各班各年级也都树立了一批各种不同类型的自学典型向同学们介绍自己的经验，这样推动了自学，使孩子提高了自主学习能力。

开辟第二渠道，发展学生智力。现代的教学，不仅让学生学会，而且要让学生会学。这几年来，我们通过课内课外相结合和少先队活动，让学生动口、动手、动脑，在实践中丰富知识锻炼能力。目前，学校已组织各种兴趣小组 15 个，聘请有各种特长的校外辅导员 26 人，开辟各种活动阵地 8 个，如队室、文艺室、科技制作室、美术绘画室等。各中队也都开展了图书角、英雄角、卫生角、小银行、针线包等"小家务"活动。这些活动的开展，使学生的生活丰富多彩，生动活泼，并大大激发了学生的求知欲望，孩子们的观察力、想象力和实际操作能力有了显著提高。如航模小组的制作在全省比赛中获得小学总分第一名，美术绘画组的芦超同学的作品送往日本、法国展出，乐器队伍昕同学的钢琴独奏被中央电视台录了像，毕业时考入湖北艺术学院附中。

三、为人师表，培养作风

我是一校之长，深知自己的言行是无声的命令，直接影响到全校工作的好坏，于是我努力为师生做出表率。

我认为，身为党员干部离开干，也就离开了党性。无所事事，又怎样能跟中央保持一致？不干，再好的计划也是空中楼阁，再好的规章也是一纸空文。几年来，我真正爱上了小学教育，很少休过寒暑假、节假日和星期天。

我基本上没有请过假，我家就在学校，但为了工作和学习，我常常是住在办公室里。同志们说我是公而忘私不知疲倦的人，但我自己知道是笨鸟先飞，以勤补拙。

我认为，领导要严于律己，最根本的就是有一个美的心灵，因为心灵美，才能产生美的行为，好的作风。几年来我注意了"对人宽、对己严，疏者宽、亲者严"，努力做到吃苦在前，不图名，不图利。我觉得一个领导者在群众中的威信高低是自己实践的写照。

我认为各方面关心同志，也是一个领导者的职责。教师生活上的酸甜苦辣我常挂在心上。几年来，除了学校集体为教师办了十件好事外，我坚持了：同志有病主动联系治疗；父母孩子有病，前去看望；家庭有了矛盾，苦口婆心地进行调解；青年教师找不上爱人，我自告奋勇去当"红娘"；同志们有困难我也千方百计予以解决。如刚从外校调来的教导副主任陈英才同志，因其弟在施农药时不慎中毒死亡，家里只剩下弟媳和四个孩子，大的才12岁，小的5岁。农村实行责任制后，家里分了20多亩地，麦子熟了没人收割，陈主任急得坐卧不安。我得知后，从部队借了辆汽车，组织了十多个人，到达汤阴，为他弟媳家收了麦，施了粪，锄了草。陈主任深受感动，他说："有这样的好领导，不豁出命来干行吗！"

我认为学校的校长还必须关心、爱护学生。我不仅向教师提出偏爱差生的要求，而且身体力行，带头做到"三个一"，即：与一个差生交朋友，调查分析一个学生的成长变化，每月为孩子办一件好事。今年春天，五年级有个学生叫杜平，看了《少林寺》电影后，偷偷带着四个同学扒火车要上少林寺学拳练武，因货车到浚县不走了，再加上身上无钱，又无御寒衣，深夜自己又返回安阳。事情发生后，该班的老师认为他平时纪律松弛学习基础差，又不学，对老师的批评又不能正确对待，要求领导将小杜调换班级。我认为，有缺点的孩子，仍然是祖国的花朵，对这样受了病虫害的花朵，我们的责任就是小心翼翼地去治虫，施肥浇水，而不能伤害其枝叶。为了给其创造进步的条件，按班主任的意见，为小杜调换了班级。我把他叫到自己办公室里，求得他同意，我们俩正式交上了朋友。从此后，我经常把他叫到自己办公室里，给他讲英雄科学家的故事，指导他完成作业，临走时，我再赠送一本图书，让他晚上回家阅读。有一次我给他讲童第周爷爷上中学时因学习不好，校长让他退学，但他哭着不走，学校校长才答应让他试读一年。从这以后，他下定决心，刻苦学习，一年后他真的为自己争了气，各门功课都得了100分，后为又到外国学习，成为世界著名的生物学家……听着，听着，他眼眶湿润了，并激动地对我说："姚校长，请您放心吧，我一定要向童第周爷爷学习，为自己争气，为您争气，为班级争气。"后来我因外出开会，又让解放军辅导员跟他交朋友，讲故事。班主任刘老师又给他补课耐心辅导，经过半年多的时间，杜平同学像换了个人，不仅品德变优，而且毕业后以优异成绩考入重点中学。

近几年来。在上级的领导下，我和同志们一起做了一点工作，受到了各级领导的表扬。但我深感所做的工作离学校和人民的要求很远，与其他学校的校长相比差距很大，我决心依靠广大教师，运用新思想，采取新措施，继续开创学校工作的新局面。

（1984 年 6 月在河南省优秀中小学校长表彰会上的发言）

加强领导提高基础
教育质量的几点建议

市委、市政府为了振兴安阳，卓有成效地搞好教育事业，专门召开这次献计献策座谈会，说明了市委、市政府已经把教育列入我市经济建设的战略重点之一，标志着在认识和掌握社会主义建设规律上有了新的飞跃，这次会议对我市教育事业的振兴必将产生巨大的影响。

领导让我参加这次会议，这是对我的信任，我没有什么独特的见解，仅就当前我市教育工作上的几个突出问题谈一些自己的看法和想法，仅供领导参考。

一、正视当前的问题，提高全党对教育战略地位的认识

现在教育在经济建设中所处的特殊地位，肩负的艰巨任务，发挥的重大作用，被越来越多的人所认识。但十年动乱对教育造成的严重后果还未完全消除，"左"的思想影响还未彻底肃清。教育在全市经济建设中还是一个非常薄弱的环节。

第一，各级领导对教育的战略地位和作用的认识还没有完全解决，过去若干年，我们只把教育当成阶级斗争的工具，没有把它当做发展生产的工具；只把教育当成纯粹的消费事业，没有看到教育在生产建设中的积极作用；认为只有在发展生产的基础上才能发展教育，没有看到发展教育事业才能从根本上促进生产的高速发展；对教育一定要走在经济建设前面的观点仍

被一些传统观念所桎梏。近几年来，有的同志虽然也承认教育是基础，认识到教育的重要性，但在实际工作中还没有把教育当成基础来对待，在思想上还缺乏紧迫感和高度的责任感，把生产视为"硬任务"，而把教育视为"软任务"。比如，中共中央 1980 年就作出了"关于普及小学若干问题的决定"，对入学率、巩固率、合格率都提出了基本要求。但我市北关区仍然存在着小学生入学难的问题。人民大道小学、永安街小学，灯塔路小学、豆腐营小学、安阳桥小学等各班人数已达"爆炸状态"。造成这种现状的原因是多方面的，但领导思想上，还没有像抓重点经济建设项目那样来抓教育，是个主要原因。为什么在城市建设规划上只注意发展生产，改善生活，增加工厂、商店，修建家属楼，但不落实发展学校的规划。北关区的人口成倍地增加，家属楼房成十几倍地增多，但小学基本还是"文化大革命"前这几所，造成学校规模太大，班级人数太多，孩子入学难，影响着教育质量的提高和人才的培养，群众怨声载道。

当今世界处于有史以来的信息爆炸阶段，人类的知识总量在成倍地增长。国与国之间的这种竞争，归根到底就是教育的竞争，有远见卓识的国家早已把教育作为战略重点，视为潜在的生产力，十分重视智力投资。如：日本、西德、朝鲜等国都把教育作为最基本的基本建设来抓。我认为，重视不重视，关键在认识，认识高不高，关键在领导。当前加强对教育工作的领导，首要的问题是解决各级领导同志的思想认识问题，市委、市政府把教育紧紧抓在自己的手中，根据本世纪末我市工农业年总产值翻两番对各类专业人才和熟练工人的需求，制订出我市教育事业发展的长远规划，针对当前我市教育的现状，要作出"加强和改革我市教育工作的决定"，并召开各级主要领导会议，进行贯彻落实，以后每年都要专门召开教育工作会议，研究解决教育思想和工作中的重大问题。形成制度，持之以恒，切实抓出成效。

第二，我市教育的现状，远远不适应经济发展和社会发展的需要。安阳地处中原，交通方便，自然资源比较丰富，具有发展经济的良好条件，但却未能得到充分发挥。其重要原因就是教育落后，文化科技水平低。我市现有 50 多万人口，加上五个县共计 350 万，但至今没有一所正规大学；中学和中等职业技术学校比例失调，教育质量偏低，不少中学毕业生是"有文凭、无水平"；小学教育尚未普及，扫盲任务仍很艰巨；幼儿教育更不被重视。总之，我市教育从规模到结构、层次、规格和形式上都不适应我市经济的发展和社会的需求。人才供需的矛盾愈来愈尖锐。人才的培养周期长，培养一个初、中级人才至少需要 12 年，培养一个高级人才需要十六七年以上。如果我们不及早着手，采取有效措施，加速人才的培养，那么到 90 年代，人才匮乏的局面将日趋加剧，振兴安阳就没有希望。因此，经济要发展，教育要先行。安阳要振兴，必须有人才准备，看不到这一点就是政治上的近视眼，将要犯历史性的错误。建议市委、市政府一方面迅速发展我市比较完整的教育体系，即：幼儿园——小学——中学——大学。1990 年以前要千方百计建成一到两所正规大学，五到十所中等专业学校，同时要抓紧中学结构改革，加强初中，提高高中，普及小学。另一方面，坚持两条腿走路的方针，动员和组织各方面的力量办好电大、函大、夜大，发展职业技术教育，进而提高现有职工队伍的文化素质，为后十年经济振兴打好基础。

第三，在教育内部还存在着办学指导思想不够端正，中等教育结构改革和职业技术教育发展缓慢，教师队伍还没有恢复到历史最好水平，教育思想和教学方法陈旧，教育教学质量低等问题。突出的表现在：（1）在部分领导、教师、学生中重智育、轻德体，重业务、轻政治，重学习、轻身体，其主要根源来自于上级领导，把升学率作为衡量一所学校好坏的唯一标准。（2）在各级领导中有两股风没有形成，即学习之风和研究之风。（3）学校管理跟不上，有的学校还是无章可循，无规可遵，有的有制度，没有基本化，有的基本化了，但不科学化，致使有的学校班级上不成课。因此，建议市委、市政府要针对教育上存在的突出问题，采取一些有力措施，真正像抓经济建设重点项目那样把我市教育工作抓上去。

二、抓紧调整、充实、提高教育战线的各级领导班子

目前，我市教育战线各级行政指挥系统的班子，普遍存在着干部老化、思想僵化、缺乏专业化、工作一般化的现象。这与教育所担负的繁重任务不相适应。建议市委根据中央、省委的指示，按照教育部规定的中小学领导干部的基本条件，在市委统一领导下，专门组织一个由"教育内行"来考察中小学领导干部的班子。根据群众和有关方面的推荐，分层次地逐一对其思想政治表现、各种能力、文化、业务水平进行考核，确实把符合条件的中青年教师提拔到各级领导岗位上；对在职干部中经过一段培训即可胜任领导工作的要选送教师进修学院培训；其余退居第二线的老同志中，身体好、懂业务、会管理的可以充当督学、顾问协助领导班子工作。

三、把教学改革作为教育科研来抓

教学是一门科学，有其自身的规律，提高教育质量必须研究教育规律，改革教学方法，健全研究机构，充实教研人员。现在全国各地不少地方都成立了教育研究的中心机构，学习先进教育理论，分析当前教育的情况，探讨新的教学方法和手段，解决新时期的新问题，而我市各级教育研究机构不健全，研究人员不落实，研究空气不浓。一些学校领导和教师，在教育、教学方法上还是早先的成人化、形式化、模式化等做法，培养出来的学生是高分低能，很不适应经济和社会发展的需要。提高我市中小学的教育质量，必须十分重视教育科学的研究。一方面要尽快把市、区两级教研机构建立健全起来。用考察各级教育行政班子的办法把水平高、能力强、思想解放的业务尖子充实到市、区教研室，采用定编制、定学科、定任务的方法，扎扎实实地把教育研究工作抓起来。另一方面采取走出去广学博采，请进来传经送宝，以及招聘等办法，下最大努力把我市教育质量搞上去。

四、采取有力措施，建设两支整齐、精干的教育队伍

学校教育质量的提高，第一需要有一支战斗在教学第一线的整齐精干的教师队伍，这是提高质量的关键。第二还必须有一支全心全意为教学、为师生服务的职工队伍，他们是提高质量的保证。各级领导要进一步落实党的知识分子政策，充分调动教职工的积极性。要十分注意解决教师的入党难、住房难、子女就业难和工作生活条件差等问题。要坚决煞住侮辱、殴打、伤害教师的歪风，切实保障教师的合法权益和人身安全。但提高教学质量的关键还在于花大的力气建设一支合格稳定、整齐精干的教师队伍。当前要集中力量抓好三件事。一是搞好师资培训，教育局要抽调一些业务水平较高的教师

充实到教师进修学院和安阳师范，扩大现有中小学教师培训的规模，并利用假期进行单科培训。二是市、区教研室要加强在职教师的业务学习和教学研究活动的组织和指导，成立学科中心教研组，聘请各校业务尖子为业余教研员，具体指导各校的教研活动。三是各校要采取行之有效的措施，组织教师大练教学基本功。从语言、板书、教态到备课、上课、批改、辅导等教学基本环节上提出明确具体的要求，拟定科学有效的考核办法，逐步使教学工作走上管理制度化、内容系统化、要求标准化。

在职工队伍的建设上，要根据每个人的工作性质和任务，实行工作岗位责任制，把职、权、责统一起来，经考核成绩显著的，同教师一样要给予表扬、奖励，对不尽职责或玩忽失职的管理人员要进行批评教育以至必要的处分。

五、必须逐步增加教育投资

增加教育投资是最基本的基本建设。据联合国 1978 年统计，在 149 个国家中，按教育经费占国民生产总值比例大小排列，我国名列第 130 名，这不仅比不上第一、第二世界，即在第三世界中也是很落后的。由于我国用于教育的经费特别少，直至目前初等教育仍未普及，不少农村学校仍然存在"泥房子、泥桌子、泥孩子"的现象。据人口普查统计，全国 12 岁以上的文盲、半文盲为 2 亿 3500 万，占全国人口的将近四分之一。列宁说："在一个文盲充斥的国家内是不能建成共产主义的。"因此，要把我国建设成高度文明、高度民主的社会主义现代化强国，就必须重视智力投资，克服那种把教育投资与生产投资对立起来的观点。在目前国家财力困难的情况下，建议市委、市政府一方面每年要从地方财政中尽量多拿出一部分钱办教育，另一方面要依靠各级组织，发动各个部门，通过多种渠道解决教育经费的不足，要坚持"两条腿走路"的方针，各厂矿要努力创造条件，保质保量地办好子弟学校；城市工矿企业、机关团体要资助附近小学解决普及教育的急需问题；农村社队要集资普及小学教育，同时要鼓励群众团体、爱国人士和广大人民群众自愿集资办学。

（1984 年 1 月为振兴安阳教育献计献策座谈会而写）

对基础教育需要再认识

——联系教育实际谈参加十三大的体会

党的十三大报告中指出："从根本上说，科技的发展，经济的振兴，乃至整个社会的进步，都取决于劳动者素质的提高和大量合格人才的培养。百年大计，教育为本。必须坚持把发展教育事业放在突出的战略地位，加强智力开发。"党的代表大会的报告中，把教育放在这样的地位，提到这样的高度，认识到这样的深度，它标志着我党马克思主义教育思想的发展更加成熟。但过去一个时期，由于"左"的和旧的教育观念的影响，不少人只把教育当成阶级斗争的工具，当成纯粹的消费事业，认为只有在发展生产的基础上才能发展教育，常常是一工业、二农业、三财贸，腾出手来抓文教。至今，这些不科学的教育观念还在阻碍着全党对教育认识的统一。本文想根据十三大对教育的论述，结合当前教育改革的实际，着重对基础教育谈点认识。

对基础教育应有一个再认识

人们对任何事物的认识，都要经过实践、认识，再实践、再认识的循环往复，才能得到深化。对教育的认识也是这样。在古代，人们认为教育可以"叙事""保存"或"伪化"人的本性以达到"建国君民"的目的。随着生产力的发展，特别是资本主义生产方式的出现和发展，人们对古代教育进行了再认识，从而形成了新的教育理论，即把发展能力纳入了教育的概念之中，随之出现了新型学校和新教育模式。现代生产的发展和科学的进步，又进一步推动了人们对教育的再认识。从世界范围来看，人们已经认识到现代教育是现代化建设的前提条件，是社会发展的基本因素。许多发达国家都把发展教育作为一项基本国策。"教育投资"、"人力资本"、"智力开发"等新的教育观念相继涌现，使人们对教育又有了新的突破性认识。

随着对整个教育认识的深化，人们对基础教育的性质及作用的认识也越来越深，把它视为现代文明的基础和标志，视为提高全民族素质和培养现代化人才的奠基工程，像抓经济工作那样重视和加强基础教育。

一些发达国家普遍把普及义务教育作为一项基本国策，视为通往"富通之路"的一大关键。今年 9 月，我有幸作为中国教育代表团成员赴日本考察，对日本基础教育的历史及现状有所了解，他们把普及教育的程度视为国家文明程度的重要标志和促进国家现代化的"原动力"。1868 年明治维新以后，日本提出"教育立国"，全国上下重视兴学育人。1872 年，日本政府公布了"学制令"，明确提出："教育应该普及于全体人民，要使农村中没有文盲家庭，家庭中没有文盲成员。"在此以后一个世纪，日本基础教育获得了显著进步：1886 年提出普及小学义务教育到 1907 年提前完成；1927 年提出普及初中义务教育到 50 年代初实现。1880 年日本在校生占同龄少年儿童的比例：初等教育占 41.1％，中等教育占 1％；到了 1970 年入学的比例，初等教育达 99.8％，中等教育达到 82％。基础教育的发展，有力地促进了经济的发展，使日本终于成为世界上经济最强的国家之一。日本前文部大臣荒木万寿夫曾说："明治以来，直到目前我国社会和经济的迅速发展，特别是战后经济发展的速度非常惊人，为世界所注视。造成此情况的重要原因，可归结为教育的普及和发达。"而在我国，至今还有同志对教育不作深入的研究，形不成一个完整的科学的观念，常常持一种已经过时的观点，不认识教育周期长、超前性的特点，看不到教育投资具有生产性和巨大的经济效益。重经济，轻教育，急功近利，见物不见人，舍得向不十分必要的生产上投资，也不计划在教育上花钱，正如邓小平同志所批评的："他们是缺乏远见的、不成熟的领导者，他们是领导不了现代化建设的。"

随着教育的发展，30 多年来，我党对教育的多次再认识，特别是十一届三中全会以来，比较大的有三次：第一次在十一届三中全会后，围绕着对教育性质的估量上进行了再认识，集中点是推翻"两个估计"；第二次是在1985 年中共中央作出教育体制改革决定时，集中体现在"教育要为社会主义现代化建设服务，社会主义现代化建设要依靠教育"的论述上；第三次就是党的十三大报告中对教育的论述，集中体现在对"百年大计，教育为本"的理解上。经过这几次的再认识，不少同志的教育观、人才观、质量观有了新的发展。这些新的教育思想正在冲击着过时的陈旧的教育理论和教育观念。通过十三大精神的学习，我国将会进一步出现从中央到地方，从党内到党外，从领导到群众，都把教育视为发展经济的战略重点，多做实事，少说空话，像重视经济工作那样重视基础教育的新局面。

基础教育需要再认识的几个问题

十三大报告中，对教育的地位和作用作了新的论述，迫使人们不得不更新自己的教育思想。具体到基础教育，我感到有几个问题需要再认识。

一、研究基础教育与现代化建设的关系，树立新的教育价值观

十一届三中全会以来，在一些地区和部门的领导中，开始认识到基础教育在现代化建设中的地位和作用，像重视经济工作那样，使教育与经济建设同步甚至超前得到发展，结果带来了科技的进步，经济的振兴。浙江省岱山、嵊泗两县就是典型范例。岱山、嵊泗位于舟山群岛北部，共有大小岛屿590 个，分居着 29 万多人。由于岛屿分散，远离大陆，办学困难，教育非常落后，所需人才几乎全靠大陆支援。由于岛上居民多系文盲，文化技术素质差，岛上的资源得不到有效开发，渔业得不到迅速发展，人们一直处于贫困之中。他们在长期的实践中认识到，要改变经济上的贫困，必须改变教育上的落后，不教育子孙后代树立热爱海岛之乡的思想和掌握开发海岛资源的新技术，"舟山群岛"是富不起来的。十一届三中全会以后，两县领导像重视经济工作那样重视基础教育，并突出抓了三件事：第一，稳定教师队伍，

培养提高教师素质。他们从解决教师实际问题入手，几年来，帮助乡镇教师解决了住房问题。家在渔（农）村的教师优先批给地皮，保证"三材"供应，并补助建房费2000元；对在岛上从教15年或大中专毕业生，优先照顾家属农转非；教师生活所需的大米、食油、煤油、煤及鱼货等优惠供应，并组织专人定期送菜到校。同时两县领导也十分注意在政治、文化业务等方面对教师进行教育和培养，如1986年吸收教师入党占两县同期发展党员总数的40％，不少优秀中小学教师被选为人大代表、政协委员、劳动模范等；第二，发动社会各方面力量支持教育。如岱山县领导在两年内到68％的中、小学解决办学的实际问题。1985年社会支援教育的资金，相当于国拨教育经费的80％；第三，从实际出发，制定基础教育发展规划。两县领导根据岛屿分散，交通不便，经济发展不平衡，文化教育发展不一的现实情况，在普及小学教育的战略上采取了"因岛制宜，分类要求"；在普及中学教育上采取了"调整布局，培训师资"；在发展初、中级职业技术教育上采取了"调整结构，专业培训"。以上措施使两县基础教育蓬勃发展起来。目前，青壮年基本上扫除了文盲；4—6岁的幼儿70％的入园；小学得到了普及；建立了一定规模和比较完备的初中和高中；职业技术教育也有了较快的发展。两县都被评为浙江省的"教育先进县"。基础教育的发展，带来了两县科技进步、经济振兴：1985年岱山县的工农业总产值为2.5亿元，人均收入1000元以上；嵊泗县的工农业总产值为1.4亿元，人均收入980元。

以上两县重视基础教育带来经济发展的事实，进一步证明了中央关于"教育要为社会主义现代化服务，社会主义现代化建设要依靠教育"的论述是完全正确的。在一个较长时期内我们只认识到在发展经济的基础上发展教育，而没有认识到教育的超前性，致使新中国成立30多年来，我们连小学都未能普及，文盲、半文盲仍有2亿3千万，造成基础教育与现代化建设很不适应，这个教训应该吸取。现在世界上一些发达国家，人们在判断经济建设发展的程度时，常常把教育发展的水平作为重要标志。有人认为，在社会发展进入信息时代后，它的主要标志是知识密集型生产占社会生产的主导地位。据有关资料统计，劳动密集型生产，工人与技术人员的比例是250～

100：1；资本密集型生产工人与技术人员的比例是 100～10：1；知识密集型生产工人与技术人员的比例是 1：7～10。如果说从劳动密集型生产发展到资本密集型生产，劳力、资本、教育的作用是鼎足三分的话，那么由资本密集型向知识密集型生产发展时，教育就成了关键。人们不把依靠出卖资源迅速致富的国家看成现代化国家，道理也就在这里。新的教育价值观已经不再把基础教育看成消费性事业，而是看成生产性的部门（只不过它的生产性是间接的、潜在的）；不再把教育投资看成消费投资，而是看成生产性投资（也叫智力投资）。由于教育的作用越来越重要，越来越明显，因此，专门研究教育与经济发展的关系的教育经济学应运而生，并异常迅速地发展起来。

二、研究基础教育与提高民族素质的关系，确立新的人才观

基础教育的任务有别于高等教育和专业技术教育。我国颁布的义务教育法中规定："中小学教育的根本指导思想是使儿童、少年在品德、智力、体质等方面全面发展，为提高民族素质，培养有理想、有道德、有文化、有纪律的社会主义建设人才奠定基础。"这一规定，说明了基础教育不是英才教育，不是升学教育，也不是造就专业人才的职业教育，它是着眼于全体少年儿童的全面发展，整个民族素质的提高，为培养各类专业人才奠定基础的教育，是社会主义两个文明建设的必备条件。提高全民族素质取决于多种因素，但基础教育是最直接最重要的因素之一。一个学生的思想品德素质中的公民意识、社会公德以及良好的行为习惯，文化知识素质中的基础知识、基本技能以及智能的发展，身体素质中的各种器官和谐健康的发展等基础情况如何，将影响他的一生。我从调查人民大道小学建校以来，学生参加学校体育、文艺、绘画三种兴趣小组数千人中的 50 人的情况发现，有 36％的人后来进入相应的专业单位和专业学校；另外 64％的人养成了正当的业余爱好，成为其精神生活中的重要内容。因此基础教育在奠定民族素质基础方面，具有决定性的意义，是人生之本、民族之本。党和政府应该把衡量基础教育的价值尺度建立在提高全民族的素质上。

人们轻视基础教育与固有的人才观念有关，长期以来，人们往往把工程师、教授、专家、学者视为人才，而不把在不同岗位上作贡献的工人、农民、服务人员等视为人才，重视高教，轻视普教，成为人们的习惯认识。科学的人才观，应该随着时代任务的变化而发展。1985 年中共中央关于教育体制改革的决定中对人才作了科学的论述，指出："我国的经济和社会的发展，需要各级各类的人才，要造就数以亿计的工业、农业、商业等各行各业有文化、懂技术、业务熟练的劳动者；要造就数以千计的具有现代化科学技术和经营管理知识，具有开拓能力的厂长、经理、工程师、农艺师、经济师、会计师、统计师和其他经济技术工作人员；还要造就数以千计的能够适应现代化科学文化发展和新技术革命要求的教育工作者、科学工作者、法律工作者、医务工作者、理论工作者、文化工作者、新闻和编辑出版工作者、外事工作者、军事工作者和各方面党政工作者。所有这些人才，都应该有理想、有道德、有文明、有纪律、热爱社会主义祖国和社会主义事业，具有为国家富强和人民富裕而艰苦奋斗的献身精神；都应该不断追求新知，具有实事求是、独立思考、勇于创造的科学精神。"我们正处在社会主义的初级阶段，国家需要高级人才，但现阶段不可能把所有的青少年都培养成高级人才，事实上也没有那种必要。目前我国高级专门人才与普通工人的比例失调，据中央 72 个部、委、局的统计，这些单位助理工程师以上的人员同一般技术人员之比例为 1：0.67，有的企业的比例严重倒挂为 7：1 或 9：1。当前我国经济和社会发展中大量需要的还是那些有文化、懂技术、熟悉业务的各行各业的管理人员、技术工人和农民，这数以亿计的工业、农业、商业等各行各业的合格劳动者需要在中小学时打下良好的基础。从事基础教育的同志乃至全国人民都应转变传统观念，确立起新的人才观。

三、研究基础教育与发展当地经济建设的关系，建立新的教育结构观

研究教育不能孤立地封闭地就教育论教育，应当把它放到国家建设的全局中来考察。我国基础教育本来就很薄弱，再加之教育脱离实际和片面追求升学率的影响，使得我国基础教育不能很好地为社会主义建设服务。有一个县，从高考升学率来看，年年被评为"教育先进县"，但该县的社会主义建设一直没有明显的变化，仍然处于当地落后地位。通过学习十三大精神，他们悟出了一个道理：县以下的教育重点应为本地区建设服务。于是，他们作出决定，要求所有的领导都要更新教育观念；所有学校都要端正办学方向；所有教师都要从单纯的升学教育转向主要为当地经济发展服务和兼顾为国家输送人才上来。河北省安平县北郭初中在为当地经济建设服务上创造了经验，这所学校利用智力优势，面向农村实际办学，在上好文化课的同时，增加了实用技术课，开办了短训班，为本村培养了大批初级实用人才。该校毕业生除了升学以外，回乡生产的多数人成了当地科学技术、发展商品生产的带头人，使北郭村人均收入由 1983 年 150 元增加到 1986 年的 600 多元。北郭村的事实告诉我们，农村的经济发展、农民的脱贫致富越来越取决于劳动者的素质，取决于各种人才的数量和质量，而农村学校只有从实际出发，进行教育改革，培养出本地的有理想、有道德、有文化、懂技术、会管理的发展农村商品经济的带头人，才能受到农民的欢迎，体现出农村教育的真正价值。

基础教育要牢固树立为当地经济和社会发展服务的思想，就需要进一步端正办学方向，改革中等教育结构。我国社会主义现代化建设既需要高层次的人才，又需要千百万受过良好职业技术教育的中初等技术人员、管理人员、技工和其他受过良好培训的城乡劳动者。但我们的普通中小学只传授基础和技能，不进行专业知识教学和专业技术教训。毕业的学生除少数升学外，大多数就业前还得进行专业训练，造成了在时间、人力和财力上的浪费，因此，必须改革单一的、不适应现代化建设的中等教育结构，使普通中小学教育、中等职业技术教育和成人基础教育相互沟通，有机配合，形成网络。

在普通中小学教育上，要改变一切为升学服务的教育思想，树立主要为当地经济发展服务和兼顾为国家输送人才的教育思想。当前，普通中小学教育脱离实际和片面追求升学率的倾向，严重影响着正确教育思想的实现。在普通高中，社会发展的趋势是文理渗透，而我们一些学校却搞文理分班，而且越来越有提前的倾向；在普通初中，未来的社会要求青少年德、智、体、美、劳动全面发展，而在我们一些学校里，智育是偏的，德育是虚的，体育是弱的，美育和劳动教育是空的，使得一部分学生陷入题海之中，作业过重，影响了他们的身心健康，使得另一部分学生因升学无望而放弃学习，或中途辍学，或弃学经商，造成学生两极分化；在小学，片面追求升学率，使得一些天真活泼的孩子失去了幸福的童年，过重的学业负担使得他们的多种兴趣爱好得不到满足。这些做法都背离了教育方针和培养目标，远离了基础教育为当地经济建设服务的教育理念，这是当前学习贯彻十三大精神首先要解决的问题。其次要改革单一型的课程结构（即必修课），逐步形成必修课、选修课和劳动技术课相结合的弹性课程结构，使普通教育与职业技术教育结合起来。现在我们的必修课设置的门类偏多、内容偏杂、要求偏高，挤占了选修课和劳动技术课的时间，使所有学生都学习同样的课程，使个性和专业特长得不到发展。因此，必须对必修课进行精简和调整，重视选修课和劳动技术课的开设。第三，要改革单调的教学方法，实行多课型的教学结构和灵活多样的教学方法。传统的教学结构中往往存在着只有一种班级授课制，只有一种课类型，只有单一的指令性教学要求，常常是教师讲、学生听，教师念、学生记，教师出题、学生答。这样的教学结构使学生处于学习被动的状况，培养不出有鲜明个性、有创造精神的人才。传统的教学方法中也往往存在着填鸭式教学，强调死记硬背，理论脱离实际。这样注入教学法，忽视学生的主观能动作用，学生的学习兴趣低，影响了智力的发展，使他们很难成为智能型人才。教学方法的改革，包括课型结构和具体方法的设计，都要着眼于培养学生的自学能力、独立思考能力和运用知识去分析问题、解决问题的能力，真正实现教师为主导、学生为主体、训练为主线、思维为核心的和谐教学。

要把加强和发展职业技术教育放在重要地位，这也是一些发达国家经济得到迅速恢复和发展的基本经验之一。联邦德国把发展职业技术教育看做"国家经济发展的支柱"；在日本，发展职业技术教育也被认为"挽救了一个困难时期，对国家作出了直接贡献"。这些国家的中等职业技术教育占整个中等教育的比重一般为27—30%。当前我国加强职业技术要解决的问题很多，但我认为优先要解决的问题是师资。目前从事职业技术教育的教师大多未经专业培训，因此，严重影响着教育质量的提高。为改变这种状况，一方面需要大力发展职业技术师范院校，把它纳入地方经济发展的规划中去，从人力、物力、财力上给予支持，并组织力量尽快编写职业技术教材和《职业技术教育管理学》、《职业技术教育学》及《职业技术教育心理学》等；另一方面，要挖掘现有学校的潜力，在有条件的学校增设职业教育系或专业，对现有职业技术教师进行培训。

由于历史的原因和"文革"影响，我国成人中文盲和半文盲还占有相当的比重。特别是在广大农村，随着科学技术在生产中的广泛应用，一些缺乏文化基础知识和一般专业技术的农民，也认识到教育的重要，有的说："家中有了小学生，科学技术弄不懂；家中有了初中生，脱贫温饱有保证；家中有高中生，劳动致富道路通。"他们也开始要求接受基础文化知识教育和初级职业技术教育。因此，当前基础教育的对象不仅仅是少年儿童，也还有一个对成人进行再教育的问题。不少地区对这个问题已经引起了足够重视，看来，对基础教育的社会职能也有一个再认识的问题。

(1987 年 12 月为河南省学习十三大理论研讨会而写)

联系基础教育实际
谈参加十四大的体会

我作为一个普通的小学教育工作者，能再次参加党的全国代表大会，感到很荣幸。十四大结束回校后，老师们见了面就问："参加十四大给您留下印象最深的是什么？"我说："是出乎意料地受到邓小平等德高望重的老一辈革命家的接见。"老师们又问："您感受最深的是什么？"我说，十四大有三个"第一次"：第一次系统地阐述了当代的马克思主义——建设有中国特色社会主义理论的基本内容；第一次全面总结了 14 年来改革开放的基本成就和基本经验，进一步提出基本路线一百年不动摇；第一次明确地提出了建立社会主义市场经济体制，这是社会主义建设在理论与实践上的重大突破。此文就以上三个"第一次"，联系当前基础教育的实际，谈点粗浅认识和体会。

一

我认为党的十四大最大的历史功绩，就在于它像党的七大确立毛泽东思想为全党指导思想一样，确立了邓小平同志建设有中国特色社会主义理论为当代中国的马克思主义。江泽民同志在报告中从社会主义的发展道路、发展阶段、根本任务、发展动力、外部条件、政治保证、战略步骤、领导和依靠力量以及在祖国统一问题上的"一国两制"的创造性构想等九个方面，系统地阐述了建设有中国特色的社会主义理论的基本内容。这个理论是马克思主义同中国当代实际和时代特征相结合的产物，是党和国家最宝贵的精神财富，它标志着我们党对科学社会主义的认识又有了一个新的飞跃。用这个理论武装全党全国人民的思想和指导今后的实践是我们长期的根本任务。十多年来，我国教育战线在"特色理论"的指导下，人们对教育的认识也日趋深化，并提出了许多新理论、新观点，丰富了教育的基本内容。如必须把教育放在优先发展的战略地位；教育必须为社会主义现代化建设服务，社会主义现代化建设必须依靠教育；教育必须坚持社会主义方向，把培养社会主义事业的建设者和接班人作为学校教育的根本任务；教育必须坚持改革开放，不断完善和发展社会主义的教育制度；义务教育必须从我国国情的实际出发，充分调动政府、社会和群众办学的积极性，进而加快我国教育事业的发展；学校必须坚持以教学为中心，全面贯彻教育方针，全面提高教育质量；要更新教育观念，在中小学要把学校的系统教育及良好的家庭教育和社会教育结合起来，形成三结合的教育网络；发展我国教育必须学习借鉴古今中外一切先进的人类文明成果；要尊重知识、尊重人才，采取重大措施改善教师的生活与工作条件等。以上几条基本上概括了这些年教育所走的路子，但还没有真正系统地构建起具有中国特色的社会主义教育理论体系。作为一种理论体系，必须有自己特定的研究对象和范畴。构建有中国特色的社会主义教育理论体系，就必须在认真总结 14 年来教育改革的成就和基本经验的基础上，对教育领域若干基本概念作出科学的系统论述。比如，什么是教育，为什么而教育，教育谁，谁来教育，教育什么，怎样教育等问题是构建任何一种教育理论体系都应当予以明确回答的问题。但在目前教育理论研究与教育实践中，对这些基本概念和问题的认识尚存在着不少分歧。因此，我认为教育战线学习贯彻十四大精神的首要任务，就是要以"特色理论"为指导，从总结 14 年教育改革的实践入手来构建具有中国特色社会主义教育理论的框架，然后再通过教育的深化改革和发展来丰富和完善这个理论体系。这个任务的完成需要理论工作者和实际工作者携手并肩共同努力。特别是第一线的实际工作者，一定要克服轻视理论研究、唯书唯上、"跟着感觉走"的心理倾向，尊重实际，勇于开拓，善于总结概括群众的新鲜经验，努力朝着做一个有创见的教育家的方向发展。

二

我认为十一届三中全会以来的 14 年，是我们党和国家历史上大放光彩的 14 年。在这 14 年中，经过拨乱反正，重新确立了正确的政治路线、思想路线和组织路线，逐步形成了全方位的改革开放格局；集中精力抓经济，使我国的经济建设、人民生活和综合国力都上了一个新台阶；在精神文明建设中，人们的思想观念发生了深刻的变化。总之，14 年来，我们找到了建设中国特色的社会主义道路，形成了一套比较系统的路线、方针、政策，坚持了"一个中心两个基本点"的基本路线。联系我们基础教育实际，14 年来，在认真贯彻党的基本路线，坚持以经济建设为中心的思想指导下，基础教育越来越引起了人们的重视，无论是学校数量、学生人数、办学条件及师资队伍建设，还是领导体制、教育管理、教学改革及教育质量等都有了较大较快的发展和提高。但是，我国基础教育的现状还很不适应社会主义经济建设发展的需要。十四大报告指出，本世纪末要实现小康。小康是反映经济发展、人口素质和居民生活质量的社会发展的综合水平。奔小康不能仅有经济指标，还应有人口素质的指标，其中包括教育发展的指标，如公民受教育的年限是 7~8 年；普及初中教育；居民认字率在 90％以上等。据联合国教科文组织对亚太地区教育发展的调查排队情况米看，第一类是小学入学率在90％以上，居民识字率在 80％以上的国家，有印尼、朝鲜、韩国、马来西亚、蒙古、缅甸、菲律宾、斯里兰卡、泰国、越南；第二类是小学入学率在80％以上，居民识字率在 50％以上的国家，有阿富汗、孟加拉国、印度、不丹、尼泊尔、柬埔寨、巴基斯坦。如果日本算一类的话，我国则是第三类，这种基础教育状况显然与我们要在本世纪末实现小康水平的目标是不相适应的。十四大报告指出："各级各类学校都要全面贯彻党的教育方针，全面提高教育质量。到本世纪末，基本扫除青壮年文盲，基本实现九年义务教育。"我认为这是基础教育今后的根本任务。基础教育只有做到"两个全面"，进而实现"两个基本"，才能适应以经济建设为中心的现代化建设的需要。

具体到学校内部，怎样贯彻党的基本路线，坚持以经济建设为中心呢？我认为：首先要在思想上明确，学校的一切人员所从事的一切工作都是直接和间接为社会主义现代化建设培养合格的接班人服务的。基础教育要适应和服务于社会主义经济建设，就必须根据社会主义市场经济的发展、产业结构的变化及其对劳动者的素质结构、层次规格所提出的新的更高的要求，来认识教育，研究教育，改革教育；其次，要在原有改革的基础上用优行发展的战略思想，围绕着培养跨世纪人才的目标对现有的教育结构、办学模式、管理体制、教学计划、课程设置、教材内容、教学方法等进行综合整体改革。要改变那种模式单一、规格单一、一刀切的旧格局，要鼓励大胆改革、勇于实践、尊重首创、办出特色，形成在办学水平上的竞争机制；其三，学校改革要坚持以教学为中心，进一步确立主体教育思想，明确教学活动是培养学生全面发展的主要途径；在深化教学改革中需要确立主体教育思想，进一步研究我们的教育对象（即主体、主体的结构、主体的特性），修正目前教学中忽视主体的能动性、自主性、创造性及差异性等违背主体优化发展的做法，实施全面发展的教育，使每个有差异的学生都能得到最优的发展。

三

社会主义市场经济理论是我党对马列主义的新贡献。市场经济是相对计划经济而言的，市场经济并不排斥国家计划，关键是要找到国家干预和发挥市场机制作用的结合点。市场经济发生发展的根源并不在于生产资料所有制。社会主义有市场，资本主义也有计划，它不是生产关系的概念，是经济的一种运行形态。市场经济有其基本特征，社会主义市场经济是在社会主义制度下的市场经济，除具有一般市场经济的一些基本特征，又体现着社会主义制度的特色。如，必须坚持以生产资料公有制为主体、多种经济成分并存的所有制结构，实行以按劳分配为主体、其他分配方式为补充的分配制度等。建立社会主义市场经济既要积极，又要稳妥；既要看到长期性，又要有紧迫感；既要有统一规划，又要区别不同情况从实际出发。当前建立社会主义市场经济体制面临的主要任务，一是转换企业经营机制，二是努力培育市场体系，三是转变政府职能，四是建立和逐步完善分配制度、社会保险制度和法规体系。市场经济作为一种经济体制一旦建立，它必然会引起社会各领域发生重大变化。比如，原有的在计划经济体制下产生并长期为计划经济服务的教育与市场经济所需要的教育之间将会发生矛盾。学校教育如何适应和服务于社会主义市场经济，这是当前教育改革应重点探讨的一个问题。当前，有的主张搞市场教育，建立教育市场；有的主张引进部分市场机制，改变现有教育体制；也有的认为义务教育的计划性、指令性、管理规范性很强，不能市场化等等。目前尽管认识尚未统一，但市场经济的本质是一种利益导向，在这种导向下，人们思考问题、采取行动、作出选择也往往带有功利性。因此，教师的价值观、道德观、是非标准、生活追求以及志趣、理想、人际关系都会发生新的变化，给学校工作带来许多新问题和新的影响。以对教师管理为例，"人往高处走，水往低处流"，这是事物发展的一般常态。而市场经济允许人才合理流动，将来劳务市场、人才市场逐步建立和完善起来后，若教师的地位、待遇、生活和工作条件仍得不到改善，必然出现队伍不稳、弃教改行，导致教育质量严重下降。党和政府如不采取重大政策，基础教育就会出现危机。面对经济市场化对基础教育生存的挑战和困扰，唯一的希望寄托在政府、社会和教育三者之间达成共识，即政府今后确实把教育工作的重点转移到加强基础教育上来，增加对基础教育投资倾斜的意识，并制定出相应的教育投资的政策法规，使投资制度化、规范化、法律化；全社会都能认识基础教育是全民的任务，树立"人民教育人民办"的思想。西方市场经济国家把充分利用社会力量支持教育、参与管理，称为政府和市场以外控制和影响教育发展的第三种力量。我国随着社会主义市场经济的发展也应号召人民办教育，充分发动社会各种力量，一方面给以经费支持，一方面参与政策法规制定和教育管理。学校也要有适应经济行为，开展"教育自救"的经费创收活动。随着改革的深化和政府投入的增多以及社会资助办学之风的兴盛，教育经费基本得到满足时，"教育自救"的选择应该逐渐淡化。

科学家、教师代表北戴河休假活动情况汇报提纲

　　应中共中央、国务院的邀请，全国 20 位著名科学家、34 名优秀教师于 1998 年 8 月 9 日至 22 日到北戴河休假。中央领导集体亲切地接见了大家。李岚清等中央领导及科技部、教育部的领导同志多次与代表座谈，听取对我国科技、教育工作的意见和建议，共商科教兴国大计。这是党中央实施科教兴国战略的一次有影响的政治举措，是我国著名科学家、优秀教师代表有生以来受到的最高政治和生活待遇。我多次参加过全国的党代会、人代会、表彰会和工作会，受到中央领导亲切接见达十次之多，并享受了相应的政治待遇、生活待遇，但与这次北戴河休假活动相比还有所不及。第一，这次是受党中央、国务院的邀请，享受中央领导的二级保卫待遇，和国务院领导同吃、同住、同活动十天有余；第二，我们不仅享受这样高的政治和生活待遇，连我们的家属也同样享受，这在过去是很少有的；第三，正在全国军民与洪水作斗争的关键时刻，全体政治局的领导和国务院副总理都出来亲切接见我们，江泽民同志还作了重要讲话并在新闻联播中头条播放，不少人都激动得热泪盈眶；第四，15 天内党中央、国务院及科技部、教育部先后召开了 5 次座谈会，倾听大家的意见和建议，并把每个人发表的意见都认真整理分别送给有关领导和部门进行研究落实。这充分体现了党中央、国务院尊重

知识、尊重人才。这次休假活动是我一生中受到的最高政治和生活待遇。党和人民给的荣誉越多，内心越感不安，越发惭愧，并常常诱发出深刻的反思，看到自己存在的缺点、弱点等不足，就是把自己有限的生命全部以最高价值贡献出来也难以回报党和国家给我的种种殊荣。

下面根据回忆和记录把这次活动情况作以简要汇报。

一、科学家、教师代表的产生、组成和休假活动情况

这次 54 名科学家、教师分别是由科技部和教育部提名上报党中央、国务院批准的。中央原定 20 名科学家、30 名教师到北戴河休假，在两部提名推荐的人选中有 3 位交叉，根据李岚清同志批示，教育部又提名推荐 3 名大学教师和一名特殊教育教师的代表。两部提名推荐的 54 名代表及其家属的基本情况是由休假领导小组审查研究向"两办"领导汇报后定下来的。

参加这次休假活动的科学家、教师及其家属共 102 人。其中著名科学家 20 名，家属 19 名；优秀教师 34 名，家属 29 名。54 名代表是由 20 名科学家、13 名大学教师、9 名普通中学教师、2 名职业高中教师、9 名小学教师及 1 名聋哑学校教师组成，分别来自 20 个省、市、自治区。代表中有在科学研究领域作出突出贡献的中老年著名科学家，也有锐意创新的后起之秀；有在教育教学改革实践中爱岗敬业、无私奉献、卓有建树的教育专家，也有扎根贫困地区、支边援藏的优秀教师；还有被评为第二届中国"十大女杰"的 3 位教师。

这次科学家、教师代表的休假活动是党中央、国务院决定并由中共中央办公厅、国务院办公厅具体安排组织实施的。党中央、国务院为什么要组织科学家、教师到北戴河休假呢？时任国务院副秘书长徐洪楷同志与全体代表初次会面时讲：1987 年 7 月 25 日，邓小平同志在北戴河会见了 14 名在国内外有影响的著名科学家。邓小平同志说，"你们都取得了世界瞩目的科研成果，为人类作出了重大贡献，党感激你们！国家感谢你们！人民感谢你们！"这是我党第二代领导集体尊重知识、尊重人才、落实科技是第一生产力的一次重要政治举措。时隔 11 年，第三代领导集体在决定实施科教兴国战略、走知识经济道路，以崭新的面目把中国带入 21 世纪的关键时刻，继江泽民同志在北京大学建校 100 周年大会上发出科教兴国动员令之后又一次具有重大政治影响的政治举措。它一方面反映出党中央、国务院重视科教、尊重知识、尊重人才、实施科教兴国的决心；另一方面也是为各级领导作出示范，真正形成科教兴国的共识。你们是全国 2100 万科教工作者的杰出代表，中央领导称你们为"国宝"，这是党中央、国务院对你们的极大肯定，是对你们政治上的最大奖赏，同时也是全国广大科教工作者的光荣。你们是江泽民同志请来的客人，这次休假活动是全体政治局常委都圈阅过的。"两办"领导曾庆红、王忠禹多次研究活动方案并作出具体布置，要求工作班子要做到："工作要细致，组织要严密，在确保安全的前提下，让代表休息好、吃好、活动好"。李岚清同志对这次休假活动非常重视，三次听取工作班子的汇报，在活动安排上又怕把大家累着了，又怕把大家热着了，最后确定集体活动不要安排过多，要给大家更多的自由活动时间。就在大家进京前我们又找岚清同志看还有什么指示，岚清同志说了两句话：一是安全再安全，安全地来安全地去，二是健康再健康，健康地来更健康地去。根据中央领导的指示专门成立了一个工作班子，总负责是曾庆红、王忠禹同志，我和两部的负责同志具体组织落实。为了大家的安全。我们从中央警卫局、国管局、公安部、铁道部抽人来保卫大家的安全，为了让大家休息好、活动好、吃住好，我们安排大家到北戴河国务院区，同国务院领导同吃、同住、同活动。希望大家都要努力完成这次休假任务，我们 20 多位工作人员直接专门为大家服务。政治局全体同志及副总理都要出来接见你们，还要专门召开座谈会倾听大家对科教兴国的意见和建议。总之，大家都是有突出贡献的人，全体领导想见见大家，你们见见领导也是很不容易的，希望大家都要珍惜这一难忘的机会，让我们共同努力完成党中央、国务院交给我们的这一政治任务。

这次活动大体分为三个阶段来进行。

第一阶段 代表到北京报到、集中，中办、国办领导亲切接见

8 月 9 日各地代表到北京国谊宾馆报到。下午，中办、国办领导及两部领导到代表下榻房间看望大家，晚上 8 点工作班子负责同志与科学家和教师见面，通报休假活动安排，听取科学家和教师对活动安排的意见，宣布有关

活动的注意事项。

第二阶段　参加北戴河休假活动

8月10日至20日代表们在北戴河休假，住在国务院休假区，每天与国务院领导同吃、同住、同活动。休假活动分两大类：一是集体活动，如参观考察、专题座谈、文娱联欢等；二是自由活动，如读书写作、互相交流、浴场游泳等。

第三阶段　在人民大会堂受到了中央领导集体的亲切接见

8月21日下午党和国家的领导集体在人民大会堂河北厅亲切接见全体代表，江泽民同志作了重要讲话。之后李岚清同志又召开了实施科教兴国战略的座谈会，座谈会由曾庆红同志主持，国务院秘书长王忠禹、科学院院长周光召以及科技部、教育部、财政部、经贸委、农业部的部长出席座谈会听取科学家和教师对实施科教兴国战略的意见和建议。座谈会上有王选等7名著名科学家、教育家和优秀教师发言，最后李岚清同志代表党中央、国务院对实施科教兴国战略，走知识经济道路发表了重要讲话。

李岚清同志讲话结束后，曾庆红同志最后说：岚清同志是代表党中央和国务院讲的，各级党政领导都要认真贯彻落实，把实施科教兴国战略当成决定党和国家命运的大事来抓，党中央和国务院对广大科技教育工作者寄予厚望，希望你们带头担当起这一历史重任。我们要以小平同志为榜样，做好你们的后勤，作出应有的贡献。

8月22日，54位代表开始返回原工作岗位。

二、中央领导同志的讲话精神和实施科教兴国战略的重要举措

（一）江泽民同志接见代表时讲话要点

你们是我国科学家的杰出代表，是我国广大教师的优秀代表，为人类作出了巨大贡献，国家感谢你们，人民感谢你们，我们今天一起来看望你们是代表党中央、国务院向你们问候。

今年我国遇到了百年未有的洪水灾害，目前已造成的经济损失达1600多个亿。洪水这么大，持续时间又这么长，如果没有我们的子弟兵与人民群众生死与共，造成的灾害简直不堪设想。实践证明我们这支部队是一支英勇能战的部队，我们的民族是一个优秀的民族。据水利气象专家分析认为这种由厄尔尼诺现象引起的洪水还要持续一段时间，希望你们科学家、教育家对这个问题进行深入的研究，为保卫人类的生命财产作出贡献。

实施科教兴国，走知识经济道路，这是我们实现发展目标的战略决策。我们既要看到知识创新、高新技术产业在实现国家振兴中的作用，又不能忽视教育的战略性的影响。一位优秀的小学教师所作出的贡献并不比一个大学教授的贡献小。你们是来自各方面的代表，都在自己的岗位上为国家、为人民作出了突出贡献，理应受到党和人民的尊重。希望你们继续担当起科教兴国的重任，为党和国家作出更大的贡献。

（二）李岚清同志在科学家、教师代表座谈会上的讲话要点

听庆红、忠禹同志讲大家在北戴河休息得好，活动得好、都很满意，我也为你们感到欣慰。今天中央领导集体接见、问候大家，江泽民同志又作了重要讲话，这是党中央对科教的重视和对知识分子的关怀。今天中办、国办、科技部、教育部、经贸委、科学院、财政部、农业部的领导都来听取大家的意见和建议，说明党和国家对这次座谈会是非常重视的。北戴河四次座谈会加上这次座谈会大家发表的意见和建议，"两办"负责整理及时反馈给有关部委认真研究落实。

1987 年 7 月 25 日邓小平同志在北戴河会见了 14 位著名的科学家。小平同志说，你们为国家为人类作出了突出贡献，国家感谢你们，党感谢你们，人民感谢你们。今天党的第三代领导决定邀请 20 位著名科学家和 34 位优秀教师到北戴河休假，政治局全体同志、国务院副总理又亲切接见了大家，也是因为你们为国家作出了突出贡献，同样是国家感谢你们，党感谢你们，人民感谢你们。还有没有被接见的广大科学家、教师，同样国家感谢你们，人民感谢你们。54 位代表艰苦奋斗、辛勤耕耘，为科教兴国立了大功，是难得的优秀人才。平时繁忙没有休息机会，党中央、国务院邀请你们到北戴河休假，但你们在北戴河仍不停地工作，为科教兴国献计献策，在大家的努力下休假活动达到了预期目的。

当今世界科学技术的发展，高新技术的开发，产生的作用、影响越来

大。科学家预言到 2013 年将出现多穗小麦，40—50 天就能快速高产，这真是历史性的突破。5 月 4 日江泽民同志在北大的讲话及对两院院士的讲话都讲了知识经济和创新意识的重要。今天我再讲几点意见：

1. 各级领导特别是主要领导要带头重视科技和教育。邓小平同志对科技教育工作有许多重要讲话，它是邓小平理论的重要组成部分。1985 年邓小平同志讲，各级领导要重视科技教育，少讲空话、多办实事。江泽民同志提出科教兴国战略，在十五大报告中用了很长篇幅讲科教；九届人大朱镕基同志提出科教兴国是本届政府的重大任务。我们不仅这样讲，还要坚决这样做。今年洪水灾害已损失 1000 多个亿，目前灾情还在发展正处危急关头，全国军民万众一心去夺取胜利。第六次洪峰过武汉，是否还有第七次？长达 60 天，30 万解放军立了大功，如果没有解放军，后果不堪设想。在这样的情况下，党中央国务院实施科教兴国战略，走知识经济道路并不动摇。今天政治局的同志、国务院副总理都来接见问候大家，还有"两办"负责同志，8 个部委的负责同志都来参加这次座谈，亲自听取大家对科教兴国的意见和建议，就充分证明中央的战略决策不动摇。以朱镕基同志为首的科教兴国领导小组已经成立，并开始工作。今年科技上要实施"创新工程"，教育上要实施"振兴教育行动计划"，国务院决定对科教投入增加上百个亿。明年召开第三次全国教育工作会议。

朱镕基同志在北戴河对路甬祥说，你向国务院提出的所有要求，我都满足，中央财政每年增加一个百分点，即 25 个亿。中央带了头，各级政府都必须这样做，而应比中央做得更好些。这样我的腰杆更硬了，地方要向中央学习。但朱镕基同志讲，要把钱用得当，教育上有 1400 万吃皇粮的。各级党政机关是官员多，教师中不教书的也不少，这是造成没饭吃的一个原因。行政后勤人员太多，必须进行改革，大学要合并，机构要精简，人员要分流。科技的发展需要地方与中央合作。朱镕基同志说中央拿 20 个亿，各地解决 30 个亿，用来支持中小科技企业的发展。西安的领导讲，走知识经济道路我们大学多，人才多，有优势。今后的经济发展不单依靠物资资源，主要靠人力资源，哪个地方有人才哪个地方的经济就能发展。

前几年我们狠抓解决教师住房问题，今年又拿 20 个亿解决直属学校有贡献的青年教师的住房问题，两年内消灭筒子楼。还要研究政策，逐步解决教师买房经费问题。宁在其他方面紧缩也要增大对科教的投入，但科技教育一定要正确用钱，用好钱。

各级党政领导都要转变观念，真正从行动上而不是仅仅口头上认真贯彻科教兴国战略和各项方针政策。要千方百计增加科技和教育投入，努力改善科技和教育工作者的工作和生活条件，充分发挥他们在我国经济建设和社会发展中的作用。

2. 当今世界经济和社会发展呈现出一个引人注目的特点，那就是以信息技术和生命科学为先导的科技革命迅猛发展、日新月异。科学技术的进步，特别是高新科技产业的发展对综合国力的增长、社会经济结构的优化和人民生活水平的提高产生越来越大的影响。面对新世纪的机遇和挑战，更加显示出实施科教兴国战略的紧迫性和重要性。科技转化的中介机构要发展，科研单位和大学要实行产、学、研相结合，加速科研成果转化，为经济建设和社会发展服务。"火炬计划"要坚持，"火炬"不仅不能熄灭而且要继续燃烧。大学可以划出一些地方走科研产业化道路，传统的大礼堂还要不要？书库要不要那么多？阅览室还要不要扩大？大学科研要进入企业，可以把一些科研院所办成企业。

3. 进一步深化科教体制改革。科技、教育、文化存在着一种通病，机构多、水平低、重复、分离，合作不够。河南的恐龙研究就存在着这种不合作、互相争的现象。大学这方面问题比较突出，在合并、改造过程中都同意合并但叫什么名字，矛盾很难解决。如四川就因为一个校名互不相让，最后只有折中凑合，叫了个四川综合大学。广东也有这种现象，说合并都同意，一涉及叫什么名字，矛盾就出来了，最后定了个广东外国语外贸大学，让人听起来就不顺耳。最近浙江走在一起了，四所大学（浙大、杭大、医大、理工大学）合并成浙江大学。9 月 15 日成立新的浙大，这是当前学科最全、人数最多的一所综合性大学。以后大学合并后，校名最好 4 个字，最多也不能超过 6 个字。目前全国高校合并减少了 99 所，9 个部委撤掉后有 90 所大学交给地方管或共办。这是宝贝，不是包袱，2000 年左右要形成新的大学管理体制。

科技和教育间的团结合作越来越重要了。不是爱迪生、牛顿时代了，现在既需要高水平的学科带头人，又需要优秀的"合作舰队"，60 年代中国"两弹"上天就是因团结与合作而成功的。过去讲文人相轻，现在讲文人相亲。就历史上的李白、杜甫这样各领风骚的大诗人，个人关系也是很好的。当今的文人要自成一派，互相为亲，形成合力。这次抗洪抢险中的团结合作精神就是我们大家学习的榜样。

4. 要大力培养科教优秀人才，使一批又一批的优秀青年科教人才脱颖而出，提高科教队伍的整体素质。老一代的科教工作者都要关注青年科教工作者的成长。江泽民同志前几天在给两院院士讲话中重点讲了这个问题，大家要认真地学习。现在艺术界的老同志不是以登台为荣而是以培养后来人为荣，我们要向他们学习。当前人才流失严重，我们要认真研究解决人才流失问题的方法，要面向国内外招聘尖端人才，解决他们所需经费，让他们集中精力搞科研。

要提高教师的素质。启蒙教育很重要。要启动 21 世纪教师队伍建设工程，可以从社会上招聘优秀人才，解决教师数量不足、质量不高的问题。解决农村教师队伍建设上的问题，可以采取城市对口支援，大学毕业到农村锻炼。教师的待遇问题，各级政府要认真解决好，一是工资发放问题，二是有病治疗问题，三是解决住房问题。

（三）陈至立同志在教师代表座谈会上的讲话要点

你们都是对我国教育作出突出贡献的杰出代表，你们的敬业品格和创造性的劳动值得我们及全国广大教育工作者学习。你们提出了许多宝贵的意见和建议，使我们听到了平时听不到的问题。我们一定认真研究并切实改进我们的工作。

十五大提出科教兴国战略，九届人大把实施科教兴国作为本届政府的重要任务。江泽民同志在庆祝北大成立 100 周年大会上的讲话是向各级领导发出的中国要实施科教兴国战略、走知识经济道路的动员令。这次科学家、教师休假，政治局全体同志、国务院总理、副总理都出来接见大家，就是向各级领导示范，真正形成全国上下都尊重知识、尊重人才，使我国真正走向知识经济的道路。最近党中央国务院在实施科教兴国战略上有了新的举措。一是要实施"科技创新工程"；二是要实施"教育振兴行动计划"。朱镕基同志讲，从 1998 年起中央财政对教育投入每年增长 1 个百分点，即今年为 25 个亿，明年为 54 个亿，后年为 90 个亿，总共三年增加 170 个亿。要地方财政每年增加 2 个百分点，三年 6 个百分点，共 600 个亿。把教育附加费争取改为税。在教育投入上要向少、边、穷地区倾斜，要坚决抓好两基。

要认真实施素质教育。"应试教育"是指一定时期形成的一定教育倾向，它影响创造人才的发展。实施素质教育是时代的要求，首先是一个转变教育观念的问题，对素质教育的理论和实践要进行深入的研究，当前要注意总结推广实施素质教育的成功经验。

要下大力气加强教师队伍的培训。要从师范教育抓起，启动面向 21 世纪的园丁工程，要全员培训、面向现代化。教育部要培训 1 万名学科带头人，全国要培训 10 万名优秀骨干教师。

高校要形成创新机制。注意引进国内外的学科带头人，要特别注意年轻化，引进一个中央财政出资 150 万元。要实施长虹学者计划。中央出钱 500 万，地方出钱 500 万，要千方百计留住优秀人才。中央出钱每年给每个科学家补贴 10 万元，全国高校选 1 万人，中央每年给每人补贴 15 万元，他们走知识经济道路还可以从地方收入一些，争取达到 25 万元。今后全国每年评选 100 篇博士论文，100 项科研成果，要扩大博士生招生、培训和公派出国留学。要充分发挥学校知识创新和高新技术产业的开发，走北大方正集团的道路（北大方正集团每年创利 200 个亿，2000 年达到 1000 个亿）。

要建设若干所世界一流大学，有更多的世界一流的学科，扩大高校的规模。目前应届高中毕业生入学率为 9.2%，三年提高 2 个百分点实现 11.2%，这样也可以减缓高中升学的压力。高校要坚决走联合、改建道路。要改革办学体制实行分级办学，大力发展各种职业技术教育。质量是教育的生命，要坚决进行教育教学改革，改革课程结构和教材内容，运用现代媒体，逐步实现网络教育、远距离教育向终身教育过渡。切实解决拖欠教师工资问题，要进一步解决好教师住房及工作、生活条件改善等问题。

三、代表们对科教兴国的意见和建议

（一）在我国实施科教兴国，当前最重要的还是解决从中央到地方各级党政领导的认识问题。现在全党并没有形成真正的共识，做到与党中央保持高度一致。唱反调的有，光说不做的有。就教育投入而言，有法不依，执法不严，违法不究的现象严重存在，那么多的老师辛勤耕耘而没饭吃，但领导干部吃喝玩乐、挥霍国家财产的行为已引起极大的民愤，我们一些主要领导仍视而不管，这样怎能科教兴国呢！

（二）中国要实现已定的发展战略目标，唯一的出路是实施科教兴国战略，走知识经济、发展高新技术产业的道路。但建设世界一流高新技术产业群必须有世界一流大学作后盾，办一流大学必须有一流的中青年科学家和教育家。当前我国大学数量不少，质量不高，而人、财、物等资源严重浪费。大学一方面需要联合、组建形成相对的优势；另一方面要研究学校的机制问题，要走科研与创办高新技术产业相结合的道路。

（三）实施科教兴国战略的关键是人才的培训储备和作用的发挥问题。现在基础教育的"应试"影响使我们培养出的人缺乏自主人格精神和创造创新精神。高校培养出来的尖子人才大量的流失，主要原因是他们的科研条件、工作生活条件太差。同样的专家与在国外相比每年的科研经费不足十分之一，北大校长、科学院院士现在住房仅 70 平方米，这样怎么能留住人才呢？南开大学 34 岁的博士生导师是搞组合数学研究的，他的科研所十几个人现在只留下他一个人，他说我只好自己干了，原因就是没有科研经费。中央要下大决心采用突破性的措施留住人才并引进人才，稳定学科带头人，稳定一批骨干，形成梯形队伍，鼓励多出一些科技暴发户。特别要注重培养、大胆使用青年学科带头人，给他们压担子，并创造宽松的学习、工作、生活环境。现在由于科研经费、教育经费不足，教师们"精神流失"也很严重，一部分人的精力没有集中在科研、教研上。

（四）现在的科研经费大都用在了设备上，很少用在人员的投资上。科技教育成果奖太多太滥，要减少地方和部门奖励，提高奖励层次，这样才能真正出国内第一流，国际有影响的研究成果。

（五）信息资源是信息社会的血浆。发达国家的国民经济发展不是靠自然资源的多少，而是信息资源的利用。我们要深入信息发展的战略研究，事情、国情、人情都要研究，但当前信息资源的建设上重硬轻软，重规模轻效果，是一种有路车不多，有车装不满的状态。有的把计算机当成高档家具用，不联网、不会制作软件、不重视投资效益。

（六）当前基础教育存在的主要问题还是"权"、"钱"、"教"。一些领导不重视教育，钱能往"车子"、"房子"、"筷子"上用，就是不给教师发工资，不给学校拨经费，致使无桌凳、无煤烧、无电话的学校仍然存在。对有法不依，严重违纪的领导应追究法律责任。还有些地方是外行领导内行，一些分管教育工作的政府官员，不懂教育又不研究教育，存在着瞎指挥现象。中央和地方应对各级主管教育的政府官员进行教育培训。

当前义务教育存在最突出的问题是财政投入严重不足，不要光从统计表上看比例，实际上不一定都是那么回事。有些地方弄虚作假，有些地方确实没钱办教育。中央应该鼓励各地探索穷国办大教育的正确路子。中央要进行宏观调控，不要什么都是国务院文件、教育部规定，而应给地方各级政府实施义务教育的权力，走出一条有中国特色的实施义务教育的新路子。中央的责任是总结推广各地创造的成功经验，而不是两只眼睛光找下面的毛病。

当前学校教育存在的突出问题是教育思想陈旧，教育行为"应试"，培养出来的人缺乏人格精神和创造精神，教育部要认真总结推广实施素质教育的成功经验。

（七）当前中小学教师队伍不稳，教育思想陈旧，整体素质偏低的问题并没有解决好。一些教师"精神流失"严重，一方面原因是教师的职业特点不吸引人，另一方面教师应有的待遇不落实；一些教师两只眼睛盯着学生的缺点毛病，把批评、训斥、防堵和惩罚作为常用的教育手段，不尊重学生的人格，不注重学生创新意识和创造能力的培养；小学教师学历档次低，教师的文化业务素质不适应已接受过早期教育发展中的学生，怎样稳定和提高中小学教师队伍？大家建议，切实办好师范，提高小学教师学历档次，加大在职教师培训的力度；规范职称评定，中小学可评正高；对有突出贡献的可授予特级教师、终身教师、教育专家、教育家等称号；要尽快改善教师的工作和生活条件，确保工资足额按月发放。

（1998 年 8 月 25 日整理）

赴美国考察初等
教育的专题汇报

根据中美两国政府教育交流协议，我有幸参加了国家教委组派的中国教育考察团，于 1986 年 12 月 3 日至 23 日赴美国进行了初等教育的考察。先后访问了夏威夷、洛杉矶、哥伦布、华盛顿、纽约等城市，最后由旧金山途经日本东京回国。这次考察共参观了 7 所幼儿园、8 所小学、3 所中学、4 所大学。同时，对校外教育如博物馆、艺术馆、图书馆、游乐场、宇航馆及名胜古迹也进行了参观。另外还参加了一些社会活动，结交了一些政府官员及民间学术团体的负责人，就两国的初等教育情况及进一步开展中美两国教育工作者之间的交流等问题交换了意见。总之，内容比较丰富，活动紧张充实，生活比较多彩。对于我这个长期从事基层工作，又是第一次离开祖国的小学校长，而又是到了一个历史、文化、政治、经济背景和我国相差很大的美国，稍一接触，感到教育上的差异触目皆是。我本人由于对美国初等教育缺乏研究，这次考察时间又短，再加上语言上的障碍，因此不可能有深入的探讨。况且我们看到的学校又都是美国比较好的学校，也代表不了美国初等教育的全部。因此，我只能对几个问题谈点印象。

一、重视初等教育，改革正在进行

前几年，世界经济情况的改变，对美国产生了非常大的冲击，美国向来自认为它的产品是独霸世界的，但突然发现许多产品已经竞争不过人家了。

政府开始注意这个问题。美国的教育部长觉得教育上有问题，就向总统建议，希望总统委任一个委员会来研究美国的教育。1981 年秋季总统任命了一个由专家组成的委员会与教育部合作来研究美国的学校教育。教育部提出，希望能在 1983 年 4 月前提出一份报告。这个全国教育质量委员会经过 18 个月的调查研究，于 1983 年 4 月下旬提交了他们的报告。题目非常醒目，叫做《一个面临危机的国家》，提出："国家在危机中，教育改革势在必行。"报告中说，美国在世界上逐渐失去市场，不少产品竞争不过原来落后于自己的国家。主要毛病出在中小学教育上，他们认为美国的中小学生水平不如世界上一些先进国家。主要缺点是：科学教育水平下降，学校对学生要求太低等，并提出了几个有效建议，如加强基础学科；延长学习时间，增加作业分量，提高师资水平；增加教育经费；办好一批样板学校等。这个报告一发表，在美国引起强烈反应。有的认为"报告"切中要害，一两个月内通过了有关加强基础教育的法规，经过近几年的努力，中学有了明显改革。从 1985 年起又注重了小学教育的改革，1986 年被定为"小学改革年"。新任教育部长威廉去年 9 月发表了《第一课》年度报告，报告认为美国的初等教育办得不错，当前需要研究的问题是：四年级以上的基础课质量令人不太满意，初等教育改革应让家长参与；教师的工资应与教学质量挂起钩来，要吸引各方面有才能的人到学校当校长等。

在上述两个报告的影响下，美国初等教育改革正在各州各校深入进行，考察中印象较深的有以下几点：

1. 教学要求因人而异，不求统一

在同一教室，同一堂课内，学生学习的内容、学习的程度往往是不同的。如数学，我们在考察加州大学教育学院小学部的五六年级的一个班时发现，他们水平较高的学生在做小数乘法和加法的练习，如 $(6.95 \times 4 + 7.50 \times 3 + 3.75) \times 1.04$；水平中等的学生在做最简单的分数乘法如 $1/2 \times 1/4$，$1/3 \times 4/5$；水平较差的三个同学在做"20"以内的加减法。据校长介绍，这些学生在小学毕业时，有不同的试题进行测试，一般都能升入高一级学校，但各校情况也不相同，如华盛顿的阿尔顿小学一个五年级班，教师提出第一学期需要掌握 25 个教学目标,每个学生只要掌握 70% 就可以了。我感到,美国义务教育的概念主要是一个年限的规定,而不完全是质量上的要求。

2. 注重培养学生独立学习的兴趣和在实践中获取知识的能力

美国初等教育这一特点,在各科教学中都可以反映出来。例如低年级识字教学,教师在教之前,让学生把自己看到的或想象的先画出来,然后告诉老师说,自己画的是什么,这时教师就把学生说的话写出来,让学生去练习,学生练习的内容正是自己想的,自己说的,自己画的,因此,学习起来很有兴趣。教师在检查学生学习情况时,对写得对的学生,在字的旁边画个小孩的笑脸;对写错的,在字的旁边画个小孩的哭脸,还有两滴泪。用这种方法来激发学生独立学习的兴趣。再如,社会课的教学,教师要学生自选一个国家,自己寻找资料画出这个国家的地图,标出地理位置,注明首都和主要山、河,并指导其学做这个国家的民族服装(用小碎布),仿造这个国家的名胜建筑(用小木块)用以加深印象。有的班当学到《都市的环境》一课时,让学生访问市场、商店,了解食品产地、价格、成本、利润等,学生把自己了解的情况通过图表、绘画、装扮角色表演等形式反映出来,让学生从小体会社会生活。

3. 重视学习过程,淡化考试、分数

美国初等教育比较重视在学习过程中培养学生的学习兴趣,训练知识技能,锻炼意志、情感和性格,发展各种能力,不重视考试分数。比如在写作教学中,学生寻找资料,自己阅读,按照兴趣选择主题,向教师口述内容争取指导,然后独立写作,前后比较,装订成册。在写作课上,我看到一个三年级的学生写好了一篇《我爱我的妈妈》的文章之后,又在写《龙的故事》,每篇文章都有插图,并着了色。老师告诉我们这些文章都是学生自己思考,自己设计的,他们认为,重视学习过程,可以逐步提高学生独立的创造性的学习能力,也可以让学生发挥自己的情感,培养自己的性格,显示他们的才能,这比通过考试分数看学习结果优化得多。升级时,教师就从他前后写作的比较中做出评估。

4. 重视教育科研,普遍开展教改实验

美国没有中等师范学校，中小学教师都是大学本科毕业，为数不少的都获得硕士学位，他们本身就有一定的教育科研能力，另一方面，大学有专家和教授常常带着科研项目和经费到小学搞实验。在考察中，我们感到美国对初等教育的研究不仅有一支实力雄厚的理论队伍，而且这支队伍和初等教育的实际工作者结合得很紧密，目前小学的教改实验多数都是在大学教授和专家支持、参与和指导下进行的。我们在俄亥俄州考察时，州立大学教育学院的教授告诉我们：综合性的教学法已被 5％的教师所采用。他们认为，开设综合课，进行综合性教学实验，是通过教学中心内容逐步延伸到各方面知识，从而使学生学到一系列的概念。这种方法以学生为主，激发学习兴趣。而传统的教学方法只是把教科书一页一页地教下去，零零碎碎的知识积累，只是一种技术性的讲解，它不利于学生掌握系统知识和形成整体概念。除了综合性教学实验法外，围绕着提高基础学科的教学质量，他们还开展了多种教改实验，如"工作站教学法"、"语言经验教学法"、"写作过程教学法"、"主流化教学法"等，并都取得了科学的效果。

5. 注重创造良好的学习环境和学习气氛

美国的小学非常重视环境的布置，充分利用学校的各科阵地培养学习兴趣，丰富各种知识，校园里插有国旗、校旗，走廊上展示着学生的优秀作品，教室里布置得色彩鲜艳，像是知识的海洋。如纽约市银行街学校一个二年级的教室里设有学具柜，存放着各种笔和水彩、订书机、小剪刀、粘胶布，做工用的钳、锯、锤及木块；设有图书柜和阅读中心，存放着师生用的各种工具书、儿童读物及学生自己的优秀作品；教室里还有各种玩具，如松木、棋类、"小家家"等，还有计算机、收录机、洗衣机、电冰箱等现代化教育设施；学生在教室里喂养着小动物，培育着小植物，收集着各种动植物标本，另外墙上挂着画像，贴着字母表和学生的书法、绘画、手工等作品，使学生感到自己是处在一个良好的学习环境中。

在考察中，我们也发现美国的初等教育存在着明显的问题，比较突出的有两个方面：

一是美国小学对学生的基础知识要求过低过松。以数学为例，一般五年级学生的数学程度只达到我国的三年级水平；二是学生过于自由化，在考察中，我们看到有些学生可以在课堂上任意自由活动，可以做与学习毫无关系的事，甚至躺在椅子上或地毯上，教师也不过问，我认为这与强调学生发展个性是两回事。

二、教育高度地方分权，实行三级管理体制

美国教育管理体制是高度的地方分权。

联邦政府设有教育部，它对初等教育的管理有直接管理与间接管理两种方式。直接管理，一是立法，二是拨给地方教育经费。间接管理是通过调查研究、发表调查报告、开展评选模范学校等方式，力求对各州的教育影响更实际一些。

国家宪法中规定教育的权力保留给各州。州政府除了制订教育法规及管理分配教育经费外，州教育厅重点加强教育质量的检查、评估和师资的培训与考核。

联邦政府对于各州教育行政机构设置及职责没有明确的规定，全由各州自行决定。因此，各州教育厅的内设机构各异。如夏威夷州教育厅厅长办公室下设预算部、公共关系部、管理分析部、规划与评估部等。俄亥俄州厅长办公室下设五个部门：教育服务处、中小学教育处、财经拨款处、教育机会均等处、专业技能教育处。不仅机构设置各不相同，而且各州规定的教育制度，包括学制、课程设置、教材也各不相同。如学制，美国总的是实行 12 年的义务教育，其中 10 年是强制教育。但各州学制并不统一，12 年中可以是"四四四制"，也可以是"五三四制"、"六三三制"或"六六制"。目前，"五三四"学制开始增加，因为专家研究认为，初中阶段由 11—13 岁儿童在一起有利于他们学习和生理发展。

州教育厅对教育质量的检查与评估逐步严格化。夏威夷州规定，学校参加两种测验，五、六、八、十年级参加 SAT 测验，以衡量本州的教育水平在全国所处的地位。三、五、八年级参加 C、P、M 测验，以衡量学校在本州所处的地位。为了提高教学质量，俄亥俄州教育厅的中小学教育处作了四项规定：A. 小学 1—6 年级每天在校不得少于 6 小时，每年至少上课 200

天；B. 规定学校必开科目有阅读、算术、自然、社会、音乐、体育、美术、图书馆、计算机等；C. 1—6 年级每班学生人数平均不得超过 25 人；D. 州每五年对学校评估一次，学区每年对学校评估一次，学校每学期自我评估一次。

州教育厅对教师资格的审查趋于严格化。如俄亥俄州有 615 个学区，4600 所学校，中小学 3120 所，教师 9.9 万人。该州教育厅设立了专门机构负责教师的资格审核与颁发证书的工作，此机构有 20 个评议小组，每年审核与颁发 9~10 万名教师证书。教师证书分为临时证书、专业证书、永久证书等。临时证书有效期 1 年，专业证书有效期 4 年，永久证书必须是教书 5 年以上并有硕士学位的教师才能拥有。该州有培养师资的教育学院 48 个，其中 17 个学院是专门培训行政管理人员（行政管理人员包括校长、秘书、保养员、清洁工等）。

学区在美国教育行政管理系统中处于重要的地位。目前，全美有 1600 个学区，从垂直关系看，其对上是教育厅，它接受厅的管理与指导，但教育厅对学区多系指导性的管理，学区有较大的自由度，州的指导、建议，它可以执行，也可以不执行。其对下是学校，在美国，各州把管理学校的权力与责任大多数保留给学区，学区是管理中、小学的基本教育行政部门。

学区的教育行政官员叫学监，学监由厅长提名，学区理事会任命。学监任期 4 年，与理事会签订合同，但 4 年内改选一次，如在合同期内理事会对其不满意，可以终止合同予以解聘，所以，学监执行的是学区理事会的决议和有关规定。学监的责任是对学区理事会负责，他的职权有：A. 决定学校的设立；B. 向理事会推荐校长人选并对校长进行考核；C. 考核校长推荐的教师并决定聘用；D. 检查、评估学校的工作。学监下面还有一些办公室，如管人事、管行政、管教学等。

学监与学校的关系是：提供帮助、指导、建议和检查学校的工作，但弹性较大，学校可以执行也可以不执行，故校长可以根据当地的情况与自身的特点管理学校。

以上从联邦→州→学区这一垂直系统对美国初等教育的管理体制作了介

绍，值得注意的是，在横向联系上，美国的高等院校、研究机构及民间组织，直接参与初等教育的研究，提供科学咨询，对教育决策也产生着较大的影响，如，高等院校参与研究的方式有：A. 建立初等教育实验室或实验中心。如，俄亥俄州大学教育学院"儿童与家庭关系研究会"成立了幼儿教育实验室，由博士、教授组织学术专题研究，学院研究生参与观察。B. 设立附属小学和幼儿园。如，加州大学洛杉矶分校教育学校附设小学，学院副院长兼小学校长，对学校课程、教师的组织机构、家长参与管理等进行了有效的实验。C. 大学的院长、系主任、博士、教授自己确定专题到小学搞实验。如哥伦比亚大学教育学院的教授分别研究了"写作过程教学法"、"双语经验教学法"等。D. 组织联合体，开展较大规模的研究。如全国大约有40—50个教育学院组织了学校工作研究委员会，开展广泛性的研究活动。

另外，美国民间学术团体中研究初等教育的也比较活跃，印象较深的是卡耐吉基金会。该会的副总裁向我们介绍：该基金会于1960年创办，是美国的钢铁大王利用自己的遗产成立起来的，钢铁大王本人没有接受过高层次的文化教育，他的理想是，全美每个社区都建起图书馆，以提高各级学校的教育水平。基金会分为三个部分，即基金总会、提高教育质量基金会、促进世界和平基金会。提高教学质量基金会有25个专业人员，均为博士，并聘请全国各地大学研究机构协助。该基金会两年前发表了《中学》报告，1985年发表了《大学》报告，1986年元月又发表了《服务》报告，主张从小学开始就要学会为社会服务。目前他们正在研究初等教育，题目是《美国的早期教育》，预计1988年2月发表。为了研究小学教育，他们收集了大量的文献，组织了专门研究小组，选择了20所小学实地考察，考察的内容是课程、组织、社区、家长与学校之间的联系，同时，对全国教师进行问卷调查。副总裁认为，此报告应是美国小学50年教育的总结，他认为，小学应着重培养学生的读、写、算和动手的能力，在语言和科学教育上多花心思，同时对学生留校活动及兴趣培养，学生的健康与营养，教师参与决策的问题，也将作深入的研究。

对于高度地方分权这一管理体制，美国社会及教育界基本上是拥护的，认为这一体制有利于发挥教育民主，有利于社会各界参与教育管理，但他们也认为这一体制存有弊端：一是管理太松散，自由度太大，不易统一教育标准，不能保证教育质量的提高；二是学区董事会、理事会中的决策机构中，不懂教育的比例较大，因此，有时教育决策不符合教育规律。

三、中小学内部管理的几个特点

美国中小学教育是高度地方分权，再加之又有公立与私立之分，因此学校内部管理不是一种模式，而是各有特色。概括起来，有以下几个主要特点。

第一，学校有较大的自主权，校长可以按自己的思想办学，能够做到"管有主见，办有特色"。

A. 校长的资格和聘用。中小学校长任职资格是需经大学专业培训获得硕士以上的学位并实践过半年以上的校长工作，聘用的办法一般是学区的学监出广告，具备校长基本条件的人可到学监那里申请，并经学监推荐与考核后，由学区董事会决定聘用。美国中、小学校长的任职资格和任命是学历高、资历严，待遇优于教师。

B. 校长有较大的自主权。学校的规模大小、学制的长短、课程的设置、教材的选用、教师的聘用均由校长来定。至于说学校办成什么特色，教育教学怎样改革，更是由校长来决策。我们接触到的 8 所小学规模大小不一。如最大的 189 学校，包括幼儿园到小学（1 至 8 年级）有 1300 个学生，55 个班，平均每班 23 人左右；最小的蒙台梭利学校（从幼儿园到初中）只有 200 名学生，平均每班只有 10 余人。教学组织形式也不统一，有的学校是一年级单独上课，二三年级编一个班在一个教室上课，四五年级在一个教室上课；有的学校是采用工作站教学或小组教学，还有的学校是普通教室与专用教室结合上课的形式，学校按课程表教学，学生不断地根据自学课程变换教室。对学生的考核评估也不统一，有的学校有考试，有的学校没有考试，甚至小学升初中、初中升高中都没有升学考试，而是按居住的学区进行分配。这些学校对学生要求不严格，只要求达到最低水平，学生进步慢，老师会认为他本来就慢；有的学生学得快，教师就让他多学点。

C. 学校机构设置比较简化。一般学校只有一个校长，下设秘书或助理，没有什么职能部门，也没有教研组；学生中也没有学生会、班委会这类组织。学校由校长负责，权力集中于校长一人，其他各种人员的工作都是对校长直接负责。一所学校，校长一般都要聘用下列人员：任课教师、研究人员、辅导职工、专项专家、后勤服务等。

由于校长可以按照自己的思想办学，从而形成了学校的特色。有的学校管理严谨，有的学校管理灵活，有的在教育的主流化方面进行了深入研究，有的在双语教学中创造了经验，有的在新的教学方法中探索，有的运用杜威的教育理论，有的实践蒙台梭利的教育主张等等。总之，统得不多，管得不死，让校长有施展才能、实践自己教育思想的自主权。

第二，以法治校，校长能集中精力从事教育教学的管理。

每个州关于教育的立法有厚厚的十几册，小至学生午餐中营养所含热量都有规定。师生在校内受到伤害都有权控告学校而得到赔偿。教师在取得合格证书后，一经与学校签订聘用合同，校长不满意想解聘，必须写明具体原因通知教师，教师如不服，可以上诉法院，由法院裁决。由于学校管理方面的内容很多都由法规的形式固定下来，因此，校长可以依法治校，不需要那么多的请示、汇报，也没有那么多的社会活动和行政干预。同时，也不需要做部门之间、人际之间的协调工作，校长的精力能够集中在学校教育教学工作的管理和改革实验上来。

第三，有比较充足的办学经费，学校设备比较齐全。

美国的地方政府是不管农工商的，它主管税收，而税收主要用来办公共事业，而教育放在首位。一个正在竞选的州长，他不对教育许下诺言，是很难得到较多的选票的。美国的法律规定，平均每个中学生每年的教育经费不得少于 3800 美元，实际上有的高达 6000 美元，小学生是 3600 美元，残疾儿童是 1.8 万美元。我们所看到的学校，校舍都很堂皇，一般都有图书馆、餐厅、礼堂、体育馆、游泳池。有一所学校的体育馆内有四个篮球场和两个排球场，游泳池在冬天室温保持华氏 82 度，水温华氏 85 度。教室内一般都有地毯、空调和各种现代化的设备，如电脑、电冰箱、电热灶、洗衣机、收录机等供学生学习和生活用。学生上学、放学都由国家统一接送学生的黄色大客车，单华盛顿一市就有 6600 多辆校车。所有的学生都在学校吃午餐，有的免费，有的交象征性的饭钱。

第四，学校重视协调管理，社区家长支持教育。

美国的公立中、小学是免费的，私立学校要收高昂的学费。一般居民都把孩子送到学区内的公立学校去读书，因此，社区和家长都很关心学区内的学校。这次考察中给我印象较深的还有一点，就是社区单位与家长直接参与学校管理，多方面支持学校，考察中了解到的主要形式有三种：

A. 学校所在社区的单位与学校挂钩。这些单位的工作人员根据自己所能主动到学校进行义务工作，如联邦教育部与社区内的阿米顿小学挂钩，教育部的工作人员有的参加学校教改实验，有的担任义务教师，有的帮助学校翻印、编写资料等。

B. 社区里的知名人士和家长代表组成联合教育委员会，定期召开会议，发动社区单位居民资助学校、为学校办好事及进行义务服务。

C. 由家长选举产生组成家长工作委员会，直接参与学校管理。如评估学校、校长和教师的工作，促使校长办好学校，使社区居民满意。

四、关于对小学生进行道德品质教育的情况

在人们的印象中，资本主义国家的学校里只注重传授知识、培养技能，不进行道德品质的教育。但在这次赴美的实地考察中，我们感觉到的不是这样，在美国的小学里也很重视学生的道德品质和行为习惯的教育与培养。

联邦政府根据美国政治、经济发展的需要，期望学校教育培养出好公民，即：能为社会服务、能为国家作贡献的人。美国的教育界认为，初等教育阶段是人生中最重要的时期之一，是获得知识技能和形成道德品质的基础阶段。哥伦比亚大学教育学院原院长认为，在小学进行道德品质教育是一个很有价值的事情，应把小孩子教育成有文化、文明的人。我们这次考察了 8 所小学，他们学校的管理工作都体现出这一思想。如纽约市的银行街学校、华盛顿市的维吉尼亚小学都明确地提出了学校教育的宗旨：发展智力、培养心理、锻炼社交能力。但我们也发现，美国小学道德品质教育的内容、原则和实施途径从联邦到州、再到学区都没有大纲一类的系统规定和要求,也没有编写这方面的教材和专设课程。那么,美国的小学是怎样具体地对学生进行道德品质教育呢? 在纽约和俄亥俄州考察时,我们听取了研究小学道德品质教育的专家介绍:道德的价值不能只显示在文字和口头上,而要通过行为表现出来,对小学生进行道德品质教育,我们主张结合各科教学和各种活动来进行,在渗透上下功夫。美国是一个由移民组成的国家,很难制定一个统一的道德标准,也不能用某一个民族的道德标准去统一各族。我们的国情就是这样,某些人的作为、生活方式你可能接受不了,但它也不强加于你,美国有比较完善的法律,如吸毒、酗酒就要禁止。

在二十来天的考察活动中,通过与美国教育行政官员、教育专家、民间组织的领导者、学校的校长及师生的接触、交谈,通过耳闻目睹美国的社会环境、风土人情及学校的教育、教学及师生生活等,我们了解到美国小学对学生进行道德品质教育的内容是多方面的,教育的实施途径也是多渠道的。

在教育内容上,我们印象较深的有三个方面。

第一,他们非常重视对学生进行国家观念和公民意识的教育。一登上美国的国土,到处都是国旗飘扬。政府机关、活动场所、公共建筑物、学校的走廊、教室都布满了大小不同的国旗。他们是国有国旗,州有州旗,校有校旗,往往是一起悬挂,这样的环境和情景把爱祖国、爱家乡和爱学校融在了一起。美国的历史并不长,但他们特别注重本国历史的教育,一方面,他们把殖民者登陆、外国军队袭击过的地方仿造重建,开辟为旅游基地,并通过醒目的雕塑、图片,甚至通过电影让旧景重现,使人们不要忘记过去;另一方面,他们为历史上对国家作出贡献的政治、军事、科学、艺术等有较大影响的人物塑造高大铜像,安放在人们关注的地方,使人们永远不要忘记他们的功绩。如,经国会批准,在他们的国会大厦里就塑造了 100 个历史人物,其中也有黑人马丁·路德·金的铜像。他们的国会大厦、国会图书馆、美术馆、航空馆、华盛顿纪念碑、肯尼迪艺术馆、110 层的世界贸易中心都允许儿童免费参观学习,甚至允许老师带领学生就地上课。另外,他们的社区还为孩子开辟了各种受教育的阵地,因此,一些孩子感到自己生长在美国很自豪。

第二，比较重视学生的道德行为规范的教育。各个学校都定有校规，他们的校规内容和要求具体而不空洞，如华盛顿市的阿米顿小学，他们的校规宗旨是：使自己成为他人满意的人，并具体规定了十条要求：①每天按时到校。②铃响时，迅速排好队。③进入教学楼时保持安静。④不准乱串教室。⑤按规定时间上厕所。⑥在操场活动时注意安全。⑦关心他人，礼貌待人。⑧遇打架时应主动回避。⑨遇问题向大人汇报。⑩放学后及时回家。校长为了使这些规范性的要求转化为学生的实际行动，还采取了一定的鼓励和惩罚的措施。如，要求各个班每周都要表扬一个遵守校规好的学生，将这个学生的事迹和照片张贴在一起，并要求其他学生都在他的事迹下面写上一句鼓励他进步的话。对违反校规的也有惩处的办法，第一次违反，老师批评；第二次违反，隔离学生；第三次违反，老师填表申报校长处理；第四次违反，停止上课，通知家长研究处理。

另外，法律规定，小学生不准吸烟、喝酒，如发现学生吸毒、酗酒，送往青少年法院判处。美国小学生中吸毒酗酒平均每班 1—2 人，到了高中问题就严重了，平均占到 15—20％，多者达到 40％。

第三，学校教育注重学生的自理能力和劳动、生活习惯的培养。美国小学多数的班级没有班长和其他小干部，学生在学校主要靠自己管理自己。每天上学、放学自己乘校车；书包、衣服自己保管；课堂学习自己订计划、找资料、选用学具；下课后自己选择活动内容和玩具，用过后自觉地放回原处；午餐自己拿餐具，排队买饭，吃完饭自己打扫清理。有时，学习、活动、就餐老师也把他们分成小组，这些孩子互相之间也能团结、合作。如我们在卡美哈美哈学校与五、六年级学生共进午餐，结束后，每个饭桌都有一个学生在收拾餐具、擦洗桌面、打扫地面，数百名学生不用老师辅导自理得很好。在 189 小学考察结束时，正逢学生要乘校车回家，学生自己排着整齐的路队，一边向我们招手再见，一边有序地走上汽车等候着司机，学生较高的自理能力和良好的劳动、生活习惯，反映着他们的教育成果。

在道德品质的实施途径上，我们感到主要有五个方面。第一，结合各科教学内容，把教育蕴含和渗透在知识的传授和技能的培养之中。第二，通过开展各种活动，使学生在实践中接受教育。第三，通过创造一定的环境和情境，使学生在潜移默化的熏陶感染中接受教育。第四，通过制订校规及相应的鼓励与惩罚制度培养学生的行为习惯。第五，要求教师要成为学生的表率。

（整理于 1987 年春）

赴日本考察农村教育的专题汇报

应日中农交邀请，我们中国教育学会第三次访日代表团于 1987 年 9 月 10—22 日访问了日本。我是代表团中唯一的一位小学校长。此次访问的目的是进一步增进中日友好情谊，并进行学术性考察。主要是对日本教育改革的动向和日本的农村教育作一些考察、了解。

代表团受到日本农交的热情接待，日中农交副会长椿精一和其他负责人与中国代表团进行了一整天的座谈，并举行了欢迎宴会。日本教育学会会长大田尧也亲切会见了代表团，发表了长篇谈话，并设宴招待。

代表团先后在东京市、千叶县、茨城县、水海道市等地访问了日本文部省有关官员，国立教育研究所、东京都立农产高等学校、东京学艺大学及其附属中学、小学、幼儿园、千叶县农业大学校、东京市一家农户、筑波大学、水海道市中学、小学、幼儿园、保育所、图书馆和体育馆等，所到之处，受到日本友人的热情欢迎和接待。在曾为日中友好作出贡献的风见章先生的故乡，水海道市市政府为代表团举办了隆重的欢迎宴会。市长、市议长等官员及当地知名人士都出席了宴会。代表团参观访问中、小学和幼儿园时，校长、园长都亲自出迎，教师带领学生、幼儿列队迎送。

短短 13 天的访问，代表团一直沉浸在日本友人热情、友好的情谊中。

由于日中农交的精心安排，代表团完成了预定的任务，对日本教育改革的动向和农村教育情况有了一些了解。现将考察所见，汇报如下：

一、关于日本教育改革的动向

（一）日本教育的现状和弊端

日本现在已成为世界上的经济大国，政府和社会对教育比较重视，教育事业相当发达。初中义务教育在 20 世纪 50 年代已经普及，初中毕业生升入各类高级中等学校的比例现在已达 97％。高中毕业生中约有 37％升入大学，日本中小学的教学水平较高，从而使全体国民的知识水平和文化素质有了较大的提高，同时，大学升学率明显提高。日本教育为社会培养了大批专业人才，大大促进了社会经济的发展和国民物质、文化生活水平的提高，但也存在一些突出的弊端，这主要是：

1. 激烈的入学考试竞争、欺负弱小同学、逃学、校内暴力、青少年道德行为不良等被日本人士称为"教育荒废"的现象比较突出。我们访问时就看到日本的一些寺庙中、墙壁上挂着许多祈祷用的小木牌，上面写着青少年学生祈求神灵保佑考上某某学校的祷词；报上登着某校学生欺负弱小同学的报道。

2. 人际关系的淡化。由于物质生活的提高以及资本主义制度下的竞争，人们往往只关心自己，心中没有他人。即使在家庭里，父母子女间的关系，同样存在着这种淡化、疏远的趋势。

3. 缺乏个性与创造力。日本教育仍存在着较多地培养以死记硬背为中心的缺乏主见和创造个性的模式化人才的问题。学生学习比较被动，在升学竞争的压力下进行，缺少创造性和主动精神。

4. 教育制度和教育管理僵硬、刻板、划一。政府管得过多，学校缺乏自主权。

如此等等，社会各界和学校的意见很大。

（二）"临教审"的设立及其改革方案

日本历史上曾有两次大的教育改革，即明治维新时期的第一次改革和二次大战后的第二次改革。自 20 世纪 70 年代起，日本社会上就在酝酿第三次教育改革。中曾根首相执政以来，把教育改革同财政改革、行政改革并列为全国的三大改革，他认为：为了使日本社会的发展顺应未来的 21 世纪，教育必须要进行重大改革。为此，他于 1984 年 8 月设立了直属总理府的临时教育审议会（简称"临教审"），作为总理大臣的咨询机构。任务是对中曾根首相提出的"为使日本教育适应社会的变化及文化的发展而进行全面改革的基本方针问题"进行咨询。

"临教审"工作三年来已递交了四次咨询报告。

第一次咨询报告于 1985 年 6 月发表，主要分析了日本教育的现状，论述了改革的基本设想；提出了审议会的主要课题；指出当前改革的突破口为：铲除学历社会的弊端，缓和激烈的入学竞争，并提出了一些具体建议。

第二次咨询报告于 1986 年 4 月发表，主要论述了面向 21 世纪教育的基本形态，拟定了 21 世纪的教育目标；提出了向终身学习体系过渡、初等中学教育改革、高等教育改革、国际化信息化的改革和教育行政财政改革等方面的基本对策。

第三次咨询报告于 1987 年 4 月发表，在第二次审议报告的基础上，继续提出各方面改革对策。

今年 8 月，即我们访日前一月，发表了第四次咨询报告，亦即最终的咨询报告。在这个报告中，从改革是时代的要求和日本教育的历史与现状等方面系统论述了教育改革的必要性；明确提出了改革的主要指导思想，并提出了一系列改革的具体建议。

报告提出的教育改革的主要指导思想有三点：

1. 重视个性的原则

临教审认为日本这次教育改革最重要的问题就是要打破日本教育事业中根深蒂固的弊端，即划一性、僵硬性、封闭性等，树立尊重个人、尊重个性、自由、自律、自我责任意识原则——也就是确立重视个性的原则。

所谓个性，不仅指个人的个性，同时还意味着家庭、学校、社会、企业、国家的文化和时代的特性。

所谓自由，其含义不同于放纵、不负责任、无纪律、无秩序，自由伴随着对社会的神圣责任，个人的尊严、尊重个性、自由、自律、尽职尽责等等，都是一个不可分割的统一体。

几次审议报告都反复强调了重视个性的原则，要求在教育内容、方法、制度、政策等各个方面，对照这一原则，进行根本的检讨。

2. 向终身学习体系过渡

为了克服"学历社会"激烈的考试竞争带来的种种弊端；也为了适应由于人们生活水平提高、自由支配时间增加和人口向高龄化发展，人们精神生活要求的提高和多样化的需要；同时也为了适应由于科学技术飞速进步，产业结构不断更新，人们对学习新知识、技术的需求，应该使现有学校教育体制向终身学习体系过渡。

在"学历社会"中评价一个人的标准是"什么时候上了什么学校"，而在终身学习体系下，将以"学了什么，学得怎样"作为标准来评价。

3. 适应时代的变化

所谓适应时代的变化，其含义一是要适应国际化的社会，二是要适应信息化的社会。

报告认为，站在国际化角度来进行教育改革是关系到日本兴旺发达的大事，日本应在深入了解本国文化的同时，广泛地了解外国的文化，积极地为国际作出贡献，为全世界培养人才，发展科学文化。

未来的 21 世纪将是一个信息化的时代，为了使日本更快地适应这一历史的变化，建设具有丰富的物质文明和精神文明的社会，必须对教育体制进行相适应的改革。

报告还提出，为了肩负 21 世纪的重任，日本教育的培养目标是：

①宽广的胸怀、健康的体魄、丰富的创造力

教育的目的在于完成陶冶人格。为此，就要使孩子们身心等方面均衡成长，在德智体协调发展中寻求"真、善、美"的心灵和体魄，在此基础上，培养 21 世纪科学、技术、艺术等方面需要的创造能力。

②自由、自律与公共精神

自由自律精神指的是能在自己思考、判断的基础上具有负责任的决定和自我控制的能力、意志和态度，并且还要有为公共事业尽心尽责的精神，尊重社会规范和法律秩序的精神。

③面向世界

要培养能为国际社会作出贡献的日本人。使其具有既能把握日本社会、文化的特性，又能理解异国文化的能力；既要有爱国之心，又要有广阔的国际视野。

报告还对终身学习体制的准备，高等教育的多样化与改革，初等中等教育的充实与改革，适应国际化的改革，适应社会化的改革，教育行政、财政的改革等六个方面，总结各次咨询报告的内容，提出了一系列具体对策，目前有的已经开始实施。

临教审在提出最终咨询报告后，任期期满，宣告撤销。但接着，今年8月24日，日本政府又成立了教育改革实施总部，以文部相盐川为总部部长，以政务次官和事务次官为副部长，负责推行临教审教改建议的实施。

（三）日本民间教育组织对临教审咨询报告的看法

日本民间教育组织对临教审的咨询报告仍持不同程度的批判态度，有不同的看法。

日中农交专务理事崛江真一郎认为：教育同经济、社会的关系十分密切，当教育被一小撮人掌握时往往产生不幸的事，这在历史上是已经证实了的。日本现在虽然在经济上成为大国，因为日元升值因素，国民收入成为世界上最高国家，但是有识之士对日本今后的前途都是担心的。临教审提出的改革方案，将影响日本今后的方向，希望外国朋友关注这一点。

日中农交教育部会长、日本东京学艺大学教授佐岛表示：临教审是有偏向的，他们重视产业界和政界意见，对教育界意见不重视；临教审未吸收日本教育学会和教育工会参加，是不应该的；临教审的报告讨论了三年，仍比较抽象，不能提出具体的改革方向；课程的改革不全面，没有很好听取第一线教师的意见。

日中农交教育部常务理事、筑波大学教授铃木认为：文部省的教育改革强调集中统一，如果这种集中和统一是好的，我们赞成，但是现在看来，这种集中统一有许多问题，前几年教科书发生问题，就是一个典型事例。我个人认为，临教审报告在本质上是令人担心的。

日本教育学会会长大田尧在接见我代表团时，就为 21 世纪培养什么人和应该培养什么样的教师等问题，批评了临教审的报告。他认为临教审对讨论为 21 世纪培养人很热心，他不反对，教育当然应该面向未来，但为达到教育目标，更需要重视现实。现在日本的大人与孩子中，没有具备作为人应有特性的现象比较严重，我们应帮助青少年树立远大的目标，搞好人际关系，造就富于人性的人，这样 21 世纪的事，就可以托付给他们了。自明治维新以来，为了富国强兵，都是把教育作为一种手段，但 21 世纪，不应把教育作为手段，而是培养富于人性的人。他认为临教审的报告中提出要培养青少年宽广的胸怀、健康的身体、丰富的创造力等等，言辞很漂亮，问题是具体进行什么改革，没有面对现实。临教审报告的中心原理是"尊重个性"，这个并不反对，问题是人的个性怎样才能培养好，谁能掌握教育的真理？是专家、教师，孩子也应有发言权，而当官的往往被权力所左右，歪曲真理，因此，政府不要做过多的规定、约束。

他还主张，教育应由"教"与"育"两个方面组成，现在更需要善于育人的教师。他很赞成中国孟子所讲的"得天下之英才而育之，一乐也"和"人之患在好为人师"。而临教审热衷于教，是片面的，临教审提出的培养教师的办法，还是如何教，培养出来的教师只能还是"教"型，而不是"育"型。

同时，他也指出，临教审的报告并非一无是处，临教审也不是一点都不听民众的意见。

总之，日本民间对临教审的报告，意见不很一致。日本教育改革如何发展，还需要今后注意观察。

二、关于日本的农村教育

我团此次访日考察的另一重点，是日本的农村教育。来日本后，了解到日本农村已有很大的变化，由于日本社会经济的发展和日本政府的政策，日本农业生产力有了较大的提高，但农业产值在国民生产总值中的比重逐步降低，目前仅占 4%，农业耕地面积已减少 20%，农业人口只占全国人口的

8％。日本目前的粮食自给率为33％，其中大米能完全自给，面粉和饲料等则主要靠进口。全国农户有400万户，其中专业农户占8％，兼业农户占92％。农村中，居住条件、生活条件与城市差别不大，每个农户拥有的机动车辆则较城市居民多。

与这样的社会经济情况相适应，日本的农村教育（包括普通教育和农业职业教育）有他们的特点：

（一）农村的普通教育

日本政府对中小幼教育的师资、校舍、设备、教学计划、教材等都有统一的标准。政府用于基础教育的经费较多，据文部省提供的资料，日本教育经费用于义务教育的占53.2％，其中国家财政支付32％，地方财政开支66.6％，社会团体出资的占1.4％，因此农村的普通教育与城市并没有多大区别。我们在水海道市看到：

1. 高中、初中、小学、幼儿园、保育所的校舍、设备都很完好，有一些现代化教育设备；中小学除有宽广的操场外，都有室内体育场；各校都有二至三名医护人员组成的保健室。一个有700名师生的小学校长说，政府每年用于该校的经费约为5亿日元（折合人民币1200万元左右）。

2. 教师队伍比较稳定，质量较好，国家规定普通教育的教师必须有大学本科以上学历。由于教师待遇比一般公务人员工资高两级，大学毕业生乐于从事教师工作，参加国家教师资格考试的人数与录用人数的比率为10：1。我们看到的一个由和尚当园长的幼儿园，准备接他班的是他的一个具有研究生学历的女儿。

3. 课程设置比较重视基础知识和基本训练，各种教育及训练十分严格，同时，也很注意发展学生不同情趣爱好的课外、校外活动。如水海道西中的课外活动分文化和运动两大类：文化类有演剧、吹奏、合唱、书法、美术、电脑等；运动类有篮球、足球、网球、乒乓球及创造游戏等。全校有50％以上的学生参加，还有一些学生参加校外的俱乐部活动。我们参观时，看到学生的文娱、体育表演，留下很深的印象。

4. 各校都很重视普通教育中的特殊教育。由于普及义务教育要求每一个适龄儿童都受到教育，因此，日本除设立专门的聋哑等特殊教育学校外，普通教育中也有特殊教育的任务，一些有轻度听、说障碍和神经、语言障碍的儿童在普通教育学校中受到特殊的关心，有教师专门对他们进行个别的辅导。

5. 注意学校和社会、家庭教育的配合。在水海道这样一个仅有 4 万多人口的小市，建有很漂亮的市立图书馆，藏书 86000 册，其中供儿童少年阅读的书籍就有 24000 册，图书馆采取多种办法便利儿童少年课外阅读。

市内新建了投资 10 亿日元的体育馆，可供中小学校利用，我们参观时看到两个中学的学生正在兴高采烈地进行手球比赛。

市内还开辟有自然馆，馆内建筑了农家形式的房子，种有各种农作物和树木花草，饲养各种家禽鸟类，陈列着各种农具，学校有计划地组织学生到这里住宿，接触自然，体验农家生活。

此外，在各种形式的民间俱乐部，如书法、钢琴、游泳、电脑游戏等，学生也可参加。

为了加强学校和社会、家庭的配合，由社会各界人士组成青少年福利协会，各校都组织 PTA（家长会），共同担负教育孩子的任务。

日本农村教育是否也存在与城市教育同样的弊端，未能深入了解，但访问中我们问到为什么有些学生没有参加课外活动时，学校回答说有一部分学生放学后到补习学校去了，看来，升学竞争同样激烈。

（二）日本农村的职业教育，我们只了解了农业职业教育这一个方面

如上所述，日本的农业生产力有较大的提高，而农业的规模则在缩小，与此相应，日本的农业职业教育在战后四五十年代曾有较大发展，因为那时日本要振兴经济，鼓励农业生产，而目前从事农业的人越来越少，农业职业教育招生感到困难，初中毕业生报考高中，首先是报普通高中，其次为工业高中、商业高中，最后才是农业高中。农业职业高中毕业的学生每年有 5 万人，但从事农业的很少，据统计，继续升大学的占 21%，从事农业的仅占 4%，其他却从事别的事业去了。另一方面，由于科技的进步，农业生产的发展，又要求先进科学技术的运用，因此农业高中的课程有些已经淘汰，例

如养蚕，有些课程则要增加，如生物工程学、电脑自动控制等，也就是说，日本的农业中等职业教育在数量上趋于减少，而质量要求则提高了。

我们还参观了一所千叶县农业大学校，这种县立农业大学校主要为发展当地农业服务，它设有农学科，学生来源是本县高中毕业的农户子女，毕业后一般回家从事农业生产，还设有研究科，择优录取农学科毕业的学生再学两年，毕业后可以到农业技术推广站工作。这个学校每年还为该县农户举办短期培训班，普及农业科学知识。由于这个学校为当地培养了大批人才，千叶县的粮食产量在全国各县名列第三位，蔬菜名列第一位，农业接班人问题解决较好。我们访问了一个从这个学校毕业又到美国留学了两年的青年农民经营的家庭农场，看到他正在用无土栽培的方法培育西红柿等蔬菜，家中有农业机械 15 台，他都能亲自操作、保养，从他身上也看到了日本新一代农民的面貌。

在访问中了解，日本农业职业教育在发展过程中也遇到师资、设备等等困难，在二次大战及战后时期不得不短期培训师资，举办农业讲习班等非正规形式的学校，千叶县这所农业大学校的前身就是由若干农业讲习所逐步发展起来的，这对我们也有一定的参考意义。

由于这次访问考察时间很短，基本上是走马看花，但也深感日本政府对教育工作，特别是对基础教育是比较重视的。教育在社会发展中的作用也能比较明显地体现出来。对于日本教育上的成就和问题，都有值得我们借鉴之处。

（整理于 1987 年冬）

对深圳民办教育发展的几点思考

我国是一个拥有 13 亿人口大国，在世界上又处于发展中国家行列，青少年（包括幼儿）近 3 个亿，2％的教育投入担负着占世界 20％的教育重任，是一个典型的"穷国办大教育"。

当今知识经济社会一个显著特点是人的智慧才能的竞争。中国需要通过办好教育，开发人的大脑潜能，把沉重的人口负担转化为丰富的人力资源。要把教育办好，就必须探讨有中国特色的教育，走以政府办学为主，鼓动、支持各种社会力量办教育之路。

中国加入 WTO 后，经济要走向全球化，必须带来教育的国际化，也必然促使国内办学模式呈现出多样化。就社会力量办学而言，目前已经出现国有民办、公办民助、民办公助、中外合资、合作办学和独资办学等多样模式。深圳是改革开放的特区，是市场经济的前沿阵地，也是民办教育发展最迅速的地区。以宝安区为例，目前宝安区的民办教育已占宝安教育的"半壁江山"，并呈现继续发展的势头，各路大军蜂拥而来，真是"八仙过海，各显神通"，竞争异常激烈。面对这样的形势，政府如何积极鼓励，有力支持，正确引导，依法规范民办教育的发展，已成为不可回避的必须认真研究解决的问题。

通过上海民办教育高研班学习和宁波万里国际学校的实地考察，我从理念到实际对我国民办教育有了新的认识，联系深圳民办教育的实际，对其当前和今后深圳市民办教育的发展有几点粗浅的思考，提出来仅供领导决策时参考。

一、教育既为经济发展和社会进步服务，又受其制约。经济发展和社会进步往往是波浪式前进的。深圳经济的高效快速发展和社会的跨越式前进已由原来的高峰期转变到现实的高原期，教育的发展虽有超前性，但仍受经济发展规律所制约。如宝安区民办中小学现有 80 多所，在校学生 98000 多人（多数又是接受义务教育的学生），已占宝安教育的半壁江山，大大超出公办与民办的正常比例，据预测可能还有发展的势头。我认为这是一种不正常现象，基础教育特别是义务教育具有基础性、全民性和均衡性，它的发展应由国家税收来承担，主要是政府的责任。纵观世界，义务教育的资金投入绝大多数是政府行为，不能以深圳是特区，流动人口多为由不去研究并解决如何增加政府教育投入，特别是如何增加义务教育的政府投入而又把有限的教育投入放在非义务教育的重点学校、窗口学校，把解决依法接受义务教育的子女的入学问题通过鼓励民办中小学的发展来实现。我认为，当前深圳的民办基础教育应在进一步增加政府投入的基础上，贯彻"控制数量、调整结构、规范办学、提升质量"的十六字方针。

二、深圳民办中小学的发展不仅为深圳全面实施义务教育排了忧、解了难，而且一批办有特色、上了等级的学校为扩大深圳市在全省乃至全国的影响作出贡献，争添了光彩，但长期以来民办学校享受不到与公办学校的同等待遇。近年来，宝安区委、区政府对这"半壁江山"虽也出台了扶持发展的文件，但在各级领导及有关部门中并没有真正达成共识，区委、区政府的决定执行起来步履艰难。以教师为例，国家虽有《教师法》，但在民办学校工作的教师不能完全享受法律赋予的权利和义务。我建议：深圳市政府应从该市民办教育的实际出发，以"敢为天下先"的战略思想作指导，组建一个由有识之士所组成的教育策划智囊团，在广泛吸取国内外成功经验和认真调研深圳市情况的基础上，出台一个具有突破性的扶持民办教育发展的决定，使深圳民办教育真正走在全国的前头，为党和国家发展民办教育实施重大决策作出应有的贡献。

三、我国著名教育家陶行知先生说："校长是学校的魂。"无数的实践也证明"有什么样的校长就有什么样的学校"。政府扶持民办教育的发展，应首先重视并帮助民办学校解决校长队伍的建设问题。我认为研究解决民办学校教师的调入重要，但研究解决校长的调入问题更重要。目前民办学校的校长招聘以校为本、各自为政，但由于没有政府的特殊政策，往往招聘不到最优秀的校长，因此，目前民办学校在校长队伍的建设上存在着队伍不稳，素质偏低，结构也不合理，创办人和治校人之间关系不协调等问题。我建议，民办学校的校长招聘由市政府制定基本政策，由市教育局按照一定程序面向全国统一组织招聘，对于录用的校长与公办学校一样正式调入我市，然后实行本人与学校双向选择的合同制，这样一方面加强了市政府对民办学校的直接领导，另一方面保证了校长队伍的整体素质，有利学校的健康发展。

四、一个企业的一切人员所从事的一切活动都是为了产品质量及带来的经济效益。决策者必然遵循经济规律来办企业。一个学校的一切人员所从事的一切活动都是为了育人，培育全面和谐，主动活泼发展的学生。决策者必然遵循教育规律来办学，但目前民办学校的决策者——董事长，有的是懂教育在办教育，也有的是不太熟悉教育在办教育。实践证明还是"内行领导内行"效益高。因此，要保证民办学校朝着正确健康的方向发展，教育行政部门必须重视对学校法人和董事长进行教育培训。培训的内容应把教育学、心理学、教学论作为基础课，而把依法治校、学校管理做为主课来安排。

五、我国的性质和政治体制所决定，民办学校必须坚持共产党领导，坚持走具有中国特色的社会主义道路，坚决贯彻培养社会主义建设者和接班人的教育方针。因此学校必须把坚定正确的政治方向摆在一切工作的首位。但目前民办学校党团组织不够健全，党的政治核心作用没有很好地确立，代表广大教职工利益的工会组织的作用没有充分发挥，各民主党派的活动更得不到重视，以"三个代表"为中心的思想教育也没有引起高度重视，学校德育工作忽视针对性，缺乏实效性等。上述问题应引起市委、市政府的高度重视，责成有关部门就加强党对民办学校的领导，深入进行"三个代表"教育，切实加强教职工的思想政治工作和学生德育工作等。

（写于 2002 年 11 月 9 日）

在安阳市优秀知识分子
座谈会上的发言提纲

尊敬的张锦堂书记、李发军部长、郭金城主任、肖继业市长及与会的领导专家们：

我刚从外地回到故里，就接到今天会议的通知，说明党和领导对我这个已退休并远离家乡的老知识分子的关爱，今天又安排我第一个发言，我对组织的关爱表示衷心的感谢。

我回安阳之前在深圳也参加了一个非公有企业高级人才座谈会，人才中心的主任在介绍到我时说，一个人头上戴着六个顶级光环（中共十三大、十四大代表、第九届全国人大代表、享受国务院津贴的专家、全国劳动模范、全国十佳校长、中国教育学会小学教育委员会理事长等），在深圳现在的人才库中寥寥无几。仅用三年时间把一所只有四年历史的不起眼的学校创办成广东省首届十佳民办学校（现有民办学校 4800 所），足以说明是一位人才，难得的教育专家。特区出版社编辑出版了一辑纪实报告文学，名曰"特区之子"，我的事迹被收入其中。今天发言我不是为了宣扬自己，而是想在领导和专家面前说明一个问题，姚文俊的今天是人民大道小学这块净土、安阳这块沃土、中原这块金土地培育的结果，没有历届领导、专家同行、人民大道小学师生和家长等社会各界的关爱、支持和帮助，就不会有姚文俊的今天。借此机会，请允许我用深鞠躬的方式向培育我、关爱我、支持我和帮助我的各位领导、各位专家、教育同行和与会的同志们表示衷心的感谢。

深圳是个移民城市，也是一个人才聚集的地方，组织部门和人事部门不仅都建有人才库，而且能为各类人才施展自己的才华搭建平台，你要翻跟头，领导就给你搭台子，你能翻多大跟头，就给你搭多大的台子。最近中央推出人才强国，党管人才，安阳要走人才强市的道路，就必须建立人才库，研究出台一些突破性措施，一是要留住人才，既要物质留人、情感留人、环境留人，更要事业留人，因为知识分子的特点是名高于利，事业重于生命，成就是人生最高的追求。二是充分利用国内外安阳籍人才。因为安阳是他们的根，是他们成才的源头，我们可以走出去，也可以请进来。三是要引进人才，为人才施展才华搭建平台。你能翻多大的跟头，领导就给你搭多大的台子。四是要借助外脑，组织专职与兼职相结合的科研兴市、科研兴县、科研兴校"智囊团"。

我是从事基础教育行动研究的，对安阳教育发展提出三点建设性意见：

一是中国是穷国办大教育，但又必须办好教育。安阳处在一个亿万人口而又不发达的省份更是如此，要解决好这个问题就必须坚持两条腿走路的方针，从体制办学入手，实行多元化办学，使公办教育和民办教育同步发展，公办教育要追求平衡地发展，民办教育要追求优质和特色。这样运作第一解决了政府投入不足的问题；第二满足了一部分先富起来群体对优质教育的需求；第三，多元化办学也会带动安阳经济的发展。

二是安阳要走科教兴市、人民强市的道路，教育发展至关重要。就一所学校而言，质量高低受三大要素所制约：一是物质条件，二是师资素质，三是学生来源。但教师是个关键性因素，要走人才强校之路，必须组建三支队伍：以专家型校长为核心的管理育人队伍，以研究型教师为主力的教书育人型队伍，由专兼职的专家教授组成的科研兴校"智囊团"。

三是教育行政部门要进一步转变职能，把那些不该管，管不好，管不了的事情让给专业机构、业务部门和中介机构来管。领导就是服务，而要优质地为基层服好务，就把办学自主权交给学校，选派最信任、最优秀的校长来管理学校。领导们的职责一是管方向，二是评估质量，三是优质服务。要为法人主体独立行使自己的职权创造一个宽松的外部环境。

我在深圳工作生活得都很好，我是安阳成长起来的，安阳是我成长的源头，发展的根。身在异地思故乡，每逢佳节倍思亲，借此机会我给诸位拜个早年，祝各位领导、专家、同行春节快乐，合家欢乐，生活幸福，事业有成。

（2004 年 1 月 16 日下午于安阳中原宾馆）

我的教育所为

　　自中央提出要重视发挥离退休高级知识分子的作用后，我从自身的实际出发，一年多来为安阳教育乃至全国教育做了一些力所能及的事，现向领导作以简要汇报。

　　2004 年 5 月，市政府写信要我回安阳筹备胡锦涛同志视察人民大道小学 20 周年及中国教育学会小学研究会在安阳成立 20 周年的纪念会。"双庆"活动结束后，因身体原因我辞去了深圳富源教育城总校长职务回到古都安阳。回想自己成长的历程，是人民大道小学这块净土、古都安阳这块沃土、中原这片金土地哺育的结果，也是历届各级领导及社会各界关爱、支持、培养的结果，忘了这些，就是忘了本、丢了根、丧了魂。一年多来，领导并没有给我下达什么任务、分配什么工作，我是"老骥伏枥，不用扬鞭自奋蹄"，甘心情愿为我市教育乃至全国教育做些力所能及的事情。现梳理起来，感到有八件事值得回忆。

　　一、在积极策划、充分筹备的基础上，2004 年 11 月在安阳宾馆召开了胡锦涛同志视察人民大道小学 20 周年及中国教育学会小学研究会在安阳成立 20 周年的纪念会，请来了联合国科教文卫委员会亚太地区主席、北京市人大常委会副主任陶西平先生，中国教育学会会长、北京师范大学研究生院院长顾明远教授，中国社会科学规划办公室主任、原中央教科所所长吴畏研究员等一批高层专家和 23 个省、市、自治区的代表亲临安阳。省市领导多次到会看望专家并设宴招待与会代表。"河南领导高度重视教育、率先尊师重教"在全国传为佳话。

二、人民大道小学是我成长、成名、成家的基地，也是社会关注、家长认可、学生向往的一所"中国名校"。我不能看着它由"高原期向平原期再向低谷期渐渐地低落"。北关区领导对人民大道小学作出正确决策后，以马丽娜校长为中心的新的领导班子聘我为人民大道小学终身名誉校长，我愉快接受了。我有义务、有责任为人民大道小学走出困境，朝着"稳定—发展—创新"的方向前进付出自己的汗水和心血，再加智慧和才能。但我理解"名誉"一词的含义，它是根据你的名声给你一定的名义，对你表示尊重，名誉就是名誉。一年来，我在实践中基本上做到了：理念引领但不行政指令，出主意想办法但不决策，参与活动但不干预工作，甘愿付出但不图回报。目前在马丽娜校长的带领下，人民大道小学已走出了困境，朝着"稳定—发展—创新"的方向稳步前进。

三、我奉行干一行、爱一行、专一行、创一行，用自己的智慧体现人生的价值。退休前在安阳公办的人民大道小学任校长 23 年，创办出一所"中国名校"。退休后到深圳民办的富源教育城任总校长 5 年，该校被评为广东省十佳民办学校。去年因身体原因，我回安阳接受辉龙集团的诚聘，同意冠名创办了辉龙幼儿发展中心。一年多来，我把主体教育思想与多元智能理论相融合，构建了主体多元发展的"一、二、三、四、五"教育模式。幼儿园开始呈现"经典诵读、学说英语、儿童的科学"三大特色，被广大家长誉为安阳第一流、全国有影响的精品幼教机构。

四、2000 年我退休离岗，被全国政协委员、北京大学研究员、全国青年企业家协会副会长缪寿良先生聘到他所创办的融幼儿园、小学、中学、大学为一体的深圳富源教育城任总校长，开始了我由公办到民办的第二次教育创业。5 年来，我们共同用汗水和心血再加智慧和才能，把学校办成了广东省十佳民办学校。2005 年 3 月，我因身体原因辞职回到故里。但缪寿良先生情感留人，物质留人，事业留人，诚聘我为富源教育永远荣誉校长兼专家委员会主席，继续参与重大问题决策、重要活动指导及教学改革和师资培训。2005 年第一届 56 名高中毕业生中 20 人考入全国重点大学，其中 2 名北大，2 名清华，创造了深圳民办学校高考的奇迹。我的教育生涯被载入深圳《特区之子》。

五、"引进外资，发展教育，特别是高中阶段的教育"，是林献斋同志多次的指示。2005 年 10 月，我应马来西亚英迪国际教育集团董事长陈友信先生的邀请，对吉隆坡、马六甲、云顶等地进行教育考察。通过主动地宣传、有力地说服，英迪总裁陈友信先生先后派国际项目顾问吕佩橙女士、马来西亚北京英迪学院副院长陈锦松先生等两次来安到实验中学和理工学院进行考察，并已与实验中学、理工学院签订了项目合作意向书。春节后上述单位应邀组团前往马来西亚进行教育考察并签订合同，策划筹备招生开学事宜。这一国际合作办学将为安阳初中毕业和高中毕业的学子提供出国就读本科、硕士学位的机遇。

六、2005 年 5 月在"上海会议"上，我再次当选为中国教育学会小学教育专业委员会理事长，紧接着在北京开始策划、筹备首届中国小学校长大会。2005 年 11 月 17—19 日，在北京人民大会堂隆重召开了有国家领导人出席的以"小学教育和谐发展"为主题的首届中国小学校长大会。借机我邀请了我市包括区、县长、教育局长在内的十多位小学教育工作者参加了会议，为安阳小学教育的发展搭建了与先进地区进行教育交流的平台。

七、安阳市五中是我市社会认可、学生向往的教育资源优化组合的学校，但要真正办成河南第一流、全国有影响的中国名校，必须走出应试教育的困境，坚持科研兴校、专家引领、在实践中创新、在改革中前进的道路。以董国周校长为中心的领导集体认定五中这一发展方向，通过借助外脑组建智囊团，借鉴当年人民大道小学与北京师范大学合作走理论工作者与实际工作者相结合的道路。我不仅思想上支持，更在行动上"穿针引线"。经过几个月的努力，两方形成了共识，达成了共建教育科研、师资培训基地的协议，春节过后就会挂牌正式启动。

八、我是在古都安阳这块沃土上成长起来，应该以"活到老、学到头、干到底"的不懈精神回报社会，圆满结束自己的人生。最近殷都区政府发展教育的力度很大，李区长对我很尊重，想让我去指点一下，我被区委、区政府科教兴区、尊师重教精神所感动，愿为殷都区的教育改革与发展尽自己的微薄之力。

（2006 年 1 月 10 日）

我的教育人生

先解释一下我为什么讲人生：1. 这些年讲理想信念、人生观、价值观的太少，胡锦涛同志的"八荣八耻"论述对我有些启发；2. 我们面对的知识经济社会是人才竞争的社会，人的发展靠专业化发展水平，决定教师职业必须走专业化道路；3. 通过我自己成长的经历想说明人生价值的体现，不在于官位高低，权力大小，金钱多少，职业好坏，只要干一行，专一行，创一行，行行都能体现出自己的人生价值。这可能对教师专业化成长有所启发。

人各有志，但志向往往有所不同，有的人追官，有的人追名，有的人追利，有的人一不为名，二不为利，一生图个清闲。我的人生追求是拼搏。人生在世，不拼不搏体现不出人生价值，也是浪费自己的生命。拼搏不一定都能成功，成功不了大约有三个主要原因：1. 爹妈给了一个笨脑袋，智商低、没有灵气、缺乏悟性；2. 没胆没识或是有胆无识或是有识无胆；3. 没有贵人相助和优越的环境，就是说你要翻跟头没人给你搭台子，甚至有人专门给你拆台子，使英雄无用武之地。如果拼搏了没有成功，那就相信"人的命，天管定，胡思乱想不管用"，就安安分分地做人，踏踏实实地干事，平平稳稳地度日子吧。

我出生在农村，成长在一个贫困的家庭，从小胸中就无大志，没有成名成家的欲望，只想一辈子能有一个吃皇粮的差事干就心满意足了。我的大半生是在顺境中度过，小学生时就是少先队大队长，中学生时先是班长，学习部长，后是学生会主席。参加工作就做学校共青团的书记。我信仰共产主义，忠于中国共产党，青年时期接受的是听话教育，听党的话，跟党走——"我是一块砖，哪里需要往哪搬；我是一堆泥，哪里需要往哪提"。特别是对伟大领袖毛泽东，简直佩服得五体投地，只要是毛主席说的话，党组织决定的，无论对错我都是从正面去理解。人往高处走，水往低处流，这是事物发展的常态。但我是从中学到小学做了倒流，不仅没有怨言，而且还认为这是领导对自己的重用，并在领导和教师面前再三表示要终身从事小学教育事业，非干出一番事业不可。

从 20 世纪 70 年代初到 21 世纪初，整整 30 年是我小学教育的生涯。特别是在人民大道小学任校长的 20 多年是我成熟、成名、成家的时期。回想起来，我身居小学，却做了在全国有影响的五件大事：

1. 1978 年，党的十一届三中全会进行拨乱反正，但教育恢复高考后，教育天平失去了平衡，重智育、轻德育、忽视体育，德育处在被冷落的角落。校长最大的政治责任是把握好办学方向，方向一偏，走得越快，离目标越远。1979 年冬，我用了两个多月时间自编了一个《少年儿童思想品德教育提纲》，实现了学校德育"内容具体化，途径网络化，评价科学化"。《提纲》成为"全国第一家"。《提纲》教育成果被评为我国新时期政治思想工作创新奖的特等奖，我个人被《半月谈》授予政治思想工作明星称号。人民大道小学是德育起家，我也是德育成名的，被教育部授予全国德育先进工作者，享受部级劳模待遇。

2. 我的名字是和人民大道小学连在一起的。学校出了名，姚文俊的身价也提高了。党中央、国务院计划 1985 年在北京召开第一次全国教育工作会议，让教育部在调查研究的基础上为大会起草报告。为此，1984 年，教育部基础教育司和中国教育学会决定联合召开一次全国部分小学校长座谈会，听听下边的声音。经协商，座谈会定在安阳，由人民大道小学具体承办。这次会上来自全国 29 个省市自治区的 59 名优秀校长在广开言路的基础上，最后达成了三个意见：一是给国务院总理的 30 条建议，其中包括建立教师节，提高教师的社会地位和经济待遇；二是给全国小学校长倡议书；三是成立了中国教育学会小学教育管理研究会，我被评选为副理事长。1988年换届选举我当选为理事长，中国教育学会小学管理研究会就设置在安阳市人民大道小学。2004 年小学管理研究会经民政部批准晋升为二级学会，去年 5 月在上海召开中国教育学会小学教育专业委员会会员代表大会，我又被推荐当选为新一届理事长。20 多年来，大道人走遍全国都有朋友。

3. 随着我国政治体制的改革，逐步废除干部终身制。从中央到地方，一批德高望重的老干部退居第二线。如何让这批老前辈余热发电呢？安阳以袁党民、马驰为代表的六位离休老干部给市委写了一封信，要求成立一个关心下一代协会。我得知这件事非常高兴，就想把这件事做大，做出影响，故和韩凤珍同志商量向教育部和团中央汇报。在得到市委支持后，我们一行三人前往北京，上午见到胡锦涛同志，下午见到张文松同志。第二天在胡锦涛同志带领下就到中南海给中顾委秘书处汇报。得到中央的支持后，第三天回来，就投入关心下一代协会成立大会的各项准备工作。经过几个月的紧张筹备，成立大会开得既隆重又高规格，原国务院副总理、中央顾问委员会副主任康世恩带领胡锦涛、张文拾、吴运铎、孙敬修等一批领导和名人亲自来安阳祝贺。康世恩同志给人民大道小学题校名，胡锦涛同志给人民大道小学题词就是这次活动的一个重要内容。胡锦涛同志对人民大道少先队活动给予了极高的评价，讲遍全国，后来多次相见，他却不忘人民大道给他留下的印象。安阳会议之后，中央决定成立关心下一代工作委员会，要求各省也要成立。

4. 教师节建立后，时任国务院副总理兼国家教委主任的李鹏同志为了鼓励中小学、幼儿教师终身从事基础教育事业，筹备成立中华人民共和国中小学、幼儿教师奖励基金会，想聘请德高望重的国家副主席王震将军做名誉理事长。王震说："我从小家庭贫寒，没读过书，我愿意在有生之年为我国辛勤园丁作贡献。你给我名誉我不要，要干就当理事长，为教师办实事。"（人民日报：王震要官）在组织理事会时，王震点名小学只要三个人：一是斯霞，二是霍懋征，三是姚文俊。当我接到王老给我颁发的中华人民共和国中小幼教师奖励基金会理事证书时，我激动得热泪盈眶。当我听到他讲地方也可以成立教师奖励基金会时，我就想安阳可以在全国带个头，这种想法得到市委书记孟祥锡的支持。我到北京给秘书处汇报并请示王老，得到他的认可后，在第二次理事会上，王老在人民大会堂亲自接见了孟祥锡、岳同生等安阳党政领导，并表示给安阳题词，开会时派人参加。我和岳同生同志到王老家取题词时，详细汇报了安阳的情况。安阳成立大会，王老发来贺词，国家教委派柳斌主任亲来祝贺，人民大道小学也是第一次接待教育部长。柳斌同志不仅为学校题词，并做了重要指示，要我永别做官。

5. 历史进入 20 世纪 90 年代，人民大道出现高原现象。如何再向前发展，我一度思想比较迷惑。国内虽有几家教改典型，但大都属于应急对策研究；国外我去过像美国、英国、日本等十几个国家，有的还不止去过一次，但由于文化背景不同，又不能照搬硬套。正在这时，我患病住院，手术后市领导不让回安阳，安排去北京西山疗养。家里人说我是拼命三郎，不让我再干下去，我自己也反思了很多。但安阳市领导和教育部领导的关爱，特别是王震主席的关爱，使我深受感动。我下定决心：只要活着，就要干到底。这时我看了很多，想了很多，既有国内又有国外，既有反思又有深思，想寻找东方教育与西方教育结合点，产生了主体教育的念头。后来就出现了与北京师范大学合作开展"小学生主体性教育实验"的事实。20 世纪 90 年代，是我付出汗水和心血、智慧加才能最多的 10 年，也是我人生价值体验最高的 10 年。我记得"八五"结题时，我国 5 位顶级专家在鉴定书上写着：这项实验研究无论是理论提出，还是实验研究成果都达到了国内现有实验少有的高度。并建议：1. 课题要由"八五"向"九五"滚动；2. 实验要由小学向中学发展；3. 要申报国家级科研成果奖。1997 年，"小学生主体性发展实验研究"被评为我国基础教育科研成果一等奖，排名第一。教育部和中国教育学会认定该研究是我国素质教育六大成功模式之一，并向全国推广。目前全国 20 多个省市几千所中小学都在开展主体教育实验。我也被评为我国有杰出贡献的 50 位科学家、教育家之一，应江泽民同志邀请到北戴河休假，享受国务院副总理的待遇。

　　但主体教育实验研究也给我带来困惑。小学向中学滚动，学生喜欢、家长支持，北关区很努力，但市政府主要领导不批准。后来又听到对主体教育有些杂音，于是我就下定决心，从人民大道小学校长的岗位上退下来。至于我在人民大道小学的作为，用实践去检验，由历史作见证。关于主体教育的成败，第一届毕业生高考录取的结果就是最有力的说明。

　　在深圳这几年，是我从公办到民办，从内地到特区，从计划经济走向市场经济的转变期，在我的教育生涯中也是第二次创业。深圳学校的大老板，用人不疑，我也是"士为知己者死"，把学校办成了广东省十佳民办学校，我被选入"深圳特区之子"。后因身体原因，辞去校长一职回家休养。但他认可我的价值，视为功臣，聘我为永远荣誉校长，兼专业委员会主席，奖励我一套房子，让我在深圳养老。

　　回到安阳，我想安度晚年，但事不由己。辉龙城市家园里规划有个幼儿园，老板找到我说只要你同意冠名，15年我不要钱。我这个人重感情，这样我就真当起小老板了。我今年已经65岁了，自我约定70岁前要干4件事：1. 幼儿园董事长；2. 人民大道小学终身名誉校长；3. 深圳教育城永远荣誉校长兼委员会主席；4. 中国教育学会小学专业委员会理事长。

　　这次到殷都区任职，是李南沉区长的人格魅力和他对教育的执著感动了我。他有胆有识，胆识过人。中国的区长如果都像李南沉，何愁中国不出人才，不快出人才，不出优秀人才。我被殷都区王书记、李区长、陈区长、张局长等一批殷都人尊师重教行为所感动，我愿为殷都教育尽一点微薄之力，故在3月24日接受了聘任。但我毕竟已是65岁的人了，身体有多种疾病，还有其他要做的事情。但请领导和大家相信，我既然应聘了，我会努力实践"老骥伏枥，不用扬鞭自奋蹄"这句名言。

　　46年来，我是为我国中小学教育付出了心血，做了一些力所能及的工作，但党和人民却给了我很多我不敢想的荣誉。过去我从没有统计过我获得多少荣誉。2004年我被评为"深圳特区之子"，市委组织部在介绍我时说：在一个人头上戴着六个顶级光环，在深圳的人才库也不多见。他介绍我是中共十三大、十四大代表，第九届全国人大代表，享受国务院津贴的专家，全国劳动模范，全国十佳校长等。听他一边介绍我一边想，顶级光环不只这些，起码还有政治思想工作明星，全国小学教育专业委员会理事长和王震主席亲聘的理事。散会回学校后，我真的粗略统计了一下自己的业绩：受到党和国家主要领导接见20余次，出访17个国家和地区，除西藏之外，应全国各地讲学100余次，主编和参与编写教育专著18本，社会兼职30多个。我是一个很充实也很幸福的人，但也是一个盛名之下难副其实的人。有的新闻单位写我姚文俊精神，我自信但我也自律，也有点自知之明，我是人不是神，我是山中无老虎，猴子称大王。

人生在世，转眼就是65年，弹指一挥间。我是一个成功者，但我是怎样走向成功的，很多人都要我回答这个问题。近一段经过回顾与反思，我初步得出三个原因。

一、古人云：干一行，爱一行，行行都能出状元。我认为有一定道理。我出生在一个贫困的农民家庭，祖辈务农并都是文盲，我没有优越的经济基础和优越的社会背景，个性又强，不去巴结有权有势的人，也不是名牌大学的科班出身，工作又处在一个不发达省份的中等城市的一所普通小学，职务又是一个小学校长，怎么就朝着成长—成熟—成名—成家的方向发展起来了呢？我经过认真的回顾与反思，或许跟我的做人准则有关。我坚信，一个人只要干一行、爱一行、专一行、创一行，有了执著的追求和拼搏精神，就能体现出自己的人生价值。孔子曰：人三十而立，四十而不惑。我是进入不惑之年来到人民大道小学任校长的。既然来了，就想干一番事业。在历史转型的关键时期，我自编了一个《少年儿童思想品德教育提纲》在全国出了名。选我进党校后出现了给官不做的故事，省市教育部领导知道后都鼓励我，朝着专业的方向发展。但也有一些主管领导出于对我的关爱，动员我从政做官，都被我一一说服了。这时，宣传我、报道我的越来越多，头上的光环越来越多。特别是《党的生活》提出要学习姚文俊精神，使我不敢接受。这时我更加自律，头脑更加清醒，更能一分为二地认识自己。到后来，两次手术、一次车祸都没有终止我对小学教育的执著追求，依然以拼搏的精神对待自己的人生。

二、勤学，博采，善思，创新，敢为天下先，是我走向成功的第二个原因。

1. 由于我是先天的文化底蕴不足，基础理论与专业知识欠缺，要改变那种能干不能说，能说不能写的局面，必须勤学习，博采众家之长。我当校长是有家不归，好夜里读书的人。尽管这样，还不能适应发展的需要，于是我就向领导提出进修学习的意愿。由于领导都知道我要终身从事小学教育事业，因此都很支持。省教委特批我攻读大专，教育部邀我参加中央教育学院小学教育研究班，华南师范大学破格吸收我参加高级教育研究班攻读硕士课程。

2. 博采众家之长，我有优越条件。我是全国小学管理委员会理事长，全国各地的名牌学校大都是我会成员，走出去学习，请进来指导都很方便。国内除西藏，我都去考察过、讲过学；国外我考察了 17 个国家和地区，日本，英国我都去过两次。这些丰富的教育资源都给我成长、成熟、成名、成家创造了条件。

3. 多年来，我养成了前思后想的习惯，特别注重反思，我认为反思是财富。失败是成功之母。一个人的胆识大小和注重不注重善思有关。有胆无识——盲干；有识无胆——畏缩不前；有胆有识——成功；胆识过人——成就大事业。我这个人看不准不干，看准了才干，干就干出个样子。工作我不搞拼盘，追求独创。我办事宗旨："管有主见、办有特色"。如"小学德育三部曲"、"主体性发展实验研究"和"以人为本校本培训"都是在敢为天下先的思想指导下取得成功的。

三、坚持以人为本，学会借助外脑，充分利用外部资源是我成功的第三个原因。

校长应把主要精力花费在用人上。学校与企业不同，企业的一切人员所从事的一切活动都是为了产品的质量，核心是物；学校的一切人员所从事的一切活动都是为了学生的发展，核心是人。但校长育人与教师育人不一样。用公式表现，教师育人是人——人，校长育人是人——人——人。中间这个人就是教职工和家长。因此，校长要把主要精力花费在了解人、研究人、知人善任上。通过组织以校长为核心的管理育人队伍，以教师为主体的教书育人队伍，以职工为主力的服务育人队伍及以父母为代表的环境育人队伍，来实现育人的目标。

一个人的成长需要优越的外部环境，你要翻跟头得有人给你搭台子。加德纳的多元智能理论告诉我们，人的智能是多元的，但具体到一个人，智能是有长有短的，人无完人。校长是一个领导者、教育者、管理者、经营者的结合体，是一个综合性要求很高的岗位。要当好校长，办好学校，一个人的脑袋是不够用的，必须学会借助外脑，充分利用外部资源。比如：要有"用人不疑"的官员来支持与指导，有名师、恩师来引领，要有"士为知己者死"的贴心朋友相助，还要有智囊团帮助对重大问题的决策。

难忘三次接见　缅怀伟人风范

小平同志与世长辞了，一位时代巨星陨落了，一位对中国乃至世界都有着巨大影响力的伟人匆匆而去了……几天来，全国各族人民都在通过各种形式沉痛悼念这位举世伟人，浸泡在泪水的海洋之中。我作为一个曾受过小平同志三次亲切接见的普通小学校长，更是悲痛万分，不由忆起了接见情境，越发怀念他老人家。

1985 年 5 月，中共中央在北京京西宾馆隆重召开了全国教育工作会议，我作为为数极少的小学教育的代表应邀参加了这次盛会。当时小平同志已81 岁高龄，他怀着对教育工作的极大重视，出席会议并作了重要讲话。5 月19 日下午 2 时，他神采奕奕、满面红光、精神饱满地步入会场，全体代表起立，会场响起雷鸣般的掌声。他讲的第一句话是："今天，我来参加这个会议，主要是表示对教育工作的支持，并且向你们，向全国教育工作者表示慰问。"这时会场又一次掌声雷动，特别是在他讲到"忽视教育的领导者是缺乏远见的不成熟的领导者，就领导不了现代化，各级领导要像抓经济工作那样抓好教育工作"。各级党委和政府对教育工作不仅要抓，并且要抓紧、抓好，严格要求，少讲空话，多干实事，"什么叫领导，领导就是服务，前几年，我曾说过，愿意给教育、科技部门的同志当后勤部长"。之后，会场处于一片沉思之中，他那政治家的远见卓识、共产党人的求实风范，使与会代表人人敬佩，并下定决心要把中国的教育搞好。正是这次会议，揭开了我国教育体制改革的序幕。回校后，借着这次大会的春风，在人民大道小学率先实行了校长负责制，实现了指挥灵、信息通、效率高的管理效果，有力地促进了教育教学质量的提高，使人民大道小学成为中国名校之一。

1987年我当选为中共十三大代表，当年10月份出席了在北京召开的全国代表大会。开幕那天，邓小平同志作为主席团的主要成员在主席台前排就座并亲自主持了党的十三大的开幕式。我记得有这么一件事，会议进行中间，小平同志习惯地燃了一支香烟，有一位代表出于对他的关心，写了个条子经工作人员传递给他，劝他保重身体，不要吸烟。小平同志看了看，笑了笑，马上熄灭了烟火。当时我一下子被这一举动打动了：一个世纪伟人，他日理万机，呕心沥血，日日夜夜为社会主义事业而忙碌操劳着；作为一名普通的代表，用一种最朴素最诚心的方式，关心着他的健康。这反映了领袖与群众之间多么亲密的鱼水之情啊！小平同志处处以普通一员的身份，出现在群众之中，这正反映了一位伟大领袖多么平易近人的道德风范啊！

1992年10月，中国共产党在北京召开了第十四次全国代表大会，我又一次作为正式代表出席了大会。开会那天，我瞪大了眼睛，朝着主席台望去，但怎么也看不到小平同志的身影。他说他已经退下来了，不再出席会议了。但代表们一致强烈要求小平同志能见见大家。代表们热切地盼望着，终于等来了……就在十四届一中全会闭幕后，小平同志和新当选的中央第三代领导集体一同出现在大家面前，两千多名代表望着这位世纪伟人熟悉的身影，整个大厅掌声雷动。激动得热泪盈眶的我站在接见合影台阶的上方，目不转睛地向远方眺望，不知哪位代表喊了一声"小平同志来了"，紧接着"小平同志，您好"的欢呼声和掌声汇合在一起，那种感人场面激动得人人热泪盈眶。我多么想留下这一珍贵的场面啊！于是急忙打开相机连续抢拍了几张激动人心的照片。接见高潮过后，我的心情一直不能平静，一心想到近处再看看他老人家的音容笑貌，于是我又抢先走近中央领导，抢拍了一张我一生中最后一次亲眼看到的邓小平同志的照片。现在，小平同志与世长辞了，我情不自禁地、一遍又一遍地翻看那张珍藏的相片，思绪万千地回忆起当时他老人家接见时的情境，我思绪飞扬着，感情奔涌着，泪水禁不住夺眶而出……

　　三次终生难忘的接见，它时刻都在激励着我，鞭策着我前进，促使我不断地成长、成熟。他老人家虽然与世长辞了，但他的英灵永远在我们身边，他的思想永远是我们的精神支柱，他创立的建设有中国特色社会主义的理论和革命事业将永远是我们的追求。悼念小平同志最好的方式就是继承他的遗志，立足本职，把党交给自己的事情做好。我决心化悲痛为力量，为我国小学教育事业献出自己的毕生精力。

（1997 年 2 月 24 日）

芳心向春尽

我永远不会忘记 3 月 12 日这个悲怆而沉痛的日子，因为这一天在东方的一片古老而闻名于世的大地上，一个杰出而伟大的生命，我心中最敬爱最敬佩的王震同志急遽地离去了，正如人们评论历史上任何一位伟人一样，王老在世人眼中无疑也是一座伟岸的丰碑。虽然岁月易流逝，世事可更迭，但他那种为党为人民的事业而兢兢业业、呕心沥血的革命精神，光明磊落无私无畏的高尚品德，平易近人豁达大气的伟人风范，却永远留在全国人民心中。

我与王老算不上很熟识，但我曾多次聆听过他老人家的教诲，应他的约请到家中做客，在人民大会堂与我单独合影留念，特别是我在北京养病期间，他身边的工作人员多次对我关怀、照顾。每每想起这些往事就有万千感慨，心情久久不能自抑。

今日忆王老二三事，以示我对他老人家最诚挚的怀念。

一本珍贵的聘书

1986 年秋的一天，我一进办公室看到桌上放着国家教委寄来的一封信，拆开一看，是一本精装的印着两个金字的聘书，一时有点发愣，打开聘书仔细一看，上面写着："兹聘请姚文俊同志为中华人民共和国中小学幼儿教师奖励基金会理事。"署名"王震"。这时我心潮翻滚，情不自禁："我这个普通小学校长能受到王震同志如此信任，真是莫大幸福和无上光荣。"接着我又把基金会的章程及理事名单认真地看了一遍，才知道组成理事会的 57 名理事是由国家教委、中国教育学会、全国人大教科文卫委员会协商提名，经李鹏、王震、万里、胡启立等同志圈阅同意，从国家教委、全国人大教科文卫委员会、各省市主管教育的负责人和全国知名教师中产生的。我深知这不仅仅是王老对我个人的关心和信任，而且体现他老人家对全国各地第一线教师的无比信赖和亲切的关怀。从此后，这聘书成了激励我为小学教育事业奋斗终生的力量源泉。1987 年 2 月 17 日，我出席了在北京召开的第一次中国中小学幼儿教师奖励基金会理事会。王震理事长在开幕词中着重强调对中小学生进行爱国主义教育的问题，他指出：所有教师都要向学生进行爱国主义教育，既要教书，又要育人，把学生培养成热爱中华民族、热爱社会主义祖国，有理想、有道德、有文化、守纪律的"四有"人才。他老人家的教导我记在了心头。回到学校后，我一面向全校师生传达王老的批示，另一方面在全校德育中坚持"爱祖国要从爱家乡做起"，组织开展了"爱家乡做主人"的系列教育活动。1988 年学校被评为"全国德育先进校"，我也荣获"全国思想政治工作创新奖"特等奖。每次领奖回来，我都把奖励证书与聘书放在一起，因为是王震理事长的聘书激励着我前进。

一次亲切的接待

1987 年，王老建议："各省、自治区、直辖市可以成立独立的教师奖励基金会，自行筹集资金、自行奖励教师，以推动各地发展基础教育"。我当时想：河南就我这一个理事，我必须尽快把王老的批示传达给省市领导。当我回到市里向主管教育的市长汇报后，并提出了安阳能否在全国中等城市带头率先成立中小学幼儿教师奖励基金会的建议，这位市长思索了一下，果断地说："你的主意出得好，我也像王老'要官'那样，明天就请示市委，如果同意成立，我当理事长，你也协助我干。"几天后，市委同意成立安阳市中小学幼儿教师奖励基金会。我觉得这件事做好了对全国中等城市是个影响，于是就向基金会秘书处韩云昌处长作了汇报，并提出想让王老为安阳市中小学幼儿教师奖励基金会题个词。韩云昌同志随即向秘书处的领导同志进行了汇报，秘书处领导对这件事很重视，决定特邀安阳市委书记孟祥锡、副市长岳同生参加在北京召开的第二届理事会。会上，王老听到安阳成立奖励基金会的消息非常高兴，大会之后又单独接见了安阳的党政领导，听取了成立基金会的情况汇报，并欣然同意为安阳市中小学幼儿教师奖励基金会题词。第二天下午，我们接到王老办公室的通知，晚7点王老在家接见岳副市长和我。于是我们提前吃饭，及早做好前往王老家的准备。当汽车行驶在古城难以通过的狭窄的小道上时，我心里想德高望重的国家副主席怎么住在这么狭窄的小胡同里？汽车到了王老家门口，我走下车来一看，周围都是民房，王老就住在人民群众之中。刚走进那既普通又平常的院子，工作人员就迎上来和蔼地说："请进来吧，王老正在里面等着你们啦！"我们轻轻地走进客厅，就听到一个熟悉的声音："是安阳的同志吧？"我快步上前紧紧握住他老人家的两手，在模糊的泪光中向他问好。王老一再示意让我们坐下，并微笑着询问安阳的经济建设、教育发展等情况，还问及我的工作和学习等。当听到人民大道小学是全国第一家编写《德育提纲》的消息，他高兴地说："你们做了一件大事，中国的各项改革都需要这种勇于探索的精神，希望你们能很好地总结经验。"接着他又语重心长地说："我从小家境贫寒，没有条件读书，今天有了条件，我们这一代也老了，现在的问题是如何教育好我们的子孙后代。中小学幼儿教师不为名、不为利，甘做人梯，默默奉献，真是劳苦功高，应当受人尊敬。但现在他们工作很辛苦，工资又不高，我们一定要提倡尊师重教的风气，努力把中小学幼儿教师奖励基金会的工作做好。你们安阳成立中小学幼儿教师奖励基金会为全国中等城市带了个好头，我给你们写了几句话，表示对你们工作的支持。"说着他就叫工作人员把已题好的词拿到我们面前，并兴致勃勃地一边读一边说明题词的含义。当聆听了王老的又一次教诲后，我们俩异口同声地说："我们代表全市教师感谢您，代表全市父老乡亲祝您老人家健康长寿！回去后一定把安阳的教育工作做好。"时光在慢慢流逝，不觉已是暮色苍苍，我们只好依依不舍地与王老告别了。

在返程的车上，王老那尊师重教的光辉形象不时浮现在我的眼前。自从他自告奋勇兼任中小学幼儿教师奖励基金会理事长后，不顾体弱多病，政务繁忙，为了关心我们中小学幼儿教师四处奔走，到处呼吁，费尽了心血，他怎能不受到全国教师的敬仰！他真是一位为中国教育改革和发展做出巨大贡献的尊师重教的光辉典范。

一张难忘的合影

1991 年初，我因病在王老身边工作人员的关怀下住进了北京医院。4 月 7 日我带病参加了在人民大会堂召开的基金会第五次理事会，想再次聆听王老的教诲。会议刚开始，王老身边的工作人员告诉我："王老听说你带病到会，他要在会议结束后见见你，与你合影留念。"我当时激动得不知道说什么好，只是盼着大会早点结束与王老单独合影的这一时刻马上到来。会议刚结束，王老身边的工作人员就把我带到王老面前，我上前紧紧握住王老的手，激动地说："谢谢！谢谢您对我的关怀。"这时其他老师也上来要求与王老合影。结果不仅我的愿望实现了，其他同志也如愿以偿，获得了一张珍贵的纪念照。合影后，王老在我的搀扶下一边走一边询问安阳基金会的情况和我的病情。回医院后，我激动得彻夜难眠，医院我再也待不下了，于是我决定提前出院，重返教坛。但数月后，我的病又复发了，只好重返北京，在王老身边工作人员的关照下再次住进北京口腔医院。在我住院期间，听说王老在三〇一医院养病，他身边的工作人员每来看我一次，我都询问王老的病情。后来我得知王老身体恢复较好并要到南方疗养的消息感到非常高兴，并想通过工作人员请王老给我题个词以激励我奋进。工作人员答应在王老方便的时候满足我这个要求。但万万没有想到我正等候佳音的时刻，却传来了王老与世长辞的噩耗，似晴天一声霹雳，使我失去了一个"正常的我"。已是初春的夜晚，然而我却感到一阵阵寒意向周身袭来，直凉到心底。坐在灯下，看着那本聘书，那一张张与王老的合影，我不禁潸然泪下。王老啊，您为何这样匆忙地离我们而去？让我们从此再无法亲见您的音容笑貌，亲耳聆听您的教诲……

王老离我们而去了，可他将永远活在人民心中。我要永远牢记他老人家的教诲，"学做真人，教人求真"，把毕生精力倾注于我国小学教育事业上，以此来永远怀念我最尊敬最爱戴的尊师重教的光辉典范——王震同志。

（1993 年 6 月）

Part6
第六部分

附录

针对小学特点　探讨思想品德教育的新途径

在新的历史时期，怎样加强和改善学校的思想政治工作，需要研究一些问题，探索新的路子。

1979 年以来，我们根据小学教育的任务，针对学生的思想实际和年龄特点，在加强思想政治工作，培养学生德智体全面发展方面做了一些探讨，制订了一个《少年儿童思想品德教育提纲》（以下简称《提纲》）。这个提纲规定了思想品德教育的基本和要求，明确了教育目标和原则，加强了计划性和系统性，克服了思想政治工作软弱无力，缺乏针对性的现象。执行提纲两年来，学生的精神面貌发生了深刻的变化，教育质量有了显著的提高。实践证明，制定并实行《提纲》是对小学进行思想品德教育的一个有效途径。

制订《提纲》，规定思想品德教育的内容和要求

党的十一届三中全会以来，由于批判了"左"的思想影响，实现了党的工作重点转移，明确了学校工作以教学为中心，因而焕发了广大师长期被压抑的教与学的积极性。又由于高考制度的改革，给教学工作带来了较高的要求、较重的任务，影响所及，小学的学习空气也非常浓厚，这是好的。但是思想政治工作却有所放松。1978 年前后一个时期，在我们领导的指导思想上发生偏差，对思想政治工作的地位和作用，在认识上有所动摇，在工作方

法上感到老办法不能用，新办法不会用，硬办法不敢用，软办法不顶用。学校一度忽视了德育，出现了片面追求升学率的现象。许多师生加班加点抓分数、搞竞赛，认为智育是"硬"任务，德育是"软"任务，升学率不高有压力，学生品德不好不稀奇。有的领导也往往把考分作为衡量模范教师、先进集体、三好学生的唯一标准；有些学生一头钻进功课里，不想当干部，不愿参加文体活动和公益劳动；少数学生家长也错误地鼓励孩子："一天做会十道题，奖励铅笔和橡皮，考试得了前三名，又发奖金又光荣。"部分学生思想涣散，荣辱是非不分，纪律松弛，不热爱劳动。四年级一个学生看了电影《黑三角》后，就组织了个"九人特务队"，封有司令，编有代号，课堂上传纸条，说暗语，课下打同学，骂老师。期末考试，他们当中没有一个及格的。事实证明，不抓紧学生的思想品德教育，全面贯彻党的教育方针就是一句空话，学校就不可能为四化建设培养出可靠的后备力量。这是关系到党和国家命运的重大问题。

我校党支部对于新形势下出现的这些问题，进行了认真分析研究。认为，学校忽视德育的原因是多方面的，既有认识问题，也有一个工作途径问题。教学工作任务明确，文化知识学习的要求十分具体，而思想品德教育的任务比较抽象，内容不够系统，要求不够具体，检查也缺少明确的标准。因此，常常有人把思想品德教育当成"软"任务，说起来重要，忙起来不要。我们设想，如果思想品德教育也像各科教学那样，有大纲、有教材，有标准，有要求，有考核办法，执行起来有个章法，就可以减少盲目性，增加自觉性，就能够使思想品德教育也变成硬任务。经过征求有关部门的意见，学习外地经验，从 1979 年下半年开始，我们参考《全日制小学暂行工作条例》、《小学生守则》的要求，根据少年儿童特点，结合各科教学内容，编写了《少年儿童思想品德教育提纲》，规定了十项基本内容：1. 热爱共产党；2. 热爱祖国；3. 热爱人民；4. 热爱劳动；5. 勤奋学习；6. 有理想；7. 文明礼貌；8. 艰苦朴素；9. 遵守纪律；10. 诚实勇敢。《提纲》具体明确了每学年、每学期思想品德教育的任务、原则、内容、方法以及检查标准和时间安排等，并根据不同年级学生的特点，提出不同的要求，通过由浅入深、由易到难、循序渐进的方法对学生进行教育。如《提纲》规定每个学生在小学阶段要学会哪些独立生活的本领，会讲多个革命领袖和英雄人物的故事，会唱多少首少年儿童歌曲，学会多少项目的科学小制作等等。尽量把思想品德教育的内容具体化，使孩子们随着年龄和知识的增长，逐步接受比较系统的思想品德教育。

《提纲》的初稿提出后，我们先在部分班级试行并征求意见，同志们反映很好。他们说："有了提纲，思想品德教育有个遵循，我们也感到得力，办法也多了。"1980年春，根据实践中遇到的问题，一方面对《提纲》进行了修改充实，一方面又自编了一部分思想品德课教材。在此基础上，全校各个班级普遍实行《提纲》。班主任、各科教师和少先队辅导员，都把落实《提纲》看做自己的任务，像抓知识教学那样写计划，订措施，找资料，搞辅导，想方设法落实《提纲》中提出的要求。学校每学期根据《提纲》的内容要求，对各个班级进行检查考核，使《提纲》逐步变成学校进行思想品德教育的依据。在实现《提纲》内容要求的过程中，新的校风、校纪、校容逐渐形成。

执行《提纲》，总结和推广典型经验

开始执行《提纲》时，一部分同志有顾虑，担心抓了《提纲》会影响教学质量的提高。有人说："教学是中心，思想教育要领先，说起来清楚，做起来糊涂。"还有的同志对于如何把《提纲》的要求渗透到教学工作中去缺少经验。针对上述情况，我们深入到五（2）班，同该班班主任一起搞调查研究，一起了解分析学生的情况，一起探索总结经验，培养典型，以点带面，帮助大家解决思想认识问题和工作方法问题。

五（2）班近年来变化很大，两年前，还是学校比较后进的一个班级，但是由于他们认真贯彻《提纲》，加强了思想品德教育，终于变成了一个"德智体全面抓，学习上开红花"的先进集体。现在这个班学习成绩在全校名列前茅，全班100%升入中学，升入重点中学的占52%，体育达到教学大纲良好以上成绩的占79%，取得区、市广播操比赛总分第一名，并代表安阳市参加了全省的比赛，受到奖励，思想政治工作年年被评为学校和市的先进集体。这个班为什么能在较短时间内取得如此显著的成绩呢？总结他们的基本经验有三点。

一是寓《提纲》教育于教学之中。小学一至五年级语文课本中有二百来篇课文都是思想政治性强，教育意义大，对学生进行品德教育的好教材。班主任许老师讲解这些课文时，注意尽量把《提纲》的教育内容渗透进去。例如《提纲》在"热爱劳动"一项内容中对中年级学生提出要"懂得劳动没有高低贵贱之分，要热爱平凡的劳动，在劳动中要养成不怕脏、不怕累、服从分配、认真负责的态度；逐步学会做饭、洗衣、整理床铺、打扫房间；培养自己料理生活的能力。"许老师根据这一要求，针对这个班干部子女和独生子女较多，不少孩子娇生惯养，饭来张口，衣来伸手，不热爱劳动，不愿意当值日生等现象，联系《南泥湾》一课的教学，对学生进行艰苦朴素、热爱劳动的教育。许老师生动地向大家讲述了抗战时期边区军民面对内外反动派的严密封锁和极端艰苦条件，自力更生开展大生产运动，讲述了毛主席、周总理、朱总司令等老一辈革命家和群众同甘共苦，穿粗布、吃南瓜，同大家一起编粪筐、纺棉花、开荒种地，最后达到丰衣足食的动人事迹。然后意味深长地问大家："同学们，我们都是革命的后代，在我们班有没有不爱劳动、浪费粮食的现象？"平时做得差的同学脸一下子红了。老师接着亲切地说："目前我们国家底子还薄，有许许多多的困难，我们一定要继承和发扬南泥湾精神，用自己的实际行动向革命先辈学习。"同学们从中受到了一次深刻的教育。在老师带领下，全班同学主动回收废品，节约零钱，买来了脸盆、毛巾、肥皂，建立卫生角，此外还建立了图书角、工具箱、小银行、针线包。同学们自己动手修桌凳、缝补衣服、书包、钉纽扣，初步养成了勤俭、朴素、爱劳动的好习惯。

又如，在讲《十里长街送总理》一课时，预先给同学们讲了许多周总理的故事，组织学生课外阅读悼念周总理的文章，讲授课文时，许多同学被周总理的崇高思想品德感动得流下了眼泪，在思想政治教育和语文知识学习方面，都取得了较好的效果。

　　二是寓《提纲》教育于丰富多彩的活动之中。小学生活泼好动，兴趣广泛，他们模仿性强，可塑性大，富于幻想，只有把思想品德教育寓于各种活动之中，才能收到很好的效果。

　　原来这个班数学成绩比较差，三年级期末考试全班有 63％的同学不及格，学生对数学不感兴趣，课堂上不是做小动作就是打瞌睡。针对这种情况，班级组织"数学是打开知识宝库的金钥匙"的队会，班主任和数学老师事先教学生们制作一些简单的教具和模型，通过部分同学表演，把学好数学的广泛用途形象地反映出来，引起学生强烈的兴趣。老师还利用《提纲》中列举的科学家刻苦学习数学的故事，启发学生的学习积极性。为了培养学生的学习积极性，老师带领全班学生到工厂、农村、商店、基建工地调查数学在工业生产中的作用，孩子们通过对各处的访问，收集了各行各业都离不开数学的大量事例，懂得了处处有数学，各行各业有数学，要做一个有社会主义觉悟有文化的劳动者，必须从小学好数学的道理。通过这些有意义的活动，学生们逐渐对数学产生了浓厚的兴趣，班级成立了数学"兴趣小组"、"补课小组"、"互帮小组"，不少学生半年自做数学习题一千道以上，有的学生甚至变成了"数学迷"，后来这个班的学生数学都在 95 分以上。这个变化使大家看到了思想政治教育的重要作用。

　　又如在贯彻《提纲》第六项内容——理想教育的活动中，许老师发现孩子们虽然都有着美好的理想，想当这个"家"、那个"家"，但不懂得理想的实现全靠今天顽强刻苦学习，学习中一遇困难就灰心丧气。为了培养学生的坚强意志和顽强的学习毅力，她带领全班学生到市盲人按摩医院参观访问，请盲人医生给大家讲如何克服困难、刻苦学习的事迹，使大家又受到了一次深刻的教育。小彭同学是两次留级生，学习上"欠账"很多，失去了进步的信心。当他亲眼看到盲人医生以惊人的毅力顽强学习和工作时，他惭愧地流下了眼泪，主动找到老师说："过去我见到盲人就笑话人家，用石子砸他们，这是多么可耻和不道德的行为啊！我发育健全，还不如一个残疾人，今后我要向盲人叔叔学习，克服一切困难，学好各门功课。"此后，小彭在老师和同学们的热情帮助下，逐步树立了学习的信心，学习成绩不断上升，去年期末考试成绩达到了全班的中等水平,今年顺利地升入中学。

这个班还围绕学生的前途理想、学习目的,开展了"学领袖、爱英雄,争做三好学生"、"祖国前进我前进"、"为四化,从我做起"等活动,都从不同角度把《提纲》的教育内容渗透进去,收到较好的教育效果。

三是寓《提纲》教育于教师的言传身教之中。教师的一言一行都像无声的命令,对学生影响很大。贯彻《提纲》首先必须从教师做起。在这方面许多老师做得很出色。许老师已是三个孩子的母亲,家庭负担十分繁重,而且自己还患多种疾病,但是多年来她总是早来晚归,忘我地工作。特别是贯彻《提纲》以来,她更加严格地要求自己,事事处处以身作则,用自己的模范行为来感染和教育每一个孩子。在几年的班级工作中,她始终坚持了"三同"、"六带头",即与学生同受教育,同参加劳动,同上操游戏;带头尊老爱幼,带头不讲粗话,带头遵守纪律,带头爱护公物,带头值日打扫卫生,带头作自我批评。例如班里制订了干部轮流值日制度,她首先带头和值日生一起打扫室内外清洁卫生。对待班内每个学生,她都是既严格要求又体贴关怀,坚持做好耐心细致的思想工作,动之以情,晓之以理,导之以行。二年级同学小乔,生活作风像匹"野马",学习成绩全班倒数第二,有一次他口内生疮,发炎溃烂,央求妈妈到医院看看,妈妈说:"不要紧,死不了。"孩子难过地哭了。许老师发现,他家人口多,收入少,生活困难,对孩子关心不够。她便给孩子买药医治,经过细心调理,小乔的口疮好了。从此,这个学生觉得老师比亲人还亲,处处听老师的话。许老师还经常帮女同学洗头,梳辫子,给男同学补衣服、钉纽扣,给有病的同学送药做饭,给学习差的同学买本子、包书皮,晚上补课时间晚了,她亲自把学生送回家。这个班的同学都说:每当许老师来到我们中间,心里就有一种母爱的感觉,十分亲切,她说的我们都愿意听,愿意照着去做,因为老师已为我们树立了榜样。临近毕业了,孩子们舍不得离开自己的老师,有的还暗暗流下了眼泪,大家把平时储存起来的钱,买来了心爱的衣服,各自都写上自己美好的祝愿送给老师作留念。这种师生互爱的真挚情谊是十分感人的。五(2)班的生动事例,有力地说明了思想政治工作的重要性,提供了思想政治教育促进教学工作的经验，使大家深刻感到，运用《提纲》抓好思想品德教育，是培养学生德智体全面发展的有效途径。

在贯彻《提纲》过程中，我们既注意了密切结合学生的思想、学习、生活实际，每个阶段的基本要求不变，又根据形势变化的需要，不断赋予《提纲》以新的教育内容。今年 3 月份以后，我们开展了以"学雷锋、树新风"、"五讲四美"为主要内容的"队礼领先"活动，把文明礼貌教育具体化，形象化。凡是按照"五讲四美"内容，做了有益于人民，有益于集体的好事的同学，其他少先队员就列队向他致敬；凡见遵守"五讲四美"要求行为的人，少先队员就列队向他致敬；凡见违背"五讲四美"要求行为的人，少先队员就先向他敬队礼，然后去劝阻，讲道理；凡遇见长者、老师、对人民有贡献的人，队员们先敬队礼，然后再讲话。这个活动使"五讲四美"深深刻入每个孩子的心灵，推动了文明礼貌活动的深入展开。

为了进一步充实《提纲》内容中所需要的教材，我们就组织教师自己编写思想品德教育的教材，目前已基本成册的有《灵巧的手》、《名人科学家故事录》、《少年英雄事迹》等五册，初步解决了教材问题。

采取多种形式全面落实《提纲》

运用《提纲》进行思想品德教育，要适合小学生的特点，采取多种形式，组织丰富多彩的活动，增加知识性和趣味性，促使孩子们在思想、品德、知识、体力诸方面，能够主动地、生动活泼地得到发展。

1. 组织各种课外兴趣小组

我们按照《提纲》的要求，组织了科技小组、种植小组、美术小组、故事小组、红领巾幻灯队、体育队、文艺宣传队、各学科兴趣小组等，共吸收300 多名学生，加上各个班组自己的兴趣小组，有相当多的学生参加了活动，丰富了思想品德教育内容，对开发学生智力，培养学生能力，都起到很好的作用。这些兴趣小组，为学校培养出一批批小提琴手、小鼓号手、小歌手、数学迷、放映员、故事员、小画家。航模小组精心制作的航模，荣获全省航模比赛小学总分第一名。美术小组的部分作品参加了省、市美展，被

《河南日报》选登。文艺小组王曦同学的钢琴独奏选为中央电视台节目。1979年驻我市部队参加对越自卫反击战胜利归来,学校排练一组文艺节目,到部队组织五次专场演出,受到指战员热烈欢迎。

2. 开辟多种形式的活动阵地

我们在校内创办了少先队队室、荣誉室、科技活动室、美术绘画室、图书角、卫生角、小银行、针线包等,运用这些阵地来实现《提纲》的教育要求。在队室里,布置有"当年的红领巾,现在的红旗手"的挂图,介绍本校学生毕业后的成长事迹,还有在校学生中的先进集体、三好学生、各种标兵等事迹图片。同学们常在这里参观学习、举行入队仪式或队会,激发大家热爱祖国,走英雄成长的道路。荣誉室挂满了学校历年各方面荣获的奖旗奖状,凡是代表学校外出参加各项活动的,都要到这里参观学习往届毕业的大哥哥、大姐姐曾为校争得荣誉的先进事迹,增加大家的集体荣誉感。在校外,我们搞"红领巾利民点"、"服务站",定时间、定地点、定内容、定人员开展活动,培养学生从小为人民服务的品质。

3. 按季节和节日开展传统性教育活动

《提纲》根据四季变化和节日,制订季节、节日活动表,学校按表安排活动。春季里,举行"可爱的祖国"远足活动,充分利用我们安阳市的有利条件,组织小学生参观汤阴岳飞庙、殷墟、博物馆、文峰塔等名胜古迹,进行爱国主义教育和革命传统教育。夏季里,举办夏令营,开展"夏令营之花"活动。每逢"五一""六一""七一""十一"都有针对性地对学生进行"五爱"教育。我们结合《提纲》中教学知识技能方面的要求,开展一年一度的"我们爱科学"活动,结合《小学生守则》中的尊敬师长,开展为教师"庆教龄"活动等等。

4. 建立切实可行的制度,培养符合《提纲》要求的行为和习惯

思想品德教育要把接受知识和实际行动结合起来,努力促使少年儿童把正确的思想品德观念转化为相应的行为习惯。既要让学生懂得为什么必须这样做,又要制订切实可行的制度,在反复实践中把正确的行动变成学生的良好习惯,依靠集体的力量对学生进行教育。学校建立了"中队值日"、"责任

执勤"、"文明礼貌监督岗"、"升旗集会"等制度，有计划地开展各项活动。在开展社会服务活动中，同学们把《提纲》中规定的 27 个字的礼貌用语和 10 个尊称都用上了。我们把学生在学校的一些基本活动编成儿歌，简短易记，便于对照。如上课要"铃声一响，快进课堂。学习用品，预放桌上。腰杆挺直，坐有坐相。开动脑筋，发言响亮……"这样，使全体学生都按照制度要求，把语言和行动相结合，反复讲，反复练，知道应该做什么，不该做什么，怎样做，什么时候做，一步一步，从点滴入手培养学生的良好行为和习惯。

为了确保《提纲》规定的内容得到贯彻，学校建立了思想品德教育评比考查小组，每学期都要通过听、看、查、问，对各个班组的思想品德教育进行评比考查，总结贯彻《提纲》的经验，及时表扬先进。评比的结果向全校公布，列为评选先进集体、模范教师、三好学生的条件。

由于我们运用《思想品德教育提纲》，有目标有计划地对少年儿童进行思想政治工作，坚持不懈，持之以恒，在小学生中培养了共产主义道德情操，逐渐形成了优良的学风和良好的行为习惯。在校做个好学生，在家做个好孩子，在社会上做个好儿童，已经成为全校学生的行动准则。学校出现了刻苦学习，关心集体，团结友爱，助人为乐，讲礼貌、讲道德、讲秩序，人人争当"三好"学生的新局面。两年来，涌现出"三好"学生 900 多人，毕业生经过升学考试，全部升入中学。体育、卫生等方面也取得了很好的成绩。这次我校参加了全国和省的学校思想政治工作会议，这对我们是鼓励，也是鞭策。我们深深感到，虽然我们做了一些工作，但做得还很不够，还存在一些薄弱环节和问题，距离党和人民的要求相差很远。我们决心在现在的基础上，进一步充实完善《提纲》内容，改进工作方法，提高教育效果，为培养更多更好的德智体全面发展的新一代，作出新的贡献。

军民共建文明校
齐心协力育新苗

学生的思想品德教育工作，不仅学校党、政、工、团要抓要管，还必须取得社会各种力量的支持和配合。1980年以来，我们与驻军某部炮团十一连携手共同建设文明学校，坚持用共产主义育人，共同订规划，找措施，抓活动，摸规律，经过四年来的齐心协力，学生的精神面貌发生了深刻变化，学校出现了"德智体全面抓、学习上开红花"的局面。学校先后被省政府、团中央、教育部、全国教育工会和全国儿童少年工作协调委员会授予"文明学校"、"红花集体"、"全国儿童少年工作先进集体"和"全国五讲四美为人师表先进集体"等光荣称号。十一连也在共建活动中促进了自身的建设，多次受到师、军和武汉军区的表彰，并被授予"先进连队"的光荣称号。这真是"共建一个文明校，开出两朵文明花"。去年，解放军总政、武汉军区、河南省委、省政府的主要领导同志先后来到学校，对军民共建活动所取得的可喜成绩给予高度评价，并亲笔题词："军民共建好。"

一、统一思想认识，坚持正确途径

1980年春，正当"当雷锋、树新风"活动蓬勃开展的时候，炮团十一连的干部战士扛着铁锹，拿着扫帚，带着木工和理发工具等来到学校做好事。战士们说："去年的今天，我们战士在越南战场，为消灭侵略者，保卫祖国贡献自己的力量，今年的今天我们要为教育好后代作出应有的贡献。"

解放军的行动在师生中引起了广泛的反响，有的要求与部队挂钩定点、结成友谊单位，使学雷锋、树新风活动经常化，制度化，但也有同志认为，学校的中心任务是教学，与部队挂钩搞活动占时间，费精力，影响下一步教学秩序。有的感到思想教育抓不抓没关系，升学率不高有压力。还有的认为，隔行如隔山，解放军不一定懂教育，如果把部队一整套做法搬进学校弄不好还会给我们这个重点学校帮倒忙。上述不同反映说明了在办学指导思想上还不够统一，也反映出对教育工作的社会性和对学校、社会、家庭教育的一致性认识不足。于是我们就组织领导骨干和教师对学校教育工作的主要任务及部队与学校挂钩能否相得益彰等问题进行了讨论。同志们运用教育理论、联系学校实际，通过具体分析，认识到：学校既是文化建设阵地，又是思想建设阵地，肩负着培养有理想、有道德、有文化、守纪律的一代新人的重任，但教育任务的实现必须由学校、社会、家庭等多方面的紧密配合共同努力。部队是一支强大的社会力量。解放军是最可爱的人。英雄的形象早已铭记在孩子们的心中，向解放军学习、致敬已成为师生共同行动的口号。解放军是对学生进行思想品德教育的好榜样。学校与部队挂钩是培养和造就一代新人的好途径、好形式、好办法。在此基础上，我们向十一连提出结成友谊单位的要求。十一连的干部感到与学校结成友谊单位，不仅满足了战士的要求，并且连队有了接触社会的桥梁，找到了学雷锋、树新风的阵地，对连队正规化建设将起到推动作用，于是答应了我们的要求。两个工作性质不同，过去素无往来的单位，在社会主义精神文明建设中携手挂钩、结成了友谊单位。为使共建活动逐步走上经常化、制度化、阵地化，双方都在实践中积极努力，勇于探讨。

二、开展"共建"活动，培养一代新人

用共产主义思想培养和造就德、智、体全面发展的一代新人，是学校一切工作的出发点和归宿。共建文明学校的活动，也必须围绕这个重点，突出共产主义思想教育这个核心来进行。几年来，我们的共建活动，主要围绕以下四个方面来进行：

（一）对学生进行共产主义理想教育

　　教育学生明确学习目的，树立革命理想是学校教育的重要内容之一。但由于小学生的心理活动，正处在具体思维向抽象思维过渡并以具体思维为主的阶段，学生的实践活动往往与革命理想联系不起来。因此，必须从感性教育入手，通过各种活动，由具体、生动、典型的人和事来激励他们树立革命到理想。如去年春季，我们开展了"寻找共产主义思想之花，让它在我身上闪光"的活动，通过书中寻（读书、讲故事）、社会查（与全国各地英雄、模范通信）、身边找（组织"大红花"与"小红花"会面）、建立"闪光薄"、制作"英雄卡"（收集无产阶级革命家、军事家、科学家及英模人物的事迹、名言、佳句、豪言壮语，制作图文并茂的图片集锦）等途径，让学生在实践活动中受到共产主义思想教育，知道老一辈无产阶级革命家、优秀共产党员、战斗英雄、劳动模范都是有革命理想的人，懂得要实现革命理想必须像他们那样，勤奋学习，刻苦锻炼。为配合这个教育活动，十一连向学生赠送了《革命领袖的故事》、《扬起理想的风帆》等185册图书，派出了十几名辅导员与师生一起搞调查，剪资料，制作"闪光薄"、"英雄卡"等，并在队室里布置起了"当年学校的红领巾，现在四化建设中的红旗手"和"现在的红领巾，将来的红旗手"等进行革命理想教育的板面，组织学生参观学习。原二排长孙鲁民同志，为给学生讲好"三史"（共产党的光辉史、解放军的战斗史、工人阶级创业史），精心选材，认真备课，每一课都讲得生动有趣，学生深受教育。还有的和教师一起组织学生开展了"谈理想，见行动"活动，举行了"祖国前进，我前进"、"奔向 2000 年"等主题班队会，孩子们用诗一般的语言描绘了祖国的前景、自己的前途，用钢铁般的誓言表达了为祖国建设而勤奋学习的决心。

　　（二）对学生进行热爱祖国的教育

　　近几年随着我国对外政策的开放，扩大同世界各国物质、文化的交流，资本主义国家的一些腐朽的东西也渗透进来。一些孩子受到"中国不如外国"的思想影响，有的学生说"中国不好，汽车少，楼房低，美国好，香港富，那里过着天堂一样的生活"。因此，我们认为当前应突出对学生进行"热爱社会主义祖国"的教育。在共同研究制订爱国主义教育意见时，部队同志提出了两种教育途径。一是让中越自卫反击战中的英雄给师生作报告，讲自己是如何"胸怀爱国一颗心，战场英勇杀敌人"的事迹。激励学生的爱国主义思想。二是为使学生懂得热爱祖国应从热爱家乡做起，组织考察家乡的历史、自然和现实活动。在这两个活动中，十一连在人力、物力上给予了大力的支援。他们通过部队领导，选派组织的"英雄报告团"与师生见面了。暑假期间，又派了五名辅导员与师生们一起开展了考察家乡的活动，先后考察了殷墟、西门豹治邺、文峰塔、岳飞庙、英烈村、岳城水库等，调查了附近的一些工厂、街道、生产队和家庭 32 年的变化。1981 年暑假在考察家乡的活动中，他们还和我们共同举办了"英雄的土地上"夏令营。开营前，十一连派来了五名辅导员帮助选择营地，察看地形。开营那天，部队还派了两辆汽车，拉着十一连支援的 40 斤大米、100 多斤蔬菜、200 多斤木柴，和我们一同参加活动。活动时，炊事班的同志破土建灶，淘米洗菜，为师生做饭。当可口的饭菜送到孩子们面前，学生们一面吃，一面说："解放军叔叔，您是我们最可爱的人，长大了一定像您那样全心全意为人民服务。"回校后，我们举办了"家乡考察展览会"，同学把得到的矿物、生物标本、照片、绘制的各种图片，记录、摘抄、复制的数据、诗词和碑文，编写的赞美家乡的作文、日记、诗句、儿歌等陈列出来供师生参观学习。另外，有的班还召开了"我的家乡多么美"、"我的家乡英雄多"、"社会主义光辉照我家"等主题班队会，大大激励了学生的爱国主义思想感情，使学生进一步认识到社会主义制度的优越性。如五年级一个学生，在《家乡考察有感》一文中写道："新旧安阳一对比，我们现在富多了。如果同美国比，我们的房子确实没有他们的高，马路没有他们的宽。但是我们相信经过努力奋斗，我国一定比外国好得多。"在热爱祖国这个主题教育中，由于部队支持和紧密配合，我校被评为"安阳市夏令营之花"、"少先队优秀大队"，受到团市委、团省委的表彰。

（三）对学生进行共产主义道德品质教育

为了探讨新时期少年儿童思想品德教育的正确途径，从 1979 年冬开始，我们自编了一个《少年儿童思想品德教育提纲》，明确了思想品德教育的基本任务、内容和原则，以及方法途径和时间安排。十一连与我们挂钩时，我校对少年思想品德教育正处在"提纲教育"全面铺开的阶段。学校一方面急需要建立一支兼职辅导员队伍，加强各班教育活动的具体指导，另一方面需要为孩子们开辟更多的教育活动阵地。于是十一连的同志就和我们一起出主意，想办法，使提纲教育得到了全面落实。第一，他们选派了思想先进、学习刻苦、作风过硬的干部战士，担任少先队兼职辅导员。这些干部战士每周步行五六里，定时间、定班级地参加各种教育活动。第二，在十一连人力物力的支持下，我们在校内为学生开辟了荣誉室、队室、展览室、文艺活动室、科技制作室等10个活动阵地，组织了航模、无线电、书法、绘画、鼓号、乐器等15个课外兴趣小组。这样不仅丰富了思想品德教育的内容，而且发展了学生的个性，培养了能力。航模小组精心制作的航模荣获全省小学总分第一名，乐器小组王曦同学的钢琴独奏被中央电视台录了像，并升入湖北艺术学院附中。美术小组的部分作品被《河南日报》选登，学生卢超创作的美术作品《梅花鹿》被国家有关部门选送到日本、法国展出。学校田径队连续五年获安阳市小学田径运动会和冬季环城长跑比赛的总分第一名，学校被定为河南省传统项目重点学校。第三，他们把连队作为教育学生的校外阵地，定期把学生带到部队，让他们过"一日军人生活"，参观操炮表演，内务卫生，紧急集合，队列训练，站岗放哨，打背包等。然后组织学生亲自实践，培养学生的组织纪律性。通过解放军的教育和训练，学生中讲道理，讲礼貌，讲秩序，讲纪律，讲卫生蔚然成风。全校2000余名师生集合站队，不用5分钟就能做到快、静、齐。自习课不用老师辅导孩子们都能认真地读书、写作业。学生每天到校不用督促就能自觉地到自己岗位上抹桌、洒水、扫地、擦玻璃，在街上见到老师能够行礼、问好，家里来了客人也知道主动让座、倒茶、热情接待。

针对学校一些后进生缺乏信心，得不到老师关怀的问题，十一连的同志发现这个问题后，提交共建领导小组讨论解决并提出具体的建议。学校党支部采纳他们的意见，把转变"后进学生"作为教师"五讲四美、为人师表"活动的一项重要内容，提出了"要热爱后进学生"的口号，在教师中开展了

"五要五不要，做到三个一"的教育活动。即：要面向全体学生，不要只抓少数"尖子"；要全面关心学生成长，不要只重视智育轻视德育和体育；要亲近尊重学生，不要用简单粗暴的态度责罚学生；要多做调查研究，不要主观武断处理问题；要既做学生的老师，又做学生的朋友，不要孤立讽刺挖苦学生。要和一个后进学生交朋友；要调查分析一个学生的发展变化；要为学生办一些好事。十一连五名辅导员带头和十个后进学生交上了朋友。他们深入家访，了解分析家庭教育对孩子的影响；深入学生中座谈，了解差生什么时候在什么问题上掉了队；与教师交谈，了解学校都采用过什么办法对其进行教育，效果如何。在情况明了的基础上，他们抱着就是一块石头也要把它暖热的决心，开始了具体帮教活动。如后进学生中有"杜家二兄弟"，老大是五年级学生，在班里组织一帮人，故意给老师作对，不是扰乱课堂纪律，就是无故旷课、作业经常不做，严重影响着集体的荣誉。去年初，他带领同班四个学生扒火车前往少林寺想学拳练武，结果学校、家长、公安局一齐出动，寻找了一夜才把他们找回家。老二是四年级的学生，全班 64 人他一学期就打了 33 人。十一连的肖指导员、徐排长首先与他们兄弟交上了朋友，一腔热血倾注到他们的身上，给他们讲领袖、英雄、名人、科学家的故事；赠书、买学习用品；一起参加有益活动等。这些努力使他们有了明显转变。老大已跃入先进行列，走上了品学兼优的道路，毕业时以优秀成绩考入重点中学。老二成为学习张海迪大姐姐的积极分子，学习成绩由原来的不及格上升到 80 多分。其他 8 名同学也都有了不同程度的进步。"六一"节前夕，我们为鼓励这些孩子继续前进，共同召开了"知心朋友座谈会"。学校买来了糖果和瓜子，请来了部分家长参加。会上，战士和同学们都热情洋溢地发了言，如五（2）班王小刚说："原来我失去了前进的信心，觉得混到毕业算了，可是解放军叔叔一次又一次地买书籍、讲故事、谈缺点、提希望，使我很受感动，现在我们这些同学改掉了缺点，学习成绩也上来了，老师和同学们也喜欢我们了，今后，我们要像上楼梯一样一层一层步步登高"。

（四）对学生进行革命传统教育

解放军是一个具有光荣革命传统的部队。十一连进学校就把这种作风带进来。他们一方面针对学生中独生子女多，比吃比穿不艰苦的现象越来越严重等情况，向学生讲述了红军长征，毛泽东、周总理等老一辈无产阶级革命家艰苦奋斗的故事，教育学生从小继承革命传统，养成艰苦奋斗的好作风。另一方面，他们身体力行帮助改变校风、校容、校纪。几年来他们参加学校各种义务劳动、教育活动达 1500 多人次，平整、修建、硬化操场路面 2000 多平方米，植树、浇树、种花 2150 余棵，油漆门窗 100 多间，给学生理发、治病 200 多次，为学校节约开销 5000 余元，使我校卫生工作和绿化工作年年被评为省、市先进单位。在解放军的影响下，学生中也出现了艰苦奋斗、自力更生的可喜现象。各班在老师的辅导下，成立了维修组、小银行，设立了"节约箱"、"针线包"、"英雄角"、"图书角"、"卫生角"，开展了少先队家务活动。孩子们利用课余时间，收废品，节约零钱买来了脸盆、毛巾、痰盂、梳子、镜子等放在卫生角里，供全班同学洗手、洗脸、整容使用。据不完全统计，学生中成立学雷锋小组 120 个，利民点 36 个，维修小队 24 个，小银行 21 个，针线包 500 个，图书角 25 个，卫生角 31 个，拾金不昧的达 5000 多人次，回收废品收入 800 多元。

三、不断探讨规律，携手并肩前进

我们和十一连共建文明学校的活动，经历了一个由感性到理性的认识过程。活动开始阶段，干部战士到校主要是打扫卫生，种树种花，修理门窗等。我们也是一般号召师生向解放军学习。经过一段实践后，我们感到：共建不是包建，应该有两个积极性；共建也不是一厢情愿，应该有两个主动性；在内容上也不只是讲讲礼貌、扫扫街道、种种花草，而应该把用共产主义思想培育一代新人作为共建文明学校活动的出发点和归宿。于是我们在共建文明学校的活动中坚持以下三个原则：

（一）坚持了以学校领导为主，以共产主义思想教育为主，以培养教育学生为主的原则

共建点是学校，共建活动的主体对象是学生。对学生进行教育的内容很广泛，但必须以共产主义思想教育为核心。因此，几年来，我们坚持了共建领导小组的组长由学校领导担任。共建活动的规划由学校先拟出意见，双方

共同研究决定后按分工去办。教育活动的开展，以学生为主体，教师为主导，部队同志出主意，想办法进行具体指导。工作中部队同志把听到的群众意见和建议及时向学校领导反映，不自行其是随意处理问题。由于在共建活动中我们坚持了"三为主"的原则，学校与部队之间做到了思想统一，组织统一，行动统一。

（二）坚持了互为教育阵地，相得益彰的原则

几年来，学校为了精心培养下一代，把解放军驻地当成了校外教育阵地，部队也把学校作为加强自身建设的政治营养基地和培养两用人才的有利条件。部队经常组织干部战士到学校参观各种教育阵地，观摩教师的讲课和基本功演示，请学校领导、教师、学生到部队作报告，以促进部队建设。共建出现了领导与领导、教师与战士之间互相学习，互相帮助，亲如一家的局面。

新时期部队建设需要培养军地两用人才，战士们渴求一定的专业技术知识，以便将来回地方使用。学校教师就急部队所急，想部队所想，为了培养两用人才，教导主任付景星和教研组长王守荣带领 8 名有专长的教师到部队担任义务文化教员。根据战士们的实际文化程度和爱好，开设了数学、无线电、摄影、写作、绘画、音乐等六个班，做到了教学有计划，讲课有教案，作业有布置有批改。为了解决教材问题，学校送给连队 100 多本书，保证人人有课本。为了掌握干部战士的学习情况，还专门建立了学习登记表。为了保证学习时间的落实，他们不管寒冬炎暑，风雨无阻地坚持每周五晚上到部队讲课，受到干部和战士的欢迎。在教师和战士们的共同努力下，三年来已有 7 名战士考入了军事院校，15 名退伍回农村的战士由于学有专长被地方录用。有 10 人利用在部队学习的专业知识办起了照相馆、无线电修理店等。现在由五个班已发展到全营。在音乐班学习的 19 名干部战士初步学会了简谱。绘画班的 29 名战士学会了美术字和简单的素描。摄影班的 52 名战士已初步掌握了一二〇照相机的使用。无线电班的 54 名战士已掌握一部分无线电基础知识，学会了安装简单线路的收音机。

（三）坚持了从少年儿童的年龄、心理特点出发，通过活动受教育的原

则

现在的小学生都是 7 至 12 岁的孩子，他们身体、心理、思想处于不成熟发展时期，对他们进行教育切忌成人化、社会化、形式化，必须针对特点，通过丰富多彩的活动来进行。几年来，我们除了坚持开展集中性、传统性、阵地性的思想教育活动外，还坚持了从大处着眼，从小处着手，围绕"勤奋学习、文明礼貌、热爱劳动、健康生活和讲究卫生"五大行为习惯向学生提出了一些符合共产主义道德规范的字少、名短、押韵、易记的要求，如《八十字学风》、《二十七个字礼貌用语》、《十个尊称》、《每天做到八件事》等。思想品德教育要实现知行统一，还必须通过一定的训练和经常的督促检验，才能把正确的道德观念转化为相应的行为习惯。我们充分发挥了少先队的组织作用，通过建立"升旗集会"、"中队值日"、"责任区执勤"、"文明礼貌督促岗"及"晨检"等制度，开展"为您服务"、"向您致敬"、"自己能做的事情自己做"、"看谁红旗升得高"等活动，让孩子当家做主，自己组织起来，自己教育自己，自己管理自己。如少先队干部把学校院内的厕所、水池、球台等容易出现粗野行为和污染的地方都在墙上钉上"文明礼貌监督岗"的大牌，每天派出自己的小分队，利用饭后、课间、课外活动等课余时间在固定岗位上执勤，如发现自己的责任区内有粗野行为和乱扔果皮、碎纸、胡写乱画的人就立即上前先行队礼再喊尊称，然后进行说服教育，对态度不好者询问登记班级。几年来由于坚持不懈，持之以恒地对学生进行道德观念和行为习惯的训练，在校做个好学生，到家做个好孩子，在社会上做个好儿童已成为全体学生的行为标准。

（1984 年 2 月为全国小学思想品行教育座谈会而撰写）

安阳市人民大道小学在改革中前进

邓小平同志指出："我们把改革当做一种革命……没有一点闯的精神，没有一点'冒'的精神，没有一股气呀、劲呀，就走不出一条好路，走不出一条新路，就干不出新的事业。"

党的十一届三中全会以来，我校坚持改革开放。在以姚文俊校长为核心的领导班子的带领下，全体教职员工发扬"团结奉献、勤奋求实、科学探索、争创一流"的"大道精神"，弘扬"爱校胜过家庭，事业重于生命，一切为了学生"的"大道师魂"，为全面提高学生的思想道德、文化科学、劳动技能和身体心理素质，促进学生生动活泼地发展而进行了诸多方面的探索与改革。

改　革

一、针对小学特点　探讨德育新途径

少年儿童是祖国的未来和希望，要把他们培养成有理想、有道德、有知识的一代新人，就必须加强共产主义的思想品德教育。为使这一教育经常化、系统化，就要坚持在教育内容上有个系统的安排，在教育活动上有些固定的制度，在活动条件上开辟一些阵地。1979 年我校在全国率先制定出《少年儿童思想品德教育提纲》，实现了德育的内容系列化、实施途径网络化

和考查方法科学化。

（一）内容系列化

对儿童在小学阶段应接受哪些思想政治教育和道德品质教育，应培养哪些行为习惯等，分年级段、按学期、有层次、有坡度地提出要求，进行全面安排，实现了学校德育内容系列化。

（二）途径网络化

运用系统科学，树立整体观念，认真研究小学德育特点，探讨德育途径网络化、整体化，提出了三项原则。

1. 教师为主，全员负责

小学德育工作是社会主义精神文明建设的一项奠基工程，是社会主义性质的一个标志。学校的全体教师和职工，不论在任何工作岗位上，都分别担负着教书育人、管理育人和服务育人的崇高使命。为使全体教职工都成为德育工作者，我校试行了《关于全体教职工都是德育工作者的意见》。对行政管理人员、教师、后勤工作人员分别提出了具体要求，实现了"教书育人"、"管理育人"、"服务育人"。

2. 教学为主，全面渗透

①寓德育于各科教学之中。发掘各科教材的德育因素，是实施德育的重要途径之一。我校根据《小学德育纲要》中的十项要求，结合各科教材，制定了小学各科教学实施《小学德育纲要》细则，将德育渗透于有关课程中，有计划、有目的地实现了寓德育于各科教学之中，取得了较好的效果，为实施德育做了有益的探索。

②寓德育于各种活动之中。通过丰富多彩的具有时代特点的少先队活动，对学生进行思想品德教育。我校少先队组织创造性地开展了四种教育活动，即主题性教育活动、传统性教育活动、阵地性教育活动、实践性教育活动。

主题性教育活动："赖宁号驶向规范城"

"殷都少年热爱党"

"开七色花发七色光"

"学习'四史'爱我中华"

传统性教育活动：结合节日（元旦、春节、清明节等）、纪念日（三八节、五一节、六一节等）组织不同形式开展不同内容的教育活动。

阵地性教育活动：分为校外阵地和校内阵地。

校外阵地：弘扬民族文化教育阵地；爱祖国爱家乡教育阵地；革命传统性教育阵地；

校内阵地：队室；升国旗教育阵地；黑板报；七色花电视台；书法绘画室；中队小家务；祖国在我心中园地；七色花气象站；国防教育阵地；科技活动阵地。

实践性教育活动：队礼行动、社会活动、自理活动。

③寓德育于环境建设之中。利用教室、走廊的墙壁以及校园空地进行，融思想品德、科学文化、自然、人化自然环境为一体的环境建设，在潜移默化中使学生受到教育。

④寓德育于贯彻各项规章制度之中。学校的各项规章制度是学生进行正常学习和活动的准则，学生按照一定的规章制度进行锻炼，实际上就是进行经常性的道德行为的训练。执行合理的规章制度越严，越有利于学生形成动力定型。这是任何具有高度说服力的语言所不能代替的。从实际出发先后制定了《小学生礼貌守则》、《建设文明学校的十条标准》、《少年先锋队中队活动评估积分标准》、《小学生日常行为习惯要求》等制度。

3. 学校为主，协调社会

一定的社会环境影响着少年儿童思想品德的形成和发展。少年儿童总是生活在一定的社会环境中，他们的思想品德的形成和发展受着各种因素的影响，包括校内有目的、有计划教育的影响，也包括来自社会环境的既有正面、积极的影响，又有负面、消极、潜移默化的影响。1987年我们制定了《人民大道小学关于加强对学生进行社会教育的意见》。组织各种社会教育活动集体，开辟多种社会教育活动阵地，开展社会教育实践活动，大胆地把学生放在社会现实环境中，指导学生通过各种社会现象的观察了解、分析鉴别，去认识真理，锻炼思想；坚持放中有防，放手让少年儿童在自然的社会环境里，经风雨，见世面，摔打锤炼，从而提高了明辨是非、抗腐蚀的能力。

（三）考查方法科学化

我们制订了小学生品德评定的各项细则，通过思想品德课着重考查学生的"知"，对学生进行书面测试、情景测试，并设计思想品德评定手册，开设思想品德评定课，着重考查学生的"行"，以达到知行统一的目的，使学校德育工作日益制度化、科学化。

通过制定和实施《少年儿童思想品德教育提纲》，在德育整体改革与实验中取得了丰硕的成果，先后正式出版了《中外教育家德育思想荟萃》、《德育新路》、《小学生家长及教师实用百科》等。学校先后荣获：全国"五讲四美、为人师表活动先进集体"、"红花集体"、"儿童少年工作先进集体"、"德育先进校"、"赖宁大队"；省"儿童少年工作先进集体"、"中小学德育先进集体"、"全民文明礼貌月活动先进单位"。姚文俊校长也于 1989 年 9 月荣获全国首届半月谈思想政治工作创新奖特等奖。

二、实行校长负责制　优化内部运行机制

根据中央教育改革要先从体制改革入手的精神，为优化运行机制，启动内部活力，推动整体改革，我校从 1984 年率先试行校长负责制，1988 年经政府批准正式实行，为此先后制定了 7 个具体实施方案。

实施方案之一：校长任期目标

总体目标：

把人民大道小学建设成省内第一流、全国有影响的义务教育先进校、科学管理示范校、主体教育实验校、社会主义文明校。

分期目标：

第一届：（1988 年 8 月—1991 年 7 月）打好思想基础、组织基础、物质基础。

第二届：（1991 年 8 月—1994 年 7 月）省内第一流质量、第一流队伍、第一流校风。

第三届：（1994 年 7 月—1997 年 7 月）国内有影响、出人才、出理论。

实施方案之二：建立完善学校管理体系

1. 建立完善学校管理体系。

2. 建立以教工代表大会常设主席团为主的民主监督机构。

3. 建立以校长为中心的三级管理指挥系统。

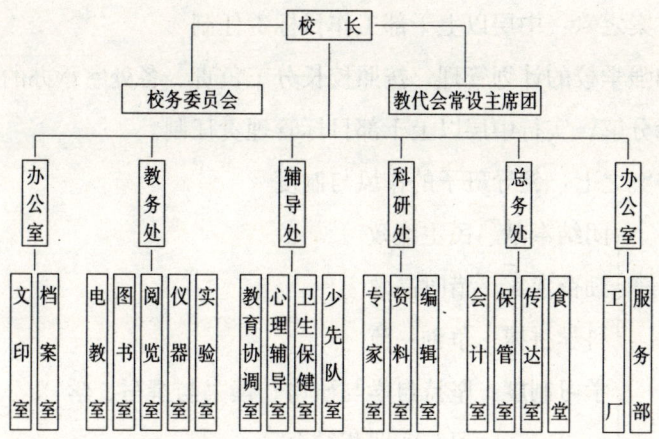

实施方案之三：优化领导班子整体结构

年龄：形成以中青年为主的梯形年龄结构。

知识：具备基础理论、文化科学、专业学科等知识结构。

专业：由各类人员组成的合理专业结构。

智能：由再现型、发现型和创造型人才组合的智能结构。

气质：形成由不同心理特点的协调气质结构。

实施方案之四：优化内部运行机制

职权责利相统一，实行——

- 全员聘任制
- 工作定量制
- 岗位责任制
- 考核积分制
- 浮动奖金制

实施方案之五：内部机构的职责范围

办公室：党政事务、人事工作、对外接待、文书打印、综合档案。

教务处：教务管理、教学研究、教师管理、学籍管理。

辅导处：德育管理、心理辅导、协调教育、少先队工作。

科研处：理论研究、教育实验。

总务处：财物管理、基本建设、综合服务。

校企处：勤工俭学、经济创收。

实施方案之六：中层以上干部工作目标责任制

为了加强学校的计划管理，按照校长分工负责、各处室承办的原则，进行工作目标分解，实行中层以上干部目标管理责任制。

实施方案之七：领导班子的作风与制度

作风——
团结奉献　民主廉政
勤奋求实　惜时高效
科学拼搏　争创一流

制度——

学习制度：坚持自学与研讨、读书与撰写、学习与实践相结合。

工作制度：实行职、权、责、利相统一的工作目标责任制。

会议制度：精减会议，使行政会、校务会、教代会及民主评议会规范化。

廉政制度：严禁以权谋私，反对行贿受贿，坚持勤俭节约，自觉接受监督。

实施校长负责制十多年来，在以姚文俊校长为核心的领导班子带领下，全校教工共同努力，使学校各项工作实现了指挥灵、信息通、效率高，学校先后被评为："全国先进体育传统项目学校"；省"文明单位"，"省级体育传统项目校"，省"贯彻《学校卫生工作条例》先进单位"，省"为人师表育人楷模先进单位"，省"教育先进单位"，并荣获河南省小学管理先进学校"千秋杯"奖。

三、实施大教育

1988年秋，我校受国家教委委托，经过认真研究和反复酝酿，制订出了比较可行的德育整体改革方案，开始进行"德育社会途径网络化"的实验。探讨系统的学校教育与良好的家庭教育、社会教育有机结合，变封闭教育为开放教育，通过分层次组建教育集体，全方位开辟校外教育阵地，多种形式开展社会实践活动，让学生到社会大课堂中去经风雨、见世面、长才干。

（一）分层次组建教育集体

在实践中逐步把社会上各种教育力量的代表分层次组建校级和班级、综合与专门等各具特色的教育集体。

1. 成立综合性的校级教育协调委员会

校级教育协调委员会是由有威望的在职党政企事业中的领导同志、离退休老干部、具有各种光荣称号的英雄模范、各行各业的专家名人、当地驻军、公安干警和教子有方的家长等组成。

2. 组织各具特色的教育集体

①由党政企事业单位领导同志中的代表组成社区董事会。②由离退休老干部组成关心下一代协会。③由英雄、模范人物组成英模事迹教育团。④由专家名人组成兴趣活动辅导站。⑤由教子有方的家长组成家长工作委员会。⑥同当地驻军、公安干警中的代表组成共建精神文明协会。

（二）全方位开辟校外教育阵地

1. 主动联系校外教育阵地

少年宫、文化宫、博物馆、图书馆、业余体校、业余艺校、科技活动中心、烈士陵园等是对学生进行教育的重要阵地，我们主动同这些单位联系，作为向学生进行各种教育的固定阵地。学校定期组织学生去开展活动，并聘请这些单位热爱少年儿童工作的同志为辅导员。

2. 充分利用本地名胜古迹

安阳是一个具有三千多年历史的古都，有许多名胜古迹。我们先后组织学生参观了殷墟、西门豹治邺、岳飞庙、文峰塔、小南海、珍珠泉、英烈村等。使学生知道自己的家乡具有悠久的历史，美丽的景色和众多的英雄豪杰，培养了学生的爱国主义思想感情。

3. 创造性开辟教育阵地

校外有许多单位和场所蕴藏着各种教育因素，学校创造性地去开辟教育阵地，寻找教育因素，发挥教育作用。我们在街道居委会的协助下，按学生居住区创建了"小队之家"、"家庭儿童活动中心"，让一些热心儿童事业的退休老干部、居委会的同志和家长辅导孩子们活动。在红军院、老干部休养所建立了"为人民服务辅导站"，让孩子们在老红军、老干部的指导下开展为人民服务的活动。在粮店设立利民点，同学们组织义务送粮车帮助老弱病残顾客送粮。在部队设立"学军营"，让学生参观解放军队列训练、操炮表演，过一日军人生活，对学生进行热爱解放军的教育。

（三）多种形式开展社会实践活动

1. 社会实践周活动。每学期为中、高年级学生安排一周时间到社会上参观、访问、调查，让学生通过实地考察了解改革开放以来家乡的巨大变化。

2. 夏令营之花活动。每年暑假，根据不同年级学生的年龄差异和知识水平，围绕一定的主题开展不同形式的活动。

3. 信息发布会。让学生收集每天报纸上报道的和电台、电视台播放的各种消息，举行信息发布会，使同学们知多见广，开阔视野，更多地了解社会。

4. 访问英模活动。让学生到工厂、商店、医院等处去访问、了解、学习在改革和四化建设中涌现的英模人物的事迹。

5. 开展学军活动。组织学生到部队参观严格的军事训练和紧凑的军人生活，进行军训，培养学生严格的组织纪律性。

6. 城乡手拉手联谊活动。我校与林县、内黄县、中原油田等地的学校建立校际交流、城乡联谊，学生们经常到一块举行联欢、交流城乡信息、参观访问、谈心交朋友。

7. 影视书刊评论活动。有选择地定期组织学生对观看过的电影、电视进行评论，提高学生辨别能力。同时向学生推荐内容健康的课外读物，组织故事会、演讲会、新书报告会，抵制不健康书刊对学生的影响。

8. 给社会现象打分活动。让学生观察分析社会现象，通过讨论、打分，使学生明辨是非、美丑、善恶，并自觉约束自己。

9. 家长教我学本领活动。使学生提高自理能力。

10. 开展"五小"活动。通过开展小制作、小实验、小种植、小饲养、小发明等活动，提高学生的动手、动脑能力。

学校进行"德育社会途径网络化"实验，荣获"全国小学德育整体改革实验优秀成果奖"，并由国家教委摄制成专题片《紧密结合社会、家庭，做好学校德育工作》，在中国教育电视台播放。

四、幼儿入学准备教育实验

入学前的儿童正处于幼小过渡阶段，普遍面临着身心全面适应与发展的挑战，为减缓幼小之间的坡度，避免目前学前班教育出现的"小学化"倾向，充分发挥幼儿的主体性（独立性、主动性、创造性），对幼儿进行学习适应和社会适应的教育。我校于1992年9月开始，在北师大专家教授的指导下，围绕儿童的主体性发展，招收了5—6岁的幼儿组成实验班，开展了入学准备教育实验。

1. 对幼儿进行学习适应和社会适应的教育

培养儿童的学习适应能力。学习适应包括数学准备和读写准备，为此调整了介于小学与幼儿园之间的课程结构，改进教学方法，为进入小学学习数学、语文做好准备。

培养儿童的社会适应能力。努力培养儿童参与各项活动的积极性和主动性；增强儿童的任务与规则意识，培养儿童完成任务与遵守规则的能力；培养儿童良好的行为习惯，提高儿童的生活自理能力，发展儿童的独立性。

2. 面对个性差异的儿童实施差异教育，促使每个儿童的主体性都得到发展

由于儿童先天生理因素和后天教育情况各不相同，致使儿童存在着个性的差异。实验通过进行前测、家访、问卷等各种方法和手段基本上掌握了儿童的个性差异，从每个儿童的实际出发，拟定出"主体性发展"教育实验方

案。通过实施"差异教育"使每个儿童在品德、智力、体质等方面都得到较好的发展。

3. 学校教育与家庭教育协调一致

良好的家庭教育是发展儿童主体性的重要条件。把学校的系统教育与良好的家庭教育有机结合形成合力，是儿童主体性发展的重要途径。学校通过开办家长学校、组建家长工作委员会、建立教师与家长联系制度，提高家长教育儿童的水平，激发家长参与教育的能力，进而实现学校教育与家庭教育的协调一致，建立一种目标一致、密切配合、相互尊重、团结协作的教师与家长的新型教育关系。

4. 注重物的因素，创设一定教育环境

根据学前教育强调形象化教学、寓教于乐的特点，我们为每个实验班配备有钢琴、彩电、放像机、录音机、投影机等设备，还购买了一定数量的图书、玩具等，以促进儿童德智体美的和谐发展。另一方面围绕着我们实验的目标，为使儿童主动地活泼地成长，在教室里设置了良好的教育环境，如图书角、自然角、游戏角、卫生角、英雄角，还为幼儿设计了知识区、手工区、音乐区、科技制作区，使教室变成知识的海洋，使孩子们受到良好的教育。

在近五年的实验实践中，逐步走向成熟，并取得了初步效果。在北师大著名学前教育专家陈帼眉教授的亲自指导下，采用"中国儿童智力发展量表"和"彩色瑞文测试量表"对实验班的儿童进行后测，从科学的数据中，评价幼儿一年的发展。测试结果表明，实验取得了初步成果。实验班的幼儿总体是活泼热情、健谈、懂礼貌的。在动手能力方面进步较大，喜爱参加各种有趣的活动并表现出较强的主动性。

编写出版了校级刊物"幼小衔接"小学生主体性发展实验文集；自编了《社会学习》、《语言发展》、《数的世界》、《科学启蒙》、学前《美工》、《语言》、《数学》、《品德》等教材，学生参加全国、省、市等各级各类比赛，均取得了优异成绩。如在第二十六届国际儿童画展中获 2 金 4 银 6 铜的好成绩，数十幅书画作品参加了全国第六届《双龙杯》少儿书画大赛中，近 20

幅作品获奖。

1996年2月学校被省教委、省卫生厅、省计委、省财政厅授予"省幼儿教育工作先进单位"称号。

五、主体性发展教育实验

主体性是作为主体的人在对象性的活动中所具有的本质属性,它反映出人的高度的主观能动性,即对客观世界的自觉能动的掌握和自觉能动的创造。

我国的教育在过去一个相当长的时期里不太注重研究教育对象,也未能充分重视人的个性独立、自由、和谐的发展。教育要促使人的社会化被片面地理解为对社会的顺应,而很少强调把人培养成改造社会的主体。在教育内容上"自上而下的多,自下而上的少",脱离学生的实际。在教育过程中,普遍存在忽视学生主体性的发展,致使学生的独立人格得不到应有的尊重,自主权力得不到必要的保证,兴趣爱好得不到充分的发挥,个性差异得不到客观承认,结果培养出来的人往往不尽如人意。近几年来,我国的教育在"三个面向"的指引下,开始重视研究教育促进人的全面发展,把实现人的社会化与个性化统一起来。在教育过程中,开始重视研究学生的主体性发展,使一些儿童的独立性、主动性和创造性得到了生动、活泼、主动的发展。

我校与北京师范大学教育系顺应时代发展,面向教育改革的实际,从实践"教育主体思想"出发,从1992年春天起两家联合,以马克思主义关于人的全面发展的学说和教学认识论为理论依据,以探明小学生主体性的基本结构和行为表现及影响小学生主体性发展的基本因素,寻求发展主体性的基本途径;建立小学生主体性发展的目标体系和测评体系;进行教育主体论、教育活动论等专题研究,构建主体性发展理论的基本框架,为我国教育实验探索一条新路子为实验目标,展开了理论研究和教育实验。

几年来,我们理论工作者与实际工作者始终捆在一起,构建了小学生主体性发展实验大纲;制订了小学生主体性发展目标体系和测评体系;围绕着德育系列、学科系列、活动系列和家教系列开展了研究与实验。课题组成员和全体实验教师以团结奉献、勤奋求实、科学拼搏、争创一流的精神,人人选课题、个个搞实验,不断在实践中探索,取得了初步的阶段性成果。

（一）论证研究课题，制订实验方案

姚文俊校长认为：由于历史的原因，我国当代教育在过去相当长的一段时间里未能充分重视人的个性独立、自由、全面地发展，在教育内容和方法上也是强调人对社会的服从而不是创造。教学要促使人的社会化被片面地理解为对社会的顺应，而很少强调把人培养成改造社会的主体。忽视学生的主体地位和主体性的发展是当今教育最大的一个弊端。重视学生在教育过程中的主体地位，培养和发挥学生的主体性，正是人的全面发展的核心，是未来社会对学生素质的要求，是教学改革的重点。在此思想指导下，他大胆地提出了"小学生主体性发展"的实验方案。

这一设想得到了北京师范大学教育系的大力支持，并派出 19 名专家、学者与我校联合组成"小学生主体性发展实验"课题组，制定了《小学生主体性发展实验方案》。

实验的总体目标是：通过培养和发挥学生的主体性（包括独立性、主动性和创造性），使学生在德、智、体、美、劳诸方面得到更快、更好、更全面的发展。

实验的基本原则是：诚心诚意地把学生当主人；严肃严格地对学生进行基本训练。

"小学生主体性发展实验"是实施素质教育的理想模式，发展学生的主体性就抓住了素质教育的实质和灵魂。为真正落实素质教育，姚文俊校长站在战略的高度，提出了"科研兴校"的宏伟规划，紧紧抓住"小学生主体性发展实验"，提出了"一体两翼三点四线五面"战略。一体：树立主体教育思想，进一步开展"小学生主体性发展"实验；两翼：探索主体性教育模式和构建主体教育理论；三点：抓住小学生主体性发展的起始点"幼儿入学准备教育实验"，核心点"主体性德育新格局的构建"及关键点"现代化教师队伍建设"等影响学生主体性发展的三个重要因素进行专题研究；四线：指发展学生主体性的四条基本渠道，即学科系列、活动系列、班级管理系列及家教系列等；五面：从五个方面出成果，即①出质量：使学生在全面发展的基础上初步形成一定的爱好和特长；②出队伍：建设一支由原来的教书型成长为研究型的现代化教师队伍；③出成果：构建出一个小学生主体性发展目标体系和研制出一套小学生主体性发展水平的测评指标体系；④出理论：试图从教育理论上有所发展和突破，构建教学论的理论新体系；⑤出名校：把人民大道小学真正办成省内第一流、全国有影响的教育科研实验校。

（二）精心组织实施，开展教育实验

1．多种途径培训教师

六种途径：①专家讲座；②专题研讨；③外出学习；④离职进修；⑤学历培训；⑥师徒合同。

2．确定实验对象

学生来源：社区适龄儿童。

入学办法：家长申请、学校测试、随机编班。

3．建立实验管理制度

①学习撰写制度；②论文交流评奖制度；③课题申报评审制度；④研究课评议制度；⑤资料、信息收集存档制度。

4．构建发展性学科教学

语文：以情为中轴，发展学生的语言能力。

数学：以发展数学思维为主线，让学生在"活动"中学习数学。

自然："观察、思考、动手、创造"，培养学生的科学精神。

体育：养护与锻炼并重，增强学生的体质。

美术："画、讲、练、评"，培养学生的兴趣和能力。

音乐："感受、引导、提炼、适用、创造"，培养学生的音乐素养。

5．围绕学生个性发展开展各类活动

①社会实践活动；②学校选修活动；③班级自主活动。

6．创建发展学生社会技能的班级管理模式

（1）人际交往技能。主要培养学生学会正确处理自己与他人、个人与集体的关系。

①学生自己处理小矛盾；②根据班集体目标制订小组目标；③根据小组目标制订个人目标。

（2）完善自己的技能。主要培养学生初步克服困难、善于合作、惜时高效的技能。

①合作学习；②参加劳动；③岗位执勤。

（3）正确对待自我的技能。主要使学生学会正确认识主观的我和客观的我的关系。

①自我认识；②竞选演讲；③自我评价。

（4）适应客观环境的技能。主要使学生初步学会适应学校、家庭及社会的客观环境的基本技能。

①在校做个好学生；②在家做个好孩子；③在社会做个好儿童。

7. 探讨提高家长教育能力的途径

①创办家长学校；②成立家庭教育研究会；③开展心理咨询；④召开教子有方经验交流会；⑤印发家长学习资料；⑥组织家长听课；⑦爱心交流；⑧进行心理辅导。

（三）初步取得阶段性成果

1. 初步构建了小学生主体性发展目标体系和测评体系

小学生主体性发展大纲（草案）

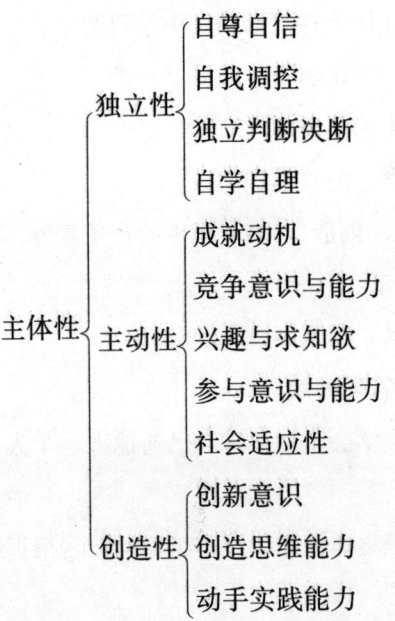

独立性
  自尊自信
  自我调控
  独立判断决断
  自学自理

主体性 — 主动性
  成就动机
  竞争意识与能力
  兴趣与求知欲
  参与意识与能力
  社会适应性

创造性
  创新意识
  创造思维能力
  动手实践能力

2. 初步形成了有特色的学科教学

在有特色学科教学基础上，初步形成了 6 条有效的教学策略：

①创设和谐情境，鼓励学生合作学习——关键词是"合作"。

②鼓励学生积极学习，主动参与——关键词是"参与"。

③加强学科间的协作，严格教与学要求——关键词是"严格"。

④注意个别差异，尊重学生的个性与才能——关键词是"差异"。

⑤培养学生自我调控能力，鼓励学生大胆创新——关键词是"创新"。

⑥创设自我表现的机会，使学生不断获得成功体验——关键词是"成功"。

3. 学生主体性得到了较好发展

①别出新裁的小米贴画；②多面手；③小书迷；④小小书法家；⑤在实践中学本领；⑥故事大王；⑦五级琴手；⑧制作标本；⑨丰富多彩的艺术活动；⑩体育冠军榜；⑪入选日本画展；⑫小雏鹰；⑬七只小老虎画出百幅图；⑭塑造美好世界；⑮记下美好回忆；⑯林州之行硕果累累；⑰学生获奖；⑱小收藏。

4. 转变了教育观念，提高了教育科研能力，初步确立了主体教育思想和现代教育观念

①每一个孩子都是特殊个体，需要充分尊重和关怀，中心在于理解孩子。

②给每个孩子提供思考、创造、表现及成功的机会，中心点是促进发展。

③所有的学生都能学习，不存在绝对意义上的差生，需要的是耐心与指导。中心点是区别对待。

④实施有特色的教育，使每个学生能主动发展自我，中心点是特色教育。

四年来，课题组围绕着科研与实践探索先后编印了六册实验文集约 50 余万字，编写了实验阶段性成果丛书一套约 80 余万字，并在《教育研究》、《人民教育》、《课程、教材、教法》、《大众心理学》等国家核心期刊上发表文章 30 多篇，实验教师撰写论文札记达 200 多万字。1996 年 5 月 15 日至 17 日由吴畏、顾明远、金学方、滕纯、潘仲茗、陈孝彬等六位著名专家组

成的国家教委专家组来校实地考察后鉴定意见是："经过三年多的实验研究，项目的基本目标已基本实现，成绩相当显著；本实验研究的科学水平达到了国内现有教育实验研究少有的高度；希望'九五'期间继续深入研究。"

六、深化教学改革　实施素质教育

（一）优化课程结构

为更好地对学生进行素质教育，为 21 世纪培养合格人才，根据国家义务教育课程计划，1994 年我校在不突破规定课时的前提下，对现有课程结构进行了调整，提出了符合我校实际的课程设置方案，构建了学科课程与活动课程、必修课程与选修课程、显性课程与隐性课程有机结合的工具性学科、社会性学科、艺体性学科"三组板块"为主的新的课程结构，为应试教育向素质教育的转变起到了积极作用。我们的基本思路是：加强基础、发展特长、优化结构、促进发展。

1. 学科课程

学科课程我们实行常规课和短时课结合。常规课即平常的 40 分钟课，短时课是从有关的学科课程中抽出，时间为 20 分钟，主要用于新增学科和学科技能的专项训练。

增设课程：

一、二年级：英语口语、朗读训练、听说训练、思维训练、健康教育、图书馆。

三、四年级：英语口语、朗读训练、佳作欣赏、计算机、思维训练、体育专项技能训练、图书馆。

五、六年级：朗读训练、佳作欣赏、思维训练、体育专项技能训练、图书馆。

2. 活动课程

活动课程分为班级必修课和校级选修课。班级活动分两类：一类为对学生进行思想教育和培养良好行为习惯的晨会、班会；另一类则以培养学生创造思维、动手能力为目的。班级活动做到"四定"、"五有"。四定是定内容（各班有各班的特色），定时间（全校均在每周二下午开展活动），定人员（全体学生参加，辅导教师固定），定目标（活动课教学有目标）。"五有"为有计划、有记录、有检查、有评比、有奖励。校级活动选修课安排在每天下午。活动内容有六大类：思想教育、学科兴趣、科技、手工、艺术、体卫，成立了58个兴趣小组。全校学生根据个人的兴趣爱好选定活动内容。活动课的必修、选修，极大地提高了学生的参与率，现在参加活动课的学生达40％。

3. 环境课程

我校构建了融思想道德、科学文化、自然和人化自然三类交融的环境课程。我们在教室、走廊、校园、墙壁上布置有领袖、科学家、战斗英雄、劳动模范等画像，制有供学生展示才能作品的活动墙。科技艺术馆前的眼睛湖、"汉白玉"小桥、垂柳、果树、庄稼、蔬菜、花园苗圃，均使学生在无意识中受到了启迪和教育。

（二）实施多媒体教学

1. 传统媒体

地球仪、地图、图书、标本、实物、教具等。

2. 现代媒体

①卫星地面接收站；②"七色花"电视台；③闭路电视；④计算机房；⑤语音室；⑥实物投影仪；⑦天文馆等。

（三）改革考试评价制度

1. 素质发展手册。为了更好地深化落实素质教育，促进学生主动地全面发展，通过认真分析各学科特点，进行综合设计，实践中探索，改革传统的对学生评价、考试制度，制订了《学生素质发展手册》，使各学科等级评定标准分为优、良、达到、欠缺。设有学科分数、发展水平、班主任评语以及家长反馈意见等栏目，客观而全面地反映出了学生的整体素质发展情况及水平，更有利于教师、学生、家长三方形成合力，使学生扬其长而克其短，更好地全面发展。

2. 免试生条例。我们的教育是面对有差异的学生，应实施有差异的教育，为了使每个学生都得到最优发展，我校特制订并试行了《免试生条例》，通过对照免试生免试条件，按照有关实施细则和附则，向免试生颁发免试证，并在学校张榜公布；成绩特别优良者，经申请、考核合格，校长批准，可跳级学习，促进学生素质的全面提高。

（四）效果

通过全面深化改革，全力实施素质教育，利用各种教育媒体，采取多种教育途径，使学生得到了良好的发展，取得了优异的成绩。

1. 德育方面荣获：①全国创造杯优秀奖；②全国两史一情知识竞赛银奖；③全国"读队报长知识"竞赛集体奖。④省奋飞杯优秀奖；⑤韩小莹、江芳、宋小花等获全国好少年、学赖宁优秀队员；⑥马云龙等获全国好少年好学奖；⑦霍亮子等获全国、省知识竞赛奖等等。2. 智育方面荣获：①市普及初等教育先进单位；②市少年计算机教育先进单位；③省电教资料先进单位；④市图书建设先进单位；⑤市科技夏令营活动先进集体；⑥市教改实验先进学校；⑦市青少年环境保护知识竞赛先进单位等等。3. 体育方面荣获：①全国田径、乒乓球先进体育传统项目学校；②省先进集体传统项目学校；③省体育达标先进单位；④省卫生战线先进集体；⑤市田径九连冠；⑥市乒乓球冠军队；⑦学生获区以上奖项 2100 人次等等。4. 美育方面荣获：①全国《双龙杯》儿童书画大赛优秀铜杯奖、佳作奖 20 多人；②17 幅儿童书画参加世界儿童画展，并荣获 2 金 4 银 6 铜的好成绩；③市艺术教育先进单位；④市小伙伴音乐会特等奖；⑤少先队鼓手队列比赛特等奖等等。5. 劳动教育通过以下活动途径：①缝纫；②实验；③木工；④学工；⑤洗衣比赛；⑥野炊；⑦编织；⑧建校劳动等。提高了学生对劳动的认识，掌握了一定的劳动技能，从而引发了学生的劳动兴趣，使学生从小热爱劳动，并养成自觉参与劳动的良好习惯。

获奖情况统计

项目＼数次＼级别	国家	省级	市级	区级
团体	28	35	126	235
个人	97	104	378	1422
合计	125	139	504	1657

七、改革办学体制　试行公办民助

（一）"公办民助"的办学构想

根据党的十四大报告中"鼓励多渠道多形式社会集资办学和民间办学，改变国家包办的做法"的精神和《中国教育改革和发展纲要》中"改变政府包揽办学的格局，逐步建立以政府办学为主，社会各界共同办学的体制"办学方针，以及根据李鹏同志在 1994 年 6 月 14 日在全教会上的报告中指出"有条件的地方也要以采取'民办公助'、'公办民助'等办学形式"，我校为深化教育改革，改变单一的办学体制，加快教育发展，全面提高教育质量，认真分析了目前家长的经济承受力和家长想让子女受到更多、更高层次教育的心理，经过调查论证，姚文俊校长大胆改革，提出了实行"公办民助"的构想。

（二）"公办民助"高层次教育方案

实施"五个高层次"：

1. 学校管理的高层次；

2. 教师质量与数量的高层次；

3. 教学内容方法的高层次；

4. 教学条件及设备的高层次；

5. 对学生服务及课后管理的高层次。

（三）实施"公办民助"的具体措施

1. 政府和有关部门支持，先由学校请示，后由市区政府 1993 年 7 月 11 日正式下文批复。

2. 用学校最好的教师，最好的教学设施。

3. 所收经费按国家规定统一管理，合理使用。

4. 遵循"自愿量力"原则，进行招生，控制人数，保证教学质量。

5. 建立婴幼儿文化户口。

（四）效果

通过开办"公办民助"实验班，并作为我校与北京师范大学教育系进行"小学生主体性发展实验"的基地，不仅满足了部分群众的要求，受到了家长的欢迎和认可，得到了省领导的肯定与支持，而且也给学校带来了良好的社会效益和经济效益。

1. 更多的学生家长向学校递交了关于让孩子加入实验班的申请。

2. 学生主体性得到生动活泼和谐的发展。

3. 学生都有一定的特长，并都具有一定的自理能力。

4. 改善了办学条件，改变了学校经费不足的现状。

八、三五教育实验

（一）理论构思

随着社会的进步，经济的发展，为培养适应社会并促进社会发展的合格跨世纪人才，增强德育的科学性、针对性，提高实效性，在深入细致调查研究的基础上，分析、了解学生思想品德现状与道德品质发展水平后，借鉴陶行知先生"千教万教教人求真，千学万学学做真人"的教育思想，提出了"继承传统，学做真人"的"三五"教育实验方案，通过继承传统美德，把学生培养成具有"三五"素质的真人，构建以中国传统美德为源头，以马克思主义道德教育为主流，以西方价值观教育为支流的德育内容体系。如图示：

马克思主义道德教育

中国传统美德教育—⟮◯◯◯⟯—西方积极价值观教育

（二）实验大纲

我们的总体设想和目标是：通过继承传统美德，把学生培养成具有"三五"素质的"真人"。即：

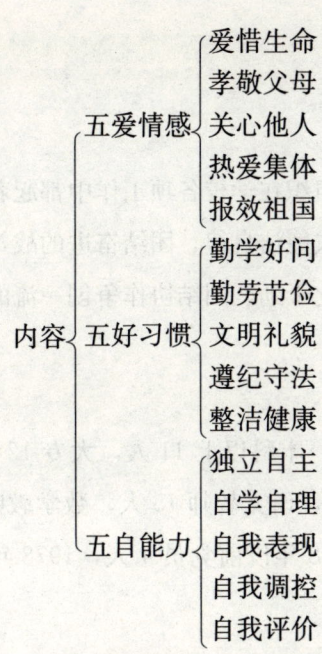

内容
- 五爱情感
  - 爱惜生命
  - 孝敬父母
  - 关心他人
  - 热爱集体
  - 报效祖国
- 五好习惯
  - 勤学好问
  - 勤劳节俭
  - 文明礼貌
  - 遵纪守法
  - 整洁健康
- 五自能力
  - 独立自主
  - 自学自理
  - 自我表现
  - 自我调控
  - 自我评价

（三）主要措施：1. 实验遵循原则：①德育的一般原则；②严肃严格的基本训练；③诚心诚意把学生当主人。2. 实验前准备：①成立以校长为首的德育实验小组；②编写三五教育读本；③召开家长会和全体教工会，使大家了解实验的意义、内容及实施办法；④抽样调查，选班实验。3. 实施途径：①通过晨会；②通过思想品德课和其他各科教学；③通过丰富多彩的活动，如：学四字书、读名言录、"三五"故事演讲会、编手抄报、学做"三五"真人；④通过各项规章制度和环境建设；⑤通过家庭和社会。

（四）初步成果

通过"三五"实验，使教育途径实现多渠道和网络化，从而使我们的"三五"教育取得良好的效果：

①获全国读书活动组织奖；②获全国先进手拉手互助奖；③李皎获全国手拉手活动奖；④张雯获全国万名好少年奖；⑤张威等38人获全国读书活动优秀奖；⑥"三五"教育快报；⑦"三五"手抄报等等。

体　会

一、党组织是核心

十几年的改革历程，使我们认识到：党组织在学校各项工作中都起着巨大的核心作用。没有党组织的领导，就形不成廉洁自律、团结奋进的战斗集体；没有党组织的领导，就形不成比奉献、比干劲、团结协作争创一流的作风；没有党组织的领导，就没有今天的成就。

（一）党员基本情况

总数：41 人，男 13 人，女 28 人；学历：本科以上 11 人，大专 12 人，中师 15 人，高中 3 人；工作分布：行管 9 人，语文教师 15 人，数学教师 6 人，音体美 4 人，后勤 3 人，其他 4 人。1978 年以前党员 4 人，1978 年以后发展 55 人。

（二）抓党建

加强党的建设是我们顺利完成各项工作的重要保证。我们按照党的"十四大"和十四届四中全会精神，注重加强党的思想建设和组织建设，充分发挥党组织在学校各项工作中的政治核心作用。

1. 主要措施

①注重领导班子自身建设，提高领导水平，率先垂范"团结奉献、勤奋求实、科学拼搏、争创一流"的"大道精神"。

②注重教职工的政治理论学习和政治培训，坚持"三会一课"制度，提高党员和广大教职工的思想觉悟，使之更好地胜任"教书育人"的重任。

③深入开展"创优"和"双学"活动，大力弘扬"爱校胜过家庭，事业重于生命，一切为了学生"的"大道师魂"，促进教育教学质量全面提高。

④实行三包责任区，从领导到党员，从思想到落实，分片负责，层层承包，人人坚持"三严四认真"的"大道作风"，增强了党组织活力。

⑤关心广大教工利益，注重实效，调动一切积极因素，全面促进学校教育。

2. 获奖情况

被评为省"先进党组织";市"先进党支部"、"先进职工之家"、"先进团支部";区"先进单位"、"先进集体"等。

党员荣誉称号:

国家级4人,省级4人,市级9人,区级11人,区以上优秀党员7人。

二、校长是主导

校长在学校处于主导地位,其主要职责是发挥计划与决策、组织与指挥、控制与协调、用人与激励等管理职能作用,启动内部活力,优化学校管理,坚持正确的办学方向,更重要的是,校长应站在历史的高度,以战略的眼光进行思考与探索,开拓进取,全面振兴学校、振兴教育。

1. "校长是学校的魂"——陶行知语

人们常说:有什么样的校长,就会有什么样的学校。我校之所以有今天的成就,正是因为有一位有独特教育思想的校长,他就是全国优秀校长姚文俊。

姚文俊,男,河北魏县人,1940年10月生,1959年5月参加工作,大专毕业。中学高级教师、特级教师,国家有突出贡献专家,中共十三大、十四大代表。现任安阳市人民大道小学校长、党总支书记、北关区人大常委会副主任,兼任中国教育学会教育管理研究会副理事长、全国小学管理研究会理事长、全国小学德育研究会理事、中国中小学幼儿教师奖励基金会理事、河南省教育发展规划领导小组专家组成员等十多个省以上学术团体职务,分别被河南大学、河南师范大学聘为兼职教授和教科所兼职研究员。

姚文俊同志在37年的教育生涯中,牢牢把握办学的正确方向,脚踏实地地工作在小学教育、科研第一线,创造性地进行教育改革实验。他清正廉洁,不为高官所动,不为厚禄所诱,心里想着全校教工,胸中装着少年儿童,勇于改革,积极探索,为党和人民的教育事业做出了重大贡献。

校长名言:"管有主见,办有特色"、"爱校胜过家庭,事业重于生命,一切为了学生"。

2. 学会活动

姚文俊同志1983年被吸收为中国教育管理研究会会员后,连续担任研究会第一届理事，第二届常务理事，第三届副理事长；连任全国小学管理研究会第一届副理事长，第二、三、四届理事长至今，先后亲自主持召开了全国第二、三、四、五、六次小学管理学术年会和多次专题研讨会，由于他的高深学术造诣及卓越的组织才能，使上述会议开得非常成功，对提高我国小学管理水平起了积极的推动作用。目前，他已成为全国知名小学校长。

3. 荣誉称号

①"全国德育先进工作者"；②"全国优秀校长"；③"全国先进工作者"；④"国家有突出贡献专家"；⑤"河南省优秀共产党员"；⑥国家教委拍摄姚文俊校长的教育思想和实践的电视片《跨世纪的探索》在中国教育电视台播放。

4. 专业技术

①主编和合编出版的书籍有《德育新路》、《小学生家长和教师实用百科》、《实践与探索》、《管理手册》、《中国小学教育论 50 家》、《中外教育家德育思想荟萃》等 14 本教育专著。

②20 余篇文章在省级以上报刊发表。

③20 多篇经验论文在学术会议上交流，并多次荣获优秀论文一、二等奖。

④应邀到全国 26 个省市进行讲学活动。

⑤曾多次外出到香港、朝鲜、新加坡、日本、美国、泰国等地考察。

三、教师是关键

振兴民族的希望在教育，振兴教育的希望在教师。建设一支职业道德高尚、业务能力精湛的教师队伍是提高教育质量的关键。我校始终坚持"参与、引进、满足、提高"原则，狠抓教师队伍建设，形成了一支思想好、作风正、业务精的教师队伍。

1. 教师情况统计表

总数	男	女	党员	团员	中层领导
133	28	105	41	67	11

2. 年龄

24 岁以下占 23.8%   25 至 34 岁占 35.7%

35 至 49 岁占 23.6%　　50 岁以上占 16.9%

3. 学历

研究生：2 人；本科：15 人；专科：58 人；中师：52 人；高中：6 人。

4. 职称

初级占 48.8%；小学高级占 45.5%；中学高级占 5.7%。

5. 教师集体

①语文、数学、音乐、美术、体育、自然、思品各教研组。

②班主任、辅导员、行管、教师等教育集体。

6. 省级以上先进教师

①全国优秀教师闫素枝、卓玉琴、常东华；②全国先进教育工作者陈英才；③全国三育人先进个人张玉珍；④省优秀辅导员张立冬；⑤省优秀教师刘萼、刘可钦、郭艳。

7. 教师获奖统计

内容级别 ＼ 项目	荣誉称号	研究成果		优质课
		论文	论著	
国家级	30 人次	19 篇	3 本	5 节
省　级	49 人次	82 篇	8 本	16 节
市　级	302 人次	68 篇	16 本	35 节
区　级	424 人次	45 篇	21 本	76 节

四、物质是基础

当今世界科学技术日益发达，人才竞争日益激烈，对学校的育人环境、教学条件也提出了更高的要求。为此，我们发扬艰苦奋斗、自力更生的精神，从学校自身实际出发，首先加强管理，节省开支，广觅财源，加大创收力度，设立"公办民助"实验班，并鼓励家长捐资助学，使学校经费不足的状况得到很大改善，构建了实施素质教育坚实的物质基础。

表一：

	科技艺术馆	4080平方米	专用教室（30个）
	逸夫教学楼	3000平方米	教室（19个）、乒乓球训练室
	八角教学楼	3080平方米	教室（20个）
	普通教学楼	1800平方米	教室（20个）
	幼儿教学楼	600平方米	教室（6个）
	师生餐厅	460平方米	师生用餐

表二：

名称	数量	名称	数量	名称	数量
劳作室	2	阶梯教室	1	档案室	1
仪器室	1	舞蹈训练室	1	展览室	1
实验室	2	音乐教室	4	会议室	1
标本室	1	美术教室	4	接待室	1
图书室	1	少先队室	1	现代办公系统	1
学生阅览室	3	七色花电视演播室	1	闭路电视程控室	1
电脑室	2	卫生保健室	1	地面卫星接收站	1
语音室	1	资料室	1	健身房	1

表三：

	图书	15000册	钢琴	11架
	仪器	1452件	其他乐器	260件
	电脑	52台	美术教具	370件
	彩色电视机	46台	体育器材	1225件
	录音机	40台	卫生器材	130件
	音像带	218盒	实物投影仪	1套
	投影器	40台	摄像机	1台
	劳动器材	108件	编辑机	2台
	无线电接收器	2个	字幕机	1台
	现代音响设备	5套	健身器材	8件

五、社会因素是前提

关心少年儿童使其健康成长，不仅是教育部门和学校的职责，而且是全社会的责任和义务。十一届三中全会以来，我校在改革前进中，无时无刻不伴随着党和政府的关怀和社会各界人士的支持。

1. 尊师重教，亲切关怀

①胡锦涛同志 1984 年来考察；②柳斌副主任 1988 年来校考察；③省委副书记刘正威来校考察；④武汉军区政委严正 1984 年来考察；⑤总政领导 1984 年来校考察；⑥副省长范钦臣 1993 年来校考察；⑦副省长张世英 1995 年来校考察；⑧全国少工委副主任温愉新 1993 年来校考察；⑨省妇联副主任王菊梅 1984 年来校考察；⑩市长杨善修、市教委主任朱孟洲在逸夫教学楼奠基仪式上作重要讲话；⑪全国集资办学现场会领导 1992 年来校考察。

2. 多方携手，共建文明

①吴运铎、孙敬修 1983 年来校考察；②王遐芳 1984 年来校考察；③高玉宝 1993 年来校考察；④校外辅导员吕文斗；⑤驻军来校搞军训；⑥军民共建活动。

3. 无私奉献，指导教研

北京师范大学王策三教授、裴娣娜教授、周玉仁教授、刘秀英教授、陈国媚教授、舒华教授，华东师范大学戴宝云教授、马文驹教授，上海中小学心理协会理事长张声远教授，安阳教育学院魏立言教授，安阳师专岳庭耀校长。

4. 各界支持奉献爱心

各种社会力量为学校提供教育阵地 49 个；

社区单位和个人为学校办实事 1260 件；

当地驻军对学生进行军训 8700 多人次；

26 家新闻单位宣传报道我校 386 次；

香港知名爱国人士邵逸夫捐资 40 万港元建教学楼；

教育界同行、专家来校参观指导 12300 多人次；

外宾和港澳台同胞来校考察 24 次；

社会各界向学校提供合理化建议 186 条。

展　望

当今世界政治风云变幻，国际竞争日趋激烈，科学技术迅猛发展。世界范围的经济竞争、综合国力的竞争，说到底是教育的竞争。因此，谁掌握了21 世纪的教育，谁就能在 21 世纪的竞争中处于战略主动地位。当前，我国改革开放和现代化建设事业进入了"科教兴国"的新时期，这对教育工作既是难得的机遇，又提出了新的任务和要求。在这样任重而道远的形势下，我们要遵循党的十四大精神，以建设有中国特色的社会主义理论为指导，坚持党的基本路线，全面贯彻党的教育方针，面向现代化、面向世界、面向未来，加大教育改革的力度，全面实施素质教育。为把我校办成"义务教育先进校，科学管理示范校、整体改革实验校和社会主义文明校"，为培养跨世纪的一代新人，进一步弘扬"爱校胜过家庭，事业重于生命，一切为了学生"的"大道师魂"，在教育改革的道路上继续前进！

（1996 年 3 月）